L'Ordinateur Portable pour LES NULS

Dan Gookin

FIRST
> Interactive

L'Ordinateur Portable pour les Nuls

Titre de l'édition originale : *Laptops For Dummies*
Pour les Nuls est une marque déposée de Wiley Publishing, Inc
For Dummies est une marque déposée de Wiley Publishing, Inc

Collection dirigée par Jean-Pierre Cano
Traduction : Philip Escartin
Maquette : Marie Housseau

Edition française publiée en accord avec Wiley Publishing, Inc.

Éditions First, un département d'Édi8
12 avenue d'Italie 75013 Paris
Tél. : 01 44 16 09 00
Fax : 01 44 16 09 01
e-mail : firstinfo@efirst.com
Internet : www.edtionsfirst.fr
ISBN : 978-2-7540-6430-9
Dépôt légal : 2e trimestre 2014
Imprimé en France par IME, 3 rue de l'Industrie, 25110 Baume-les-Dames

Sommaire

Chapitre 5 : Éteindre votre PC portable 53

Chapitre 6 : Le tour du propriétaire 63

Chapitre 7 : Windows 8.1 sur un portable 77

Introduction

Depuis de nombreuses années, le rêve de travailler ou de s'amuser sur un ordinateur portable est une réalité quotidienne. Il s'agit d'une machine capable de travailler sans fil, de communiquer sans sourciller, et de trouver sa place dans toutes les pièces d'une maison ou d'un appartement. Du fait de sa polyvalence, l'ordinateur portable n'est pas un outil aussi facile à maîtriser qu'il n'y paraît.

Vous tenez entre les mains la sixième édition du livre le *PC portable pour les nuls*. Il contient de nombreuses mises à jour qui correspondent aux avancées technologiques en matière de portabilité et de logiciels, dont le tout dernier né des systèmes d'exploitation développé par Microsoft, je veux parler de Windows 8.1.

Cette nouvelle version traite de tous les types d'utilisation d'un ordinateur portable, c'est-à-dire sur la route ou à la maison. Ainsi, vous apprendrez comment démarrer un portable pour la première fois, comment configurer des connexions sans fil (Wi-Fi) notamment si vous l'utilisez dans un cybercafé, mais également comment faire fonctionner différents périphériques que vous pouvez y raccorder.

À propos de ce livre

Je ne peux que vous féliciter de prendre le temps de lire cette introduction, petite partie d'un livre trop souvent méprisée par les lecteurs. Pourquoi ? Probablement parce qu'ils se considèrent plus informés voire plus intelligents que les autres.

Quitte à me répéter, je confirme que ce livre traite de l'informatique portable, c'est-à-dire d'un ordinateur suffisamment petit pour qu'il vous accompagne partout. Comme ce type de matériel est très particulier, cet ouvrage vous expliquera comment l'acheter et le configurer, l'emporter avec vous, naviguer sur le Web alors que vous êtes en voyage, gérer l'alimentation, et assurer la sécurisation de votre matériel. En d'autres termes, ce livre explique les spécificités d'un ordinateur portable qui le différencient sans contestation possible d'un ordinateur de bureau, et ceci même si vous l'utilisez de manière sédentaire.

Je n'attends pas que vous lisiez ce livre chronologiquement, c'est-à-dire de la première à la dernière page sans prendre votre respiration. Vous devez envisager cet ouvrage comme un guide de référence. Par conséquent, rendez-vous immédiatement au chapitre ou à la section traitant d'un sujet qui vous intéresse, ou qui est susceptible de corriger l'un de vos problèmes. De nombreux renvois vous permettront d'accéder systématiquement aux informations qui vous font défaut.

Ce livre suppose que vous possédez quelques notions d'informatique. Toutefois, il est fort probable que vous ne compreniez pas ou que vous ne connaissiez pas les spécificités d'un ordinateur portable. En effet, une question légitime peut germer dans votre esprit : Que pouvons-nous attendre d'un ordinateur caché dans une sacoche munie d'une poignée ? Cet appareil nous semble bien trop petit pour pouvoir exécuter des tâches aussi sophistiquées que celles prises en charge par un ordinateur de bureau.

Pour porter des informations convaincantes à votre connaissance, j'ai divisé mon expérience de l'ordinateur portable en sept parties :

La première partie fait un tour d'horizon de l'informatique portable. Elle vous explique comment acheter ce type d'ordinateur afin de profiter pleinement de cette expérience qu'est la mobilité informatique.

La deuxième partie présente l'ordinateur portable dans tous ses états, en couvrant notamment les opérations élémentaires et les applications matérielles.

La troisième partie explique comment utiliser votre ordinateur portable, et elle vous communique des informations très importantes sur la gestion de l'alimentation, l'impression, ainsi que l'amélioration de ses performances.

La quatrième partie s'intéresse à la communication incluant le réseautage et Internet. L'idée est de permettre à votre ordinateur portable de communiquer avec le monde entier et avec votre ordinateur de bureau (si vous en possédez un).

La cinquième partie explique comment utiliser votre ordinateur « sur la route », et aborde par conséquent les problèmes de sécurité.

La sixième partie envisage les potentiels dysfonctionnements d'un ordinateur portable. Je tente de vous en expliquer les raisons et de vous en présenter les solutions. Cette partie explique également comment améliorer les performances matérielles et logicielles de votre petit jouet informatique.

Enfin, la sixième et dernière partie reste un classique de la collection pour les nuls puisqu'elle se consacre aux fameux *dix commandements*.

Deux ou trois mots vous concernant

Je commence paradoxalement par une conclusion fondamentale : vous êtes un être humain qui possède ou envisage de posséder un PC portable. Peut-être avez-vous déjà dans votre bureau ou dans votre salon une de ses imposantes tours dont la mobilité intrinsèque a provoqué des lumbagos chez bien des utilisateurs qui ont vainement cherché à déplacer le monstre. Mais peut-être aussi faites-vous parti de ces utilisateurs qui possèdent un ordinateur portable, mais qui désirent en acquérir un nouveau sans être restés informés des avancées technologiques en la matière.

Le terme ordinateur portable se réfère à tous les types de matériels mobiles, c'est-à-dire les ordinateurs portables traditionnels, les notebooks, ultrabooks, et éventuellement les tablettes tactiles. Tous ces matériels fonctionnent sensiblement de la même manière et avec les mêmes logiciels.

Cet ouvrage suppose que vous utilisez un ordinateur de type PC, c'est-à-dire fonctionnant sous le système d'exploitation Windows. Il va même beaucoup plus loin puisqu'il va traiter uniquement de la version 8.1 de ce système. En effet, quitte à acquérir un nouvel ordinateur portable, autant qu'il fonctionne sous le dernier-né des systèmes d'exploitation Microsoft.

Comme son titre l'indique, *L'Ordinateur portable pour les nuls* ne traite pas des ordinateurs Macintosh ou des systèmes informatiques fonctionnant sous Linux.

Enfin, ce livre ne décrira pas les opérations élémentaires que l'utilisateur effectue avec un ordinateur, avec Windows, ou avec un logiciel particulier. En effet, l'ensemble des informations communiquées dans ce livre s'attache aux spécificités de l'ordinateur portable. Par conséquent, si vous avez besoin d'aborder certains aspects plus spécifiques à l'informatique en général, ou à Windows en particulier, vous trouverez sur le marché d'excellents ouvrages consacrés à ces sujets précisément.

Les icônes utilisées dans ce livre

Cette icône indique la présence de trucs ou d'astuces particulièrement sympathiques et que je vous conseille expressément de lire. En effet, elles vous feront généralement gagner du temps ou bien découvrir de mystérieuses fonctions.

Cette icône attire votre attention sur des informations qu'il sera judicieux de conserver en mémoire. En effet, elles vous serviront tout au long de votre expérience de l'ordinateur portable, et vous feront *de facto* gagner beaucoup de temps.

Danger! Aïe, aïe, aïe! Faites particulièrement attention au contenu de ce texte! Cette icône attire votre attention sur des choses qui peuvent mal tourner. En consultant ces informations, vous éviterez bien des déconvenues.

Cette icône attire votre attention sur un contenu technique. Comme il peut être rébarbatif, vous êtes dispensé de le lire. Toutefois, il enrichira votre culture générale et vous permettra de briller en société les soirs où quelques discussions sur l'informatique seront de mise. (Finalement, libre à vous de lancer ou non ce sujet pour séduire vos convives.)

Et maintenant, que faire ?

Eh bien, commencez votre découverte des ordinateurs portables en ouvrant ce livre à n'importe quelle page. Ou bien, si vous êtes un lecteur discipliné, consultez la table des matières pour localiser un sujet qui vous intéresse particulièrement. Toutes les informations communiquées dans ce livre sont écrites dans un français clair, limpide, dégraissé de tout langage technique rébarbatif. En d'autres termes, vous pouvez aborder l'ordinateur portable avec humour et décontraction.

Je suis certain que la lecture de cet ouvrage vous permettra d'utiliser pleinement votre ordinateur portable chez vous ou en voyage.

Première partie

Un ordinateur nommé portable

« Maurice, on t'a dit de cliquer, pas de claquer »

Dans cette partie...

Liberté est le maître mot de la mobilité procurée par un portable. Il vous donne toute la puissance dont vous avez besoin sans encombrer votre espace vital d'une monstrueuse tour qui ne trouve jamais sa place dans votre appartement. Même si votre PC portable reste constamment installé sur votre bureau sans jamais connaître les joies de destinations plus exotiques, vous savez pouvoir le déplacer selon votre humeur et vos envies.

Il a fallu des années de recherche et de développement pour amener le portable là où il est arrivé aujourd'hui. Cette partie présente ce long voyage, et vous servira de guide pour trouver l'ordinateur portable capable de répondre à vos besoins.

1

Quand l'informatique fait un régime

Dans ce chapitre

- Comprendre l'informatique nomade
- L'histoire du portable
- À la découverte des portables modernes
- Les tablettes, l'alternative au portable
- Faire connaissance avec les notebooks

L'idée est venue d'Eugène, un jour d'été de sa quarante-deuxième année, alors qu'il faisait bien trop beau dehors pour travailler à l'intérieur. Avec trois de ses collègues informaticiens, et en dépit d'une masse musculaire peu conséquente, ils sortirent un monstre de 17 tonnes de leur laboratoire. C'est ainsi qu'est venue l'idée de la mobilité informatique.

La révolution était en marche, et elle n'était pas prête de s'arrêter. Au fil des années, les ordinateurs sont devenus de plus en plus petits au point d'être portables. Ils se sont déclinés en plusieurs catégories du portable à la Tablet PC en passant par le notebook, le netbook, et l'ultrabook (ultraportable), et aujourd'hui une évolution intermédiaire appelée *tablette*. Ce chapitre vous propose de découvrir la merveilleuse histoire de l'ordinateur portable.

L'histoire du portable

Ce n'est pas parce que vous pouvez porter quelque chose à la main que cet objet devient portable. Certes, il suffit parfois de quelques aménagements pour prétendre à la mobilité. Par exemple, vous pouvez munir un gros bloc de pierre de poignées, et clamer haut et fort qu'il s'agit d'un bloc de pierre portable. Toutefois, le qualificatif « portable » ne peut être attribué qu'à des objets répondant à trois critères :

- la légèreté ;
- l'autonomie énergétique ;
- la commodité.

Dans l'histoire de l'informatique portable, ces trois conditions ne sont pas apparues simultanément, et certainement pas dans le même ordre.

Le Dynabook de Xerox

Il y a longtemps que la mobilité, la portabilité informatique, est un rêve. Dans les années 1970, alors que Bill Gates n'était encore qu'un jeune étudiant boutonneux, Xerox PARC développa le concept du Dynabook.

Aujourd'hui, l'équivalent du Dynabook se nomme eBook est a pris la forme du célèbre Kindle d'Amazon. Dans l'esprit de ses créateurs, le Dynabook devait avoir la taille d'une feuille de papier avec une épaisseur d'environ 1,25 cm. Un écran en constituait la partie supérieure avec un clavier dans sa partie inférieure.

Le Dynabook resta à l'état de projet, un doux rêve caressé par quelques ingénieurs un peu fous, mais qui avaient ouvert la voie à une vraie réflexion autour de la portabilité informatique. L'idée d'un ordinateur facilement transportable était née.

L'Osborne 1

Le premier vrai ordinateur portable fut l'Osborne 1, créé par l'auteur et l'éditeur de livre Adam Osborne en 1980. Adam pensait que seule la mobilité offrait un avenir aux ordinateurs personnels.

La conception de l'Osborne 1 était ambitieuse pour l'époque. L'objet devait pouvoir prendre place sous un siège d'avion. Ce concept était révolutionnaire, car il fallut bien des années encore avant que quelqu'un pense utiliser un ordinateur en avion.

L'Osborne 1 (Figure 1.1) fut un énorme succès. Il était équipé d'un clavier complet et de deux lecteurs de disquettes de $5^{1/4}$ pouces. Malheureusement, son écran n'était guère plus gros qu'une carte de crédit. Il n'était pas alimenté par une batterie, mais disposait d'une poignée qui permettait de déplacer ce monstre de 12 kg. Malgré ses défauts, 10 000 unités furent vendues en un mois pour la coquette somme de 1 795 $ l'unité avec un logiciel gratuit.

Figure 1.1 : Un des derniers Osborne.

L'ancêtre de l'ordinateur portable

Bien avant l'apparition des calculettes grosses comme des cartes de crédit, l'homme utilisa un modèle portable. Le *boulier* est un matériel qui fut employé par les marchands pendant des siècles pour effectuer rapidement des opérations en tout genre.

Le boulier a été inventé par les Grecs et était d'une utilisation enfantine. Dans les mains d'un expert, le boulier peut exécuter toutes les opérations imaginables, y compris les racines carrées et cubiques.

Dans sa nouvelle *Dans la comète*, l'auteur de science-fiction Arthur C. Clarke raconte l'histoire d'astronautes qui organisèrent leur retour sur Terre avec un boulier quand l'ordinateur du vaisseau spatial tomba en panne.

Adorables portables

L'Osborne n'était pas véritablement portable. Rendez-vous compte ! Une valise de 12 kg à transporter d'un aéroport à un autre ! Imaginez la tête des autres passagers lorsque vous tentiez de caser le monstre entre vos pieds et le siège de devant.

L'utilisateur d'un ordinateur exige la mobilité. Il ne veut pas transporter un appareil qui risque de lui provoquer une scoliose ou un lumbago.

En 1983, Compaq a investi le monde de la mobilité avec son modèle Compaq 1 représenté à la Figure 1.2. L'appareil coûtait la bagatelle de 3 590 $ et assurait une totale compatibilité IBM, le nec plus ultra en la matière. Vous pouviez l'emporter en voyage à condition que vous trouviez sur place une prise secteur murale, et que vous ayez passé quelques heures sur un banc de musculation.

Donc, il manquait l'essentiel de la notion même de portabilité : une alimentation autonome.

Figure 1.2 : Le Compaq 1 de voyage.

Le Model 100

Model 100 de Radio Shack fut le premier ordinateur à ressembler à un portable avec une alimentation par batterie (Figure 1.3). Son succès fut étourdissant.

Pourquoi PC ?

PC est le sigle de *politiquement correct* est de *personal computer*. Dans ce livre, le choix approprié est *personal computer* (ordinateur personnel). Le terme se réfère au début de la micro-informatique qui a couvert la décennie 1970-1980. Ces ordinateurs étaient plus petits et plus puissants que les autres.

Quand IBM entra sur le marché de la micro-informatique en 1982, il appela son ordinateur *IBM PC*. L'abréviation PC devint rapidement celle des ordinateurs similaires à ceux d'IBM, et puis finit par identifier n'importe quel type d'ordinateur.

Donc, dans ce livre, un PC est un ordinateur personnel fonctionnant avec le système d'exploitation Windows. Les portables sont également des PC bien que dans l'esprit du public, ce sigle se réfère à un ordinateur de bureau.

Portabilité et communication

Bien avant Internet, la possibilité de communiquer avec un ordinateur portable fut une priorité. En effet, les ingénieurs en informatique souhaitaient que le portable puisse échanger des informations avec son grand frère, l'ordinateur de bureau. Ensuite, il semblait nécessaire qu'un *modem* puisse établir des communications électroniques en utilisant les lignes téléphoniques actuelles.

Ainsi, les premiers ordinateurs portables dignes de ce nom, furent équipés d'un modem ou tout au moins de la possibilité d'en installer un. Il faut savoir qu'avant l'avènement d'Internet, la présence d'un modem dans un ordinateur était le signe de compétences informatiques hors du commun de la part des utilisateurs, et d'un véritable luxe technologique. Grâce au modem, il était possible à un ordinateur portable de communiquer à distance avec un ordinateur de bureau.

Aussi surprenant que cela puisse paraître, le Model 100 n'était pas compatible IBM PC. Cet ordinateur offrait à ses utilisateurs un clavier complet et un écran LCD affichant du texte sur 8 rangées et 40 colonnes. Il était livré avec plusieurs logiciels dont un éditeur de texte, un programme de communication, un agenda, et un carnet de rendez-vous. Il proposait également le langage de programmation BASIC permettant aux utilisateurs de développer leurs propres programmes ou bien d'acheter des programmes écrits en BASIC par d'autres utilisateurs.

Le Model 100 de Radio Shack incarna l'ordinateur portable du futur et fut par conséquent très populaire.

Figure 1.3 : Le Model 100 de Radio Shack.

- Model 100 présentait une forme très proche des futurs portables. Il fonctionnait pendant des heures grâce à des piles AA standard. Enfin, son poids était d'environ trois kilos.
- Le model 100 fut si populaire auprès des journalistes, que le bruit de son clavier était devenu caractéristique des conférences présidentielles des années 80.
- Malgré sa popularité et sa polyvalence, les utilisateurs souhaitèrent une version du Model 100 capable d'exécuter les mêmes logiciels qu'un IBM PC. Il n'en reste pas moins que cet ordinateur marqua à tout jamais l'évolution de l'informatique nomade.

Les mutants

Avant l'arrivée du premier véritable ordinateur portable, nous fûmes témoins de mutations incontrôlables. Ainsi apparurent à la surface de la Terre des monstres repoussants sortis de l'esprit « frankensteinien » de certains scientifiques à la folie esthétique meurtrière. Il prenait généralement la forme d'une grosse boîte comme celle du modèle Compaq III illustré à la Figure 1.4.

- Ces mutants pesaient entre 6 et 10 kg, voire beaucoup plus. La plupart d'entre eux n'étaient même pas alimentés par une batterie. Le poids restait un des principaux handicaps de ces ordinateurs monstrueux. L'un des derniers modèles pesait environ six kilos et ses dimensions furent bien plus raisonnables que celle de ses prédécesseurs.

- Ces portables furent les premiers PC à utiliser un écran LCD de grande taille. (Les portables Compaq et Osborne étaient équipés d'un écran cathodique.)
- À l'époque du développement de ces ordinateurs, les PC de bureau commençaient à être équipés en standard d'écrans couleur. Or, les moniteurs LCD restaient monochromatiques.

Figure 1.4 : Le Compaq III.

À l'aube du PC portable

Le rêve de l'industrie informatique était de développer un ordinateur ayant la puissance et les fonctions d'un ordinateur de bureau. L'un des premiers ordinateurs à caresser ce doux rêve fut le Compaq SLT sorti en 1988 (Figure 1.5).

Le Compaq SLT fut le premier ordinateur à ressembler aux portables que nous connaissons aujourd'hui : un couvercle qui se relevait pour donner accès à un écran et à un clavier.

Le SLT proposait ce que la majorité des utilisateurs d'un PC de bureau espéraient : un clavier complet, un grand écran, un lecteur de disquettes, et un processeur 286. L'ensemble de ces caractéristiques techniques permettait au SLT de faire tourner le système d'exploitation DOS. Il ne lui manquait plus qu'un disque dur.

Figure 1.5 : Le Compaq SLT.

Le poids ? Malheureusement, le SLT pesait 7 kg !

Mais l'intérêt du SLT fut de prouver au monde entier que la portabilité était possible avec une machine qui rivalisait avec les ordinateurs de bureau, et qui disposait d'une autonomie d'environ une heure. Le public fut totalement conquis.

La recherche de la légèreté

Malgré cette notion de portabilité, les ordinateurs n'étaient ni plats, ni légers. Ils ressemblaient davantage à des ordinateurs de bureau compactés.

En automne 1989, NEC mit au point son modèle appelé UltraLite (Figure 1.6). Il proposait un grand écran et un clavier complet, mais sans lecteur de disquettes ni aucune autre partie amovible. Il utilisait un disque en silicone équivalent aux SSD d'aujourd'hui présentant une capacité de stockage de 1 ou 2 Mo de données qui était largement suffisante à l'époque.

L'UltraLite disposait d'un modem, et pouvait même communiquer directement avec un ordinateur de bureau grâce à un câble spécial. Un programme permettait d'échanger facilement des fichiers et des programmes entre les deux machines.

Le poids ? Eh bien, l'UltraLite tenait son nom de ses 2,5 kg qui en faisait une véritable plume comparé aux monstres de cette époque. La batterie présentait une autonomie de deux heures grâce à l'absence de périphériques amovibles.

Figure 1.6 : L'UltraLite de Nec.

Les portables modernes

Au vingt et unième siècle, les utilisateurs d'ordinateurs désespéraient de trouver dans les portables les critères essentiels à l'informatique nomade. En plus de la compatibilité, de la portabilité, et des fonctions de communication, ils souhaitaient :

- la légèreté ;
- une plus longue autonomie de la batterie ;
- une totale compatibilité matérielle avec leur système de bureau.

Au fil des ans, ces qualités essentielles à la mobilité informatique furent consacrées dans des ordinateurs portables excessivement chers.

Aujourd'hui, pour un prix relativement raisonnable, vous pouvez disposer de ces caractéristiques fondamentales.

Calcul du poids d'un portable : la loi du silence

Il est assez étrange de voir que le poids annoncé par les constructeurs était rarement celui constaté par les utilisateurs. *A priori*, les ordinateurs portables ne subissaient pas la même loi de la gravité que les autres objets vendus sur notre bonne vieille Terre.

En règle générale, l'adaptateur secteur était complètement omis. Or, les premiers portables n'étaient pas équipés de batteries. De ce fait, cet adaptateur n'était pas un accessoire facultatif, mais bien un matériel indispensable au fonctionnement de la machine.

Or, cet adaptateur pesait parfois la moitié du poids de l'ordinateur lui-même ! La figure ci-dessous montre l'ordinateur Dell 320LT avec son alimentation externe et une énorme batterie d'une autonomie de 30 minutes. Portable ce PC ? Mouais… pas si sûr en fait.

Le notebook

Le PC portable moderne est incontestablement le *notebook*. Il est équipé d'un clavier complet et d'un pavé numérique, même si certains modèles intègrent un clavier beaucoup plus compact. Le poids du notebook se situe entre un et trois kilos, et sa batterie propose une autonomie moyenne de 4 à 6 heures.

Quant aux autres composants matériels du notebook, ils sont relativement identiques à ceux d'un PC de bureau : un écran LCD, un accès réseau avec ou sans fil, un lecteur optique (CD et DVD), les diverses options d'extension de ces possibilités.

La Tablet PC

Pendant de nombreuses années, les constructeurs d'ordinateurs cherchèrent à créer l'équivalent électronique d'une feuille de papier et d'un crayon. L'idée était de créer un ordinateur sans clavier. La saisie des données s'effectuant avec un stylet numérique permettant d'écrire directement sur l'écran.

Ce type très particulier d'ordinateur portable se développa sous des noms très différents : PenGo, Apple Newton, Pen Windows, et bien évidemment *Tablet PC*.

Pendant de nombreuses années, la Tablet PC fut considérée comme une catégorie informatique à part entière. Pourtant, la machine avait à peu près la même taille qu'un ordinateur portable, mais son écran n'était pas protégé par un couvercle. Ce modèle ne connut pas le succès escompté. Aujourd'hui, la Tablet PC existe comme une sorte d'hybride du portable, c'est-à-dire une machine disposant de fonctionnalités identiques à un PC portable sans clavier, et dont l'affichage peut pivoter (Figure 1.7).

Figure 1.7 : Une Tablet PC.

- Ne confondez pas la Tablet PC avec les nouvelles générations de tablettes comme l'iPad, la Samsung Galaxy, ou la toute nouvelle Surface de Microsoft.

- Même en tant qu'ordinateur hybride, les ventes de la Tablet PC n'ont jamais décollé. Apparemment, écrire directement sur un écran n'est pas unc fonctionnalité souhaitéc par lcs utilisateurs de portables.
- Les Tablets PC.

Les tablettes

Aujourd'hui, la mobilité ne jure que par la tablette tactile, illustrée à la Figure 1.8. Mais, une tablette remplace-t-elle un ordinateur portable ? Je vais vous faire une réponse de Normand : « P'tête ben qu'oui, p'tête ben qu'non ».

En effet, tout dépend de vos besoins en informatique. Si vous limitez vos activités à Internet, aux réseaux sociaux, aux e-mails, à des jeux sommaires, et au partage de quelques photos numériques, la tablette comblera vos besoins. En revanche, dès que vous souhaitez travailler ou pratiquer des loisirs numériques sans contrainte, l'ordinateur portable est indispensable.

Figure 1.8 : Une tablette tactile.

Les tablettes fonctionnant sous Windows 8.1 ou Windows RT pourront servir d'écran de secours (ou d'appoint) pour relire des rapports ou contrôler des présentations réalisées avec la suite Microsoft Office. En revanche, vous ne pourrez jamais retoucher correctement vos images ou bien créer des vidéos dans un confort absolu. Ces activités numériques nécessitent des écrans de grande taille, des processeurs puissants, et une grosse capacité de stockage, c'est-à-dire tout ce qui fait défaut aux tablettes.

Les subnotebooks

Bien que les yeux humains ne soient pas faits pour lire des textes trop petits, et que nos doigts ne peuvent pas saisir des caractères sur des claviers trop petits, la dernière grande évolution en matière d'ordinateur portable est le subnotebook. Il s'agit du plus petit, du plus léger, et du plus portable des ordinateurs portables.

Il existe plusieurs types de subnotebooks :

L'**ultrabook** ne brille pas par sa puissance, mais il est plus léger et plus fin qu'un ordinateur portable. L'idée qui se cache derrière l'ultrabook est d'apporter à son utilisateur puissance et portabilité en évitant tous les gadgets des portables de style notebook.

Le **netbook** n'est pas aussi puissant qu'un portable. Il est caractérisé par l'absence d'un lecteur optique, et d'une mémoire insuffisante pour exécuter des programmes sophistiqués. Comme son nom l'indique, le netbook est une plate-forme informatique idéale pour surfer sur Internet, recevoir et envoyer des courriers électroniques, et exécuter des tâches aussi simples que du traitement de texte. De ce fait, le netbook est un petit ordinateur très bon marché (Figure 1.8).

L'**ultramobile PC** ou **UMPC** est une tentative de regrouper tout ce que vous trouvez dans un ordinateur de bureau à l'intérieur d'un périphérique portable de la taille d'un téléphone mobile. Cet appareil a été un échec.

Figure 1.9 : Un netbook.

2

À chacun selon ses besoins

Dans ce chapitre

- Avez-vous besoin d'un portable ?
- Acheter un PC portable
- Ne vous laissez pas influencer
- Choisir des programmes pour votre portable
- Trouver le bon matériel
- Obtenir des services, une assistance, et une garantie
- Acheter votre portable

Lorsque vous envisagez d'acheter un produit aussi nouveau qu'effrayant comme un ordinateur portable, vous devez préalablement savoir ce que vous allez faire de ce nouveau matériel pour ne pas investir dans n'importe quel appareil.

Avez-vous besoin d'un portable ?

Force est de constater que l'industrie du portable est parvenue à ses fins en fabriquant des ordinateurs légers, robustes, puissants, et polyvalents. Toutefois, si l'existence d'un produit crée un besoin chez le consommateur, cela n'induit pas la nécessité d'en devenir propriétaire.

Pourquoi utiliser un PC portable ?

Plusieurs raisons peuvent vous orienter vers l'achat d'un portable :

Utiliser un portable comme ordinateur principal

Pourquoi économiser de l'argent avec un ordinateur de bureau lorsque vous avez vraiment besoin d'un portable ?

Un ordinateur de bureau ne prétend pas se substituer à la mobilité d'un portable. Toutefois, le portable peut simuler un ordinateur de bureau. En effet, rien ne vous empêche d'y connecter un clavier et un écran externe. Il dispose aussi d'un nombre de ports USB suffisamment important pour y brancher une imprimante, un scanner, ou des disques durs externes. L'avantage du portable sur l'ordinateur de bureau est que vous pouvez déconnecter tous ses périphériques pour parcourir le monde avec votre PC.

Utiliser un ordinateur portable pour gagner de la place

L'ordinateur portable trouvera une place dans un espace exigu alors que celui de bureau exigera beaucoup plus d'espace. Avec un portable, vous pouvez travailler à la terrasse d'un café.

Acheter un portable comme second ordinateur

Pourquoi achèteriez-vous un nouvel ordinateur de bureau alors que le vôtre fonctionne très bien ? Quitte à ajouter un PC à votre artillerie informatique, autant qu'il s'agisse d'un missile nomade. Vous pourrez même mettre ces deux machines en réseau afin d'échanger des informations, de partager une connexion Internet, des imprimantes, des fichiers et des données. Cerise sur le gâteau : vous vous payerez ainsi le luxe de posséder un système nomade… la classe !

Emporter le portable en voyage

Les ordinateurs portables vous permettent de travailler n'importe où. Cependant, évitez les emplacements ensoleillés, car une lumière du jour trop intense empêche d'apprécier correctement l'affichage de votre écran.

- Les ordinateurs portables permettent d'échapper au confinement d'un bureau afin de travailler dans un environnement plus agréable ne serait-ce que quelques heures. Si l'emplacement choisi propose une prise secteur murale, branchez-y votre alimentation, et investissez ce lieu toute la journée.
- Le portable permet d'emporter votre travail en voyage. Vous pouvez même travailler en avion.

Pourquoi un portable n'est pas toujours indispensable ?

La première raison est économique. En effet, à puissance et performances égales, les ordinateurs portables coûtent beaucoup plus cher que leurs homologues de bureau. Leurs réparations sont onéreuses, et vous ne pouvez pas mettre à jour leurs composants. Leur légèreté en fait des proies faciles pour les voleurs. Leur batterie n'a jamais la durée de vie spécifiée dans la documentation technique. Il n'est pas aussi facile qu'on pourrait le croire de travailler en avion ou à la terrasse d'un café.

Se pose aussi la question de savoir si vous avez réellement besoin d'un ordinateur portable, ou si une tablette comme l'iPad ou Surface ne ferait pas mieux l'affaire. Le débat semble légitime. Si vous limitez la mobilité à la consultation de vos e-mails, au Web, aux réseaux sociaux, à la lecture de film, la diffusion de photos, ou bien encore l'écoute de musiques, l'ordinateur portable ne vous est pas indispensable. En effet, il serait dommage de limiter la puissance de votre ordinateur à ces simples divertissements numériques. La tablette peut être un choix judicieux.

Mais le problème de la tablette est qu'elle ne remplace pas un ordinateur portable. De ce fait, tôt ou tard, vous atteindrez les limites de votre tablette, et le portable apparaîtra alors comme une nécessité incontournable.

Acheter un portable

Le meilleur ordinateur que vous puissiez acheter est celui qui répond à vos besoins. Pour l'identifier, vous devez en connaître la problématique, les tenants et les aboutissants, les trucs et les machins.

Ce qui ne doit pas influencer votre choix

Comme il s'agit de votre argent, ne vous laissez pas manipuler par les éléments suivants :

Résistez aux campagnes publicitaires : Vous ne serez pas aussi compétents, décontractés, souriants, voire sympathiques que les acteurs dont la vie semble merveilleuse depuis qu'ils ont un ordinateur portable. Les PC portables ne sont que des outils ! L'important n'est pas qu'ils vous rendent heureux, mais qu'ils vous rendent les services dont vous avez besoin.

Les marques : Trop de personnes estiment que la marque est le principal critère de choix sans se soucier de savoir si les modèles répondent à leur besoin. De plus, les soucis de compatibilité n'existent plus. Par conséquent, inutile d'acheter un portable de la même marque que votre PC de bureau. L'essentiel est que votre portable puisse faire tourner les programmes que vous utilisez quotidiennement.

Les prix très bas : De nombreux portables très bon marché, pour ne pas dire trop bon marché, sont disponibles. Vous allez investir dans un produit qui doit durer quelques années, et dont la fiabilité doit être garantie. Évitez alors les produits bon marché. Vous risquez de le regretter au bout de quelques semaines d'utilisation.

Les prix très élevés : Ce n'est pas parce qu'un PC portable est très cher qu'il correspond obligatoirement à ce dont vous avez besoin. Un prix élevé ne doit jamais emporter votre décision.

Extensions internes : Les composants des portables peuvent rarement être mis à niveau. Les seules choses que vous puissiez éventuellement ajouter sont des barrettes de mémoire, voire un disque dur plus volumineux. Sinon, son processeur, son écran, son clavier resteront immuables.

Les choses auxquelles vous devez faire attention

Voici les quatre éléments clés qui détermineront l'achat d'un portable :

Le poids : Le poids moyen d'un portable se situe entre 1 et 3,5 kg. Les modèles les plus lourds disposent de fonctionnalités supplémentaires comme un grand écran et/ou un pavé numérique situé à droite du clavier principal. Les modèles les plus légers, comme les ultraportables ou ultrabooks ne sont pas systématiquement équipés de ces matériels. Leur légèreté et certaines fonctionnalités avancées en font des modèles souvent très chers. Le netbook est une exception. Certes, il est super léger, mais son écran est très petit et il n'est pas équipé de lecteur optique (CD/DVD).

La taille : La plupart des portables font moins de 2,5 cm d'épaisseur. Les ultraportables sont super fins. Les netbooks sont les plus petits de tous les modèles du marché.

L'affichage : Le public adore les grands écrans, même s'ils alourdissent le portable et réduisent l'autonomie de la batterie. Un grand écran est conseillé pour les portables qui ne quitteront pas votre salon. En effet, la mobilité n'étant pas un critère de sélection, et l'appareil restant constamment branché au secteur, autant profiter d'une grande image. En revanche, si la mobilité est importante, l'autonomie restera essentielle. Dans ce cas, optez pour un PC portable avec un écran de petite taille.

L'autonomie de la batterie : Malgré les affirmations des fabricants, la majorité des portables ont une autonomie de trois à cinq heures. Les netbooks détiennent le record avec une autonomie de six heures. Aux Chapitres 9 et 25, vous apprendrez à optimiser la consommation de votre PC.

- Les constructeurs oublient d'ajouter au poids intrinsèque des portables celui du bloc d'alimentation et de ses câbles, des unités de stockage amovibles, et d'autres gadgets.
- Les Tablets PC sont plus fines que les portables car elles n'ont pas de clavier puisque toutes les opérations sont réalisées avec un stylet et un écran tactile. Le problème est que depuis l'avènement des tablettes, ces mini-ordinateurs n'auront décidément jamais le vent en poupe.
- Si vous souhaitez un grand écran sans porter atteinte à la mobilité, branchez un moniteur externe lorsque vous travaillez à domicile. Il suffira de le déconnecter pour emporter votre PC portable en voyage.
- Pour prolonger l'autonomie d'un portable, utilisez deux batteries. Bien entendu, le poids de la batterie supplémentaire est à prendre en considération dans la notion de mobilité qui justifie l'achat de ce type d'ordinateur.

Les programmes pour votre portable

Un système informatique se compose de deux parties : matérielle et logicielle. Lorsque vous achetez un ordinateur, vous serez attiré par sa plastique, c'est-à-dire son aspect extérieur. Comment vous en blâmer ! Pourtant, un PC portable n'a d'intérêt que pour les tâches qu'il est capable d'exécuter, c'est-à-dire pour son aspect purement logiciel. Par conséquent, pour être certain d'acheter un ordinateur susceptible de répondre à vos besoins, regardez d'abord son contenu logiciel. Vous trouverez ultérieurement les matériels compatibles avec ses applications.

Le système d'exploitation

Le programme sans qui rien n'est possible se nomme *système d'exploitation*. Il s'agit du cerveau de votre ordinateur qui vous permet d'en prendre le contrôle.

Sur la majorité des PC portables, le système d'exploitation se nomme Microsoft Windows. Ce livre traite de sa toute dernière version appelée Windows 8.1.

- Il n'existe pas une version de Windows exclusivement développée pour les portables. Ce système d'exploitation intègre simplement quelques fonctionnalités propres aux portables, comme la gestion de l'alimentation.

Windows 8.1 a été en partie conçu pour les écrans tactiles. *De facto*, votre expérience du portable sera d'autant plus intéressante si vous utilisez un ordinateur à écran tactile.

- Pour plus d'informations sur Windows 8.1, consultez le Chapitre 7.
- Si vous souhaitez utiliser un autre système d'exploitation comme Linux, vous devrez procéder à son installation. Cette tâche peut s'avérer complexe et porter atteinte à certaines fonctionnalités si elle n'est pas assurée par un professionnel.

Les autres logiciels

Les ordinateurs portables exécutent les mêmes programmes que les ordinateurs de bureau. Ainsi, Microsoft Office fonctionne sur ces deux types de PC. En règle générale, une version d'essai est préinstallée sur les ordinateurs portables.

- Il existe aujourd'hui des ordinateurs suffisamment puissants pour prendre en charge les jeux 3D les plus sophistiqués. Toutefois, ces portables de *gamers* coûtent excessivement cher.
- Si vous pensez utiliser des programmes d'édition graphique, investissez dans un portable équipé d'une carte graphique de haute qualité, d'un grand écran, et de beaucoup de mémoire.
- Si vous achetez un portable pour réaliser des montages vidéo, choisissez un modèle équipé d'une grande capacité de stockage. En effet, les fichiers vidéo sont très volumineux.
- Pour plus d'informations sur l'installation et la désinstallation des programmes, reportez-vous au Chapitre 8.

Les composants essentiels d'un portable

Le logiciel détermine toujours le type de matériel que vous pouvez utiliser sur un portable. Une adéquation doit exister entre les deux. Cette section présente quelques considérations matérielles qui peuvent influer sur le choix de votre nouvel ordinateur portable.

Les incontournables

Bien que le poids, la taille, et l'autonomie des batteries soient des critères importants dans le choix d'un ordinateur portable, vous devez focaliser votre attention sur les éléments suivants :

Le processeur : Une grande partie de votre budget doit être consacrée à l'achat d'un processeur rapide. Cette dépense assurera une durée de vie plus importante de votre portable, car il pourra ainsi faire fonctionner les logiciels de demain.

La mémoire : La mémoire est l'emplacement des actions réalisées par l'ordinateur. Plus votre PC portable disposera de mémoire, plus il sera performant.

Le stockage de masse : Il s'agit de périphériques électroniques dans lesquels votre ordinateur stockera toutes vos données. Les unités de stockage de masse les plus connues sont les disques durs. Ainsi, un disque dur doit disposer d'une place suffisante pour accueillir le système d'exploitation, tous les programmes que vous achèterez ultérieurement, vos fichiers de données, vos photos, vos vidéos, et vos jeux.

Un lecteur/graveur de disque optique : La majorité des ordinateurs portables sont équipés d'un lecteur/graveur de disque optique capable de lire et de graver des CD et des DVD. Les plus sophistiqués d'entre eux proposent un lecteur et/ou un graveur Blu-ray. En revanche, ce type de lecteur ou de graveur est absent des ultraportables (ultrabooks) et des netbooks. Toutefois, l'absence d'un lecteur optique ne doit pas vous décourager à investir dans ces modèles d'ordinateurs portables. En effet, vous pourrez toujours ajouter un lecteur de CD/DVD externe qui se connectera au port USB de votre matériel.

Un écran : C'est complètement indispensable. Sans écran, croyez-moi, votre ordinateur portable sera très décevant. (Pour les lecteurs dont le second degré n'est pas le point fort, je m'empresse de préciser que la précédente affirmation est un trait d'humour.) Un écran de grande taille, c'est-à-dire au moins 17 pouces sur un ordinateur portable permet de travailler n'importe quel type de document dans d'excellentes conditions visuelles. Equipé d'une carte graphique puissante, l'écran 17 pouces permettra d'afficher une belle résolution de l'ordre de 1600 x 1200 afin d'afficher de nombreux éléments à l'écran, et obtenir un rendu très fin des images. Comme vous utiliserez très certainement Windows 8.1, sachez que son interface dite *écran d'accueil* a été spécialement conçue pour les écrans tactiles. Cette interface, qui privilégie le loisir au travail, sera très agréable à piloter du bout des doigts. Par conséquent, si vos moyens vous le permettent, envisagez un portable à écran tactile.

Sachez que sur certains modèles tactiles, l'écran peut se détacher, transformant le PC portable en tablette.

Si l'écran de votre PC portable s'avère insuffisant pour certaines tâches spécifiques, connectez un moniteur (écran) 21 pouces (ou plus) externe au port VGA voire HDMI de votre ordinateur. Dans ce cas, vérifiez que la carte graphique du portable est suffisamment puissante pour utiliser la résolution maximale de cet écran. Sinon, gare à la déception sur la qualité du rendu des images.

- Le processeur est la puce la plus importante d'un ordinateur. Il ne s'agit pas du cerveau de votre machine, mais bel et bien des muscles qui en assurent la puissance.
- Du fait d'une technologie avancée, les processeurs des ordinateurs portables coûtent beaucoup plus cher que ceux des ordinateurs de bureau. En effet, leur conception exige des recherches très poussées afin de délivrer une puissance identique sans consommer trop d'énergie, et sans générer une quantité trop importante de chaleur.
- Comment savoir si la quantité de mémoire ou l'espace de stockage est suffisant ? Il suffit d'effectuer un petit calcul très simple : si le logiciel que vous souhaitez utiliser s'octroie 2 Go de mémoire, investissez dans un ordinateur portable équipé d'au moins 4 Go. Si l'installation du programme nécessite 100 gigaoctets d'espace disque, investissez dans un disque dur d'au moins 200 Go.
- Si vous ne pouvez pas investir dans un processeur plus rapide, achetez davantage de mémoire RAM.
- Les fichiers qui nécessitent un important espace de stockage sont les images, la musique, et la vidéo. Si ces données représentent votre principale activité informatique, investissez dans un disque dur de grande capacité.
- Je conseille l'achat d'un ordinateur portable équipé d'un disque dur d'une capacité d'au moins 500 Go. Si vous avez besoin d'espace disque supplémentaire, investissez dans un disque externe traditionnel, car les unités de stockage SSD coûtent encore beaucoup trop cher.
- En achetant une machine équipée de la dernière génération de processeurs, d'une grande quantité de mémoire RAM, et d'une grosse capacité de stockage, vous augmentez la durée de vie de votre ordinateur en ce sens qu'il sera armé pour faire tourner de futures applications gourmandes en ressources système.
- Pour profiter pleinement de Windows 8, achetez un portable disposant de cinq points de contact. Cela signifie que cinq de vos doigts peuvent agir simultanément sur sa dalle tactile.
- Go est le diminutif de *gigaoctet*. 1 Go permet de stocker 1 milliard de caractères, et correspond à environ 1 000 Mo (mégaoctets, ce qui correspond à un stockage de 1 million de caractères).

Les techniques de communication

Votre ordinateur portable sera équipé de tout ou partie des systèmes de communication suivants :

Modem : Il s'agit d'un périphérique de communication historique s'appuyant sur les lignes téléphoniques analogiques. Même si votre portable est équipé d'un modem, il y a fort peu de chance pour que vous l'utilisiez, surtout si vous disposez d'une connexion à haut débit. Les modems sont tout de même étudiés au Chapitre 15.

Réseau : Les ordinateurs portables et de bureau sont équipés d'une carte réseau qui permet de les connecter à un réseau informatique local et à Internet en haut débit. Vous trouverez des informations complémentaires sur les réseaux au Chapitre 12.

Réseau sans fil : Un portable est généralement équipé d'un adaptateur réseau sans fil 502.11g ou 802.11n. Pour plus d'informations à ce sujet, consultez le Chapitre 13.

Le portable écolo

Essayons d'être de bons citoyens en veillant au respect de l'environnement. Ainsi, en choisissant votre portable, privilégiez la faible consommation d'énergie et essayez de savoir d'où proviennent ses composants. En effet, il est important de bannir les éléments contenant du mercure, du plutonium et d'autres matériaux nocifs pour vous et l'environnement. Mieux encore, certains portables sont conçus pour être recyclés. Renseignez-vous sur la politique du respect de l'environnement du fabricant de votre futur PC portable.

Service, assistance, et garantie

Les problèmes de service et d'assistance sont plus importants pour un portable que pour un ordinateur de bureau.

Voici trois recommandations pour que votre expérience du portable ne se transforme pas en cauchemar.

La première consiste à savoir où votre portable sera réparé en cas de besoin. Lorsque vous achetez sur Internet, beaucoup de sites agrémentent la garantie d'une assistance sur site. Cela signifie qu'un technicien se déplace à votre domicile quand l'appareil connaît une panne pendant le délai de garantie. Si vous avez acheté votre portable dans la boutique informatique de votre quartier, sa réparation sera prise en charge par ce magasin, même s'il est renvoyé au SAV du constructeur.

La deuxième concerne l'assistance technique. Beaucoup de constructeurs mettent à la disposition de leurs utilisateurs une assistance téléphonique. C'est intéressant, mais est-elle de bonne qualité ? Dans votre langue d'origine ? Allez-vous payer un surcoût téléphonique ?

Enfin, souscrivez une extension de garantie, ou bien demandez à votre banque si la carte bancaire avec laquelle vous avez réglé votre achat vous procure une telle garantie. En effet, lorsqu'un PC portable tombe en panne, il faut bien souvent changer la carte mère qui est un élément très coûteux.

- En fonction de la garantie souscrite, certains constructeurs ou magasins remplaceront votre portable en cas de panne survenue dans l'année de garantie.
- L'absence de service ou d'assistance justifie souvent un prix de vente plus bas que la concurrence. Méfiez-vous des offres trop alléchantes !
- Évitez de souscrire un contrat de service qui n'a rien à voir avec une extension de garantie. Il s'agit bien souvent d'une astuce pour les gros magasins de gagner encore plus d'argent en vendant du vide à leurs clients. Souscrire ce genre de contrat est une perte d'argent manifeste.

La dernière étape : passer à l'acte... d'achat

Vous voici prêt à investir dans un portable.

N'attendez pas de trouver un modèle au meilleur prix. Pourquoi ? Parce qu'il y aura toujours un modèle au meilleur prix. Les ordinateurs s'améliorent sans cesse, et sont de plus en plus puissants. Par conséquent, les prix ne cessent de baisser. Donc, dès que vous avez identifié vos besoins, achetez l'ordinateur portable qui saura les satisfaire !

Deuxième partie

Qu'il était beau mon… portable !

« Cet économiseur d'écran est hyper réaliste »

Dans cette partie…

Malgré toutes ses promesses, la technologie informatique n'a pas encore réussi à amener l'ordinateur portable au niveau souhaité par tous les utilisateurs. En effet, il ne suffit pas de le sortir de sa boîte pour qu'il exécute exactement ce pour quoi vous l'avez acheté. Cette partie énumère les tâches à accomplir pour asservir votre PC portable à vos besoins informatiques… les plus intimes.

3

L'expérience interdite

Dans ce chapitre

- Libérons tous les portables !
- Trier ce qui doit être conservé et jeté
- Configurer le portable
- Trouver une place pour le portable
- Charger la batterie

C'est une chose prouvée ! Un ordinateur fonctionne beaucoup mieux quand il est déballé. Vous en doutez ? Essayez et vous serez surpris. Le problème est qu'une fois sorti de sa boîte, beaucoup d'entre vous se contenteront de le regarder d'un air à la fois envieux et inquiet, bien incapable de savoir par quel bout prendre l'engin. Face à cette indétermination, je ne peux que vous conseiller la lecture de ce chapitre.

Ouvrir la boîte... de Pandore

Vous venez de commettre l'irréparable en ouvrant le carton de votre PC portable ! Dire qu'il y a cinq minutes à peine, vous étiez bien peinard dans votre salon à simplement espérer, qu'un jour, vous utiliserez une machine de ce type. Tous les malheurs du monde vont alors s'abattre sur la planète... et par votre faute.

L'appareil intimidant semble vous narguer par son aspect si lisse que vous avez bien du mal à croire que le facteur vous a livré un PC portable. Que nenni ! Mais avant de vous lancer corps et âme dans la découverte de je ne sais quoi pour faire je ne sais quel genre de choses plus ou moins avouables, voici quelques considérations qui vous retireront quelques épines du pied.

- Si vous avez la chance de tomber sur un document expliquant comment déballer votre PC portable, précipitez-vous immédiatement dessus. Je pense ici à des mentions telles que Face avant (*Front Side*), ou encore Ouvrez de l'autre côté, voire Retirez ceci en premier (*Remove First*). (Car bien évidemment, comme si votre angoisse n'était pas suffisante, autant qu'elle atteigne son paroxysme avec un carton où toutes les instructions de sécurité sont libellées en anglais.)
- Décollez ou ouvrez soigneusement la petite pochette en plastique fixée sur le dessus du carton. Elle contient souvent le bon de livraison et la facture.
- Ouvrez toujours l'emballage avec vos doigts ! N'utilisez ni ciseaux, couteau, ou cutter. Vous risqueriez de couper des éléments indispensables au fonctionnement du portable.
- Faites attention à ces sangles en plastique bleu compactes et tendues qui pourraient vous blesser si vous les tranchez trop brutalement. Ce serait dommage de vous abîmer un œil. Par conséquent, tenez-les fermement avec une main lorsque vous les coupez. (J'espère que vous appréciez notre bienveillance !)
- Le portable est souvent emballé dans sa propre boîte elle-même emballée dans un grand carton. (Rassurez-vous, ce n'est pas une poupée russe... vous n'aurez pas à déballer 12 boîtes pour arriver au portable.)
- Ne mangez pas l'emballage ! Les copeaux en plastique ne sont pas des chips ! Ne les laissez pas à la portée de vos enfants.
- Remplissez les formulaires de garantie et d'enregistrement uniquement après avoir vérifié le bon fonctionnement de l'ordinateur.

La procédure de déballage

Les ordinateurs portables, à l'instar de n'importe quels ordinateurs, se composent de plusieurs éléments. Vous devez les conserver aussi longtemps que vous utiliserez cette machine.

En revanche, certaines pièces peuvent être jetées, car elles n'ont aucun rapport avec le fonctionnement de votre appareil. Le problème pour vous est de déterminer ce qui peut ou non être mis à la poubelle sans conséquence sur l'utilisation de votre ordinateur.

En cas de doute, conservez tout ! Cela ne prendra pas beaucoup de place dans votre cave, votre grenier, ou votre garage.

Voici quelques instructions sur le déballage et la préconfiguration de votre ordinateur :

1. **Sortez le PC portable de son emballage.**

   En règle générale, le portable est emballé dans un sac en plastique transparent à l'intérieur même de son propre carton. N'utilisez pas d'objets tranchants pour couper ce sac. Il s'ouvrira facilement avec les doigts.

2. **Localisez tous les composants livrés avec votre portable.**

   Vous trouverez un adaptateur secteur, un cordon d'alimentation, une batterie, des câbles, des connecteurs, des petits accessoires que vous risquez de perdre si vous n'y prêtez pas attention.

   TRUC

   Un document plié comme une carte routière contient les instructions permettant un démarrage rapide de votre PC portable.

3. **Empilez les divers CD et DVD livrés avec votre portable.**

   Attention, car tous les portables ne sont pas livrés avec de tels disques. Ils contiennent généralement des pilotes de périphériques qui activeront certaines fonctionnalités de votre ordinateur portable. Certains constructeurs incluent le disque du système d'exploitation. Quels que soient la nature et le contenu des disques, conservez-les !

   N'OUBLIEZ PAS

   Les ultraportables, les netbooks, et d'autres types de PC dépourvus de lecteur de disque optique ne sont pas livrés avec des CD et/ou des DVD.

4. **Conservez tous les documents papier.**

   Quatre types de documents seront fournis avec un portable : le manuel d'utilisation, la garantie, les offres spéciales, et des papiers étranges.

5. **Rangez tous les emballages dans la boîte d'origine.**

   Il s'agit des sachets en plastique, et de tout ce qui permet de fixer des éléments, ou de maintenir des câbles en position.

Vous jetterez les emballages après avoir validé le bon fonctionnement de votre ordinateur portable, et une fois le délai de garantie légale écoulé. L'utilisation d'un ordinateur portable exige que vous conserviez certains éléments pendant toute la durée de vie de votre matériel. Il s'agira du cordon d'alimentation, des batteries supplémentaires, et de tout autre accessoire améliorant les fonctionnalités de votre appareil.

Bien entendu, vous stockerez dans un lieu sûr l'ensemble des disques et des documentations. En revanche, vous pouvez mettre à la poubelle les publicités qui, croyez-moi, n'ont aucun lien direct ou indirect avec le bon fonctionnement de votre PC portable.

- Vous serez un utilisateur chanceux si votre portable est livré avec un manuel d'utilisation complet. En effet, la majorité des ordinateurs portables laissent l'utilisateur livré à lui-même, estimant que le petit guide de démarrage rapide est suffisant.
- Parfois, le seul document fourni avec le portable dresse la liste des réparateurs agréés par son constructeur. Bien souvent, cette documentation est en anglais.
- Des disques d'applications sont parfois fournis avec votre ordinateur portable. Toutefois, les programmes auxquels ils se rapportent sont déjà installés sur votre machine. Ce n'est pas une raison pour les égarer ! En effet, il peut arriver pour une raison ou une autre que vous soyez obligé de réinstaller ces logiciels.
- Pour trouver une sacoche adaptée aux dimensions de votre portable, consultez le Chapitre 19. Il est indispensable de protéger votre ordinateur portable dans une sacoche de ce type lorsque vous l'utilisez en déplacement.

TRUC

- Dans mon bureau, j'ai consacré une étagère aux éléments les plus importants livrés avec chacun de mes ordinateurs. Ainsi, chaque machine possède son propre bac. Il contient les documentations, et certains accessoires.

Pendant combien de temps dois-je conserver l'emballage ?

Je conseille de garder l'emballage de la poste et celui du portable aussi longtemps que vous utiliserez votre ordinateur. En effet, vous ne trouverez jamais un emballage aussi bien adapté aux dimensions de votre appareil pour l'expédier au service après-vente en cas de panne.

Enfin, lorsque votre ordinateur portable rendra l'âme, vous pourrez l'enterrer dignement dans sa boîte d'origine. Ensuite, vous le rapporterez chez un revendeur informatique pour qu'il en assure le retraitement.

- Beaucoup de vendeurs et de centres de réparation n'acceptent les portables que si vous fournissez l'emballage d'origine.
- Dans la plupart des cas, vous disposerez de deux emballages : la boîte du portable, et le carton d'emballage de la poste ou du transporteur.
- Si vous ne possédez plus l'emballage d'origine, vous pouvez en commander un autre auprès du revendeur ou du constructeur.

N'OUBLIEZ PAS

- Si possible, faites recycler votre ancien ordinateur portable afin de préserver l'environnement. En effet, les composants sont des éléments polluants.

- Bien entendu, ne rangez pas votre ordinateur portable dans son emballage d'origine lorsque vous l'utilisez en déplacement. Investissez dans une sacoche spécialement conçue pour la mobilité de votre appareil. Il est rare qu'un ordinateur portable soit livré avec une sacoche.

Quand devez-vous envoyer la garantie ?

En réalité, le formulaire de garantie livré avec votre ordinateur portable n'est pas indispensable en France. En effet, la date de la facture fait foi de l'achat du matériel, donc de la durée de garantie. Son délai démarre de cette date d'achat. En fonction des constructeurs, la garantie proposée sera de un ou deux ans. Bien entendu, si vous avez souscrit une extension de garantie, son délai se déclenchera après l'expiration de la garantie légale ou de celle du constructeur. En règle générale, les ordinateurs portables sont garantis un an. Certains constructeurs offrent une garantie de deux ans, et les extensions ajoutent souvent trois années supplémentaires.

Enfin, si vous n'avez pas besoin de retourner le formulaire de garantie auprès du constructeur de l'appareil, veillez à remplir la fiche d'enregistrement qui vous donnera souvent accès à une assistance supplémentaire gratuite.

Configurer votre PC portable

Depuis de nombreuses années, les ordinateurs portables ont une apparence et une ergonomie sensiblement équivalentes. Ainsi, lorsque vous remplacez un ancien portable par un nouveau, vous trouverez sans sourciller le bouton Marche/Arrêt, et saurez localiser sans problème l'emplacement du lecteur de CD/DVD.

Bien entendu, si votre PC portable indique quelques instructions de configuration spécifiques, respectez-les !

Trouver un emplacement pour le portable

Évidemment, votre ordinateur portable est fait pour prendre place sur un bureau. Toutefois, contrairement au PC de bureau qui occupe un espace considérable et qui, *de facto*, nécessite un emplacement particulier, le portable peut s'utiliser quasiment n'importe où. Dès que sa batterie est bien rechargée, le PC portable trouvera sa place dans un salon, une chambre à coucher, sur les bords de la Seine, à la terrasse d'un café, et pourquoi pas dans vos toilettes.

Voici quelques suggestions d'emplacements :

- Installez le portable sur une surface plate et stable.
- La surface sur laquelle vous installez le portable ne doit pas obstruer la ventilation située sous l'appareil.
- Ne placez jamais le portable sous l'action directe du soleil. La chaleur est un ennemi. De plus, le soleil empêche de profiter pleinement de l'affichage LCD de votre écran.
- Utilisez votre portable dans une zone correctement ventilée. Ne recouvrez jamais le portable de quoi que ce soit.
- Ne posez jamais le portable à proximité d'un verre, d'aliments, ou de tout autre produit susceptible de l'endommager.
- Essayez de trouver un emplacement où vous pourrez facilement brancher l'ordinateur à une prise secteur murale en cas de besoin.
- Réservez un emplacement à votre portable lorsque vous ne l'utilisez pas : dans un tiroir ou une étagère. L'essentiel étant que vous sachiez systématiquement où vous l'avez posé.
- Bien qu'un portable puisse s'utiliser presque partout, pensez à l'ergonomie ! Par exemple, lorsque vous travaillez sur la table d'un café, vous risquez de prendre une mauvaise position et ainsi vous faire mal au dos. Essayez d'être installé le plus confortablement possible.

Charger la batterie !

Lorsque vous déballez votre ordinateur portable, sa batterie peut être ou non entièrement rechargée. Par conséquent, dès que vous avez localisé une place pour votre portable, rechargez sa batterie.

Avant d'effectuer cette opération, installez la batterie dans le slot prévu à cet effet. Il suffit de l'ajuster dans un connecteur pour la clipser correctement. En général, la batterie s'insère à l'arrière de la machine.

Une fois la batterie installée, branchez le portable à une prise secteur murale (Figure 3.1).

Si nécessaire, connectez le cordon de la prise électrique au bloc d'alimentation, puis à une prise secteur murale.

Le chargement de la batterie commence. Eh oui ! La batterie se recharge même quand le PC est éteint.

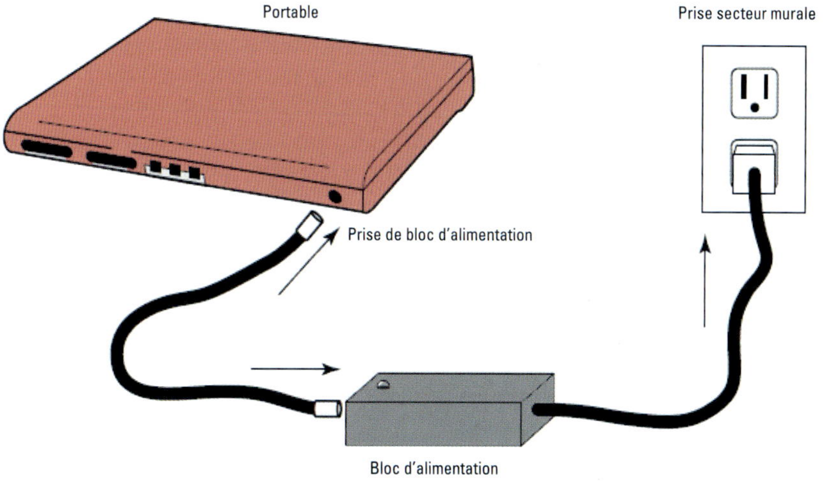

Figure 3.1 : Brancher le portable pour recharger sa batterie.

- Chaque portable propose une méthode d'insertion, d'installation ou de connexion de la batterie particulière. Le manuel de démarrage rapide vous donnera des instructions à ce sujet.
- Certains ultraportables et netbooks sont équipés d'une batterie inamovible.
- Il faut généralement plusieurs heures pour recharger intégralement la batterie d'un portable. L'autonomie de la batterie dépend de sa conception, et de la gestion de l'alimentation de votre ordinateur.

TRUC

- Vous pouvez utiliser le portable pendant que sa batterie est en charge.
- Pour plus d'informations sur la batterie et la gestion de l'alimentation, consultez le Chapitre 9.

Dois-je connecter mon PC portable à un onduleur ?

Un onduleur est un appareil qui prend le relais de votre installation électrique en cas de panne de courant. Vous pouvez ainsi poursuivre votre activité le temps de quitter vos programmes et d'éteindre correctement votre ordinateur. En effet, il est préférable de quitter Windows proprement pour éviter tout problème ultérieur.

En d'autres termes, l'onduleur est une sorte de batterie pour PC de bureau. En effet, dans la mesure où votre portable est équipé d'une batterie, elle prendra le relais en cas de panne d'électricité. Un portable garantit la pérennité de vos données et de votre système.

- Bien qu'un onduleur ne soit pas indispensable, nous vous conseillons de brancher votre portable sur un parasurtenseur afin d'éviter une surtension susceptible de provoquer des dégâts électriques irréversibles.
- En cas d'orage, utilisez votre portable sur batterie. Cela vous évitera bien des déconvenues, surtout si vous ne possédez ni onduleur, ni parasurtenseur.

Que faire ensuite ?

La réponse à cette question est : allumez le portable et regardez comment il fonctionne.

- Le Chapitre 4 donne des informations sur l'arrêt du portable qui est une opération susceptible de tourner au cauchemar si vous n'avez jamais utilisé un PC alimenté par une batterie.
- Le Chapitre 6 fait le tour d'horizon des différents éléments d'un portable.
- La gestion de l'alimentation, c'est-à-dire le talon d'Achille du portable, est traitée au Chapitre 9.
- Que vous soyez débutant ou non en matière de réseau sans fil, consultez le Chapitre 13. Vous y trouverez toutes les informations nécessaires à la bonne configuration d'un portable sur le réseau local de votre domicile ou de votre bureau.
- Avant d'utiliser un PC portable en déplacement, lisez le Chapitre 19. Il traite des aspects les plus horribles de l'informatique nomade.

4

Mettre en route votre portable

Dans ce chapitre

- Ouvrir le capot du portable
- Localiser le bouton Marche/Arrêt
- Allumer le portable
- Ouvrir une session sous Windows 8.1
- Découvrir le Bureau de Windows 8.1

Oh s'il vous plaît! Épargnez-nous un chapitre consacré à la mise en route d'un ordinateur portable! Pourtant, vos doléances ne me paraissent pas justifiées dans la mesure où le démarrage d'un ordinateur portable est bien plus compliqué que le simple fait d'appuyer sur un bouton Marche/Arrêt. En effet, ce bouton n'est pas aussi accessible que sur un ordinateur de bureau puisqu'il est dissimulé sous le capot. Enfin, une fois que vous aurez appuyé sur ce bouton, que serez-vous capable d'exécuter sous Windows 8.1? Vous constatez que l'ensemble de ces préoccupations justifie bien l'existence d'un chapitre consacré à la mise en route d'un PC portable.

Allumer votre portable

Le démarrage d'un ordinateur portable nécessite quatre étapes : ouvrir le capot, ajuster sa position pour obtenir un affichage correct de l'image, localiser le bouton Marche/Arrêt, et appuyer dessus.

Cette section explique les détails de la procédure puisqu'il existe en effet des détails.

Étape 1 : Ouvrir le capot

De tous les ordinateurs portables que j'ai pu posséder, aucun n'ouvre son capot de la même manière que les autres. Certains capots sont fermés par un loquet, alors que d'autres en sont dépourvus. Certains appareils sont même équipés de deux loquets. Il s'agit généralement d'une espèce de bouton que vous devez glisser ou sur lequel vous devez appuyer. La Figure 4.1 montre comment localiser le loquet en question.

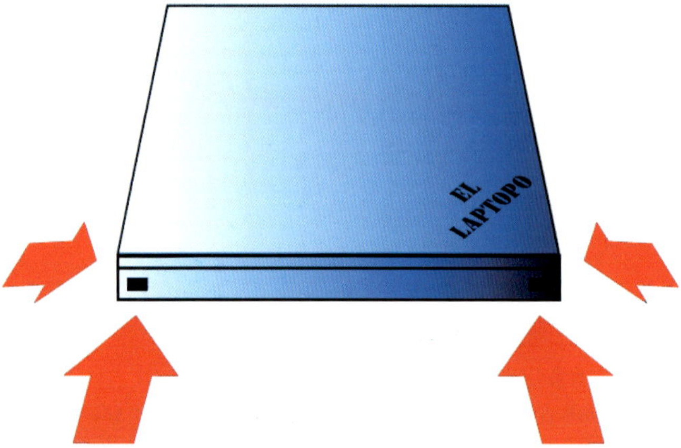

Figure 4.1 : Emplacement possible des loquets du capot.

Une fois que vous avez identifié le loquet, appuyez dessus ou bien faites-le glisser pour libérer le capot. Ensuite, il vous suffit de le soulever délicatement pour libérer le clavier et l'écran.

- La façade du portable est celle où se situe la partie supérieure de l'écran lorsque le capot est fermé.
- Vous pouvez paramétrer votre PC portable pour qu'il reste allumé même quand vous fermez le capot. Cette possibilité sera utile lorsque vous utiliserez l'ordinateur portable comme un ordinateur de bureau auquel vous aurez connecté un écran externe, un clavier, et une souris. Pour plus d'informations à ce sujet, consultez le Chapitre 11.
- Certains portables permettent d'écouter de la musique même quand le capot est fermé.
- Lorsque le capot est ouvert, vous pouvez laisser votre ordinateur allumé ou éteint.

Étape 2 : Régler le capot pour un affichage optimal

Lorsque vous soulevez le capot, imprimez-lui un angle qui permettra d'afficher correctement l'interface de Windows. Voyez la Figure 4.2 pour effectuer ce réglage.

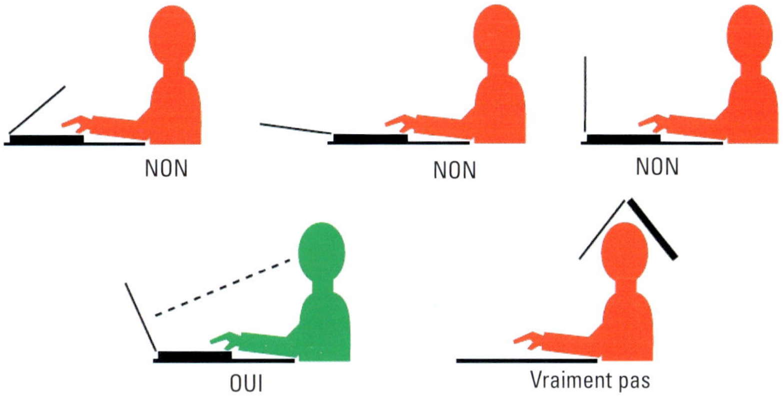

Figure 4.2 : Ajuster le capot pour travailler confortablement.

Étape 3 : Localiser le bouton Marche/Arrêt

Les concepteurs d'ordinateurs portables sont des adeptes invétérés du bouton Marche/Arrêt dissimulé aux yeux des utilisateurs. Bien souvent, ce bouton est situé sous le capot dans la partie supérieure gauche du clavier.

Le problème est que cette partie supérieure du clavier peut contenir plusieurs types de boutons. Toutefois, celui qui permet d'allumer votre ordinateur portable affiche une icône identique au pictogramme ci-contre.

- Dans certains cas, le pictogramme est un point, une ligne et un cercle qui permet de définir les positions On et Off. Enfin, dans de très rares exceptions, ce bouton affiche le symbole d'un croissant de lune.
- Le bouton Marche/Arrêt peut également prendre la forme d'un bouton ressort que vous poussez et que vous relâchez aussi bien pour allumer l'ordinateur que pour l'éteindre.

- Parfois, les boutons Marche/Arrêt sont minuscules et n'inspirent guère confiance. Vous approcherez fébrilement votre index de ce bouton, exercerez une légère pression dessus et priez pour que l'ordinateur portable réponde à vos ordres.
- Certains ordinateurs portables sont équipés d'un bouton Marche/Arrêt, et d'un bouton représentant un croissant de lune. Ce dernier est utilisé pour basculer l'ordinateur en veille.
- Collez un petit point adhésif rouge à proximité du bouton de mise sous tension pour l'identifier plus facilement.

Étape 4 : Enfoncer le bouton Marche/Arrêt

Pour allumer votre PC portable, appuyez sur le bouton Marche/Arrêt.

Parfois, il suffit d'ouvrir le capot pour mettre le portable sous tension. Dans d'autres circonstances, tapotez une touche du clavier pour réveiller l'ordinateur portable. En fait, la réaction de l'ordinateur dépendra de son mode d'extinction. Mais, en général, dès que vous souhaitez sortir le PC de son état comateux, une pression sur le bouton Marche/Arrêt fait des merveilles.

- Attention ! Il s'agit d'un bouton de mise sous tension et non pas d'un interrupteur Marche/Arrêt.
- Si l'ordinateur ne réagit pas lorsque vous appuyez sur ce bouton, cela signifie que votre batterie est probablement déchargée. Dans ce cas, branchez votre ordinateur portable à une prise secteur murale et essayez de nouveau.
- Vérifiez les câbles d'alimentation ! Peut-être sont-ils mal insérés dans le bloc ou dans le mur.
- Si tout semble parfaitement connecté et que rien ne se passe, vous avez un vrai problème. Dans ce cas, contactez votre revendeur ou le support technique du constructeur de votre matériel.

C'est Windows, ne l'oubliez pas !

Au démarrage de votre ordinateur portable, quelques messages initiaux, voire un logo ou des graphiques en tout genre, peuvent apparaître. Ensuite, l'ordinateur charge le système d'exploitation qui est le programme principal de votre PC. Pour la majorité des portables, ce programme s'appelle Windows.

NOTE TECHNIQUE

Quelques termes abscons pour définir le démarrage d'un ordinateur

Malgré tous les efforts de l'industrie informatique pour éliminer un jargon technique obscur et impressionnant, il reste des termes souvent anglo-saxons avec lesquels vous devrez parfois composer :

Boot (démarrage) identifie la séquence d'initialisation, c'est-à-dire de démarrage de votre ordinateur. Elle s'enclenche dès que vous appuyez sur le bouton de mise sous tension de l'appareil. Il s'agit là du terme informatique le plus ancien et le plus mystérieux.

Cold boot (démarrage à froid) identifie une mise sous tension d'un ordinateur qui est resté très longtemps éteint.

Cycle power (redémarrage rapide) consiste à éteindre l'ordinateur, à attendre quelques secondes et à le rallumer. Cette procédure est souvent utilisée pour essayer de corriger un problème.

Restart, reboot, reset consiste à redémarrer l'ordinateur d'une manière ou d'une autre. On parle souvent de *redémarrage forcé* car il s'exécute par une pression prolongée sur le bouton Marche/Arrêt ou en appuyant sur le bouton Reset (réinitialisation).

Warm boot (démarrage à chaud) autre terme pour identifier un *redémarrage* ou une *réinitialisation*.

La version de Windows est, dans ses plus grands aspects, identique sur un ordinateur de bureau et sur un portable. Des fonctionnalités sont implémentées pour gérer l'alimentation afin de préserver l'autonomie de la batterie.

- Ce livre traite de la dernière version de Windows appelée Windows 8.1.
- Le Chapitre 7 traite des éléments de Windows qui raviront les utilisateurs d'un PC portable.
- Des messages s'affichent au démarrage lorsque le portable s'est brutalement arrêté. Ils cherchent à rétablir un système opérationnel.

Première exécution de Windows 8.1

Lorsque vous exécutez Windows 8.1 pour la première fois, c'est-à-dire lors du premier démarrage de votre portable, un certain nombre d'éléments et de fonctionnalités sont installés. Leur nature dépend du constructeur de la machine. Lorsque Windows 8.1 se configure, vous devez renseigner certains écrans comme la date et l'heure de votre zone géographique, et indiquer votre nom.

Vous êtes invité à créer un *profil utilisateur* basé sur un compte e-mail. Bien que Microsoft parle de compte Microsoft, c'est-à-dire Hotmail ou Live, vous pouvez très bien indiquer votre compte de messagerie habituel comme Yahoo!, Orange, Free, *etc*. Microsoft lancera simplement une procédure de vérification. Cette adresse mail et son mot de passe seront utilisés pour ouvrir vos sessions Windows 8.1. Donc, ne les perdez pas !

TRUC

Vous pouvez également créer un compte local, c'est-à-dire un compte qui ne nécessite aucune adresse mail. Saisissez alors simplement le nom d'utilisateur et son mot de passe.

Après quelques écrans demandant des renseignements, Windows s'installe et se configure définitivement.

TRUC

ATTENTION

- Créez un seul compte d'utilisateur, le vôtre ! Vous créerez ceux des membres de votre famille ultérieurement. Posez-vous tout de même la question de savoir s'ils ont réellement besoin d'utiliser votre PC portable.
- Le compte Windows principal est le compte *Administrateur*. Lui seul permet d'apporter des modifications à l'ordinateur, d'installer et de désinstaller des programmes, et d'assurer la pleine gestion du PC. En tant qu'administrateur, vous êtes le boss !
- Ne perdez jamais votre mot de passe administrateur, car vous n'aurez aucun moyen de le récupérer.
- Vous n'êtes pas obligé d'ajouter le nom d'une société.
- Pour plus d'informations sur les mots de passe et les problèmes de sécurité sous Windows 8.1, consultez le Chapitre 20.

Activer Windows 8.1

L'activation de votre version de Windows 8.1 est indispensable à son utilisation. Elle sera quasi transparente si votre PC portable est connecté à Internet. Une fois l'activation du système d'exploitation terminée, vous êtes certain de travailler avec une version légale de Windows 8.1.

Se connecter à Windows 8.1

Chaque fois que vous démarrerez votre portable, vous devrez ouvrir une session Windows. Sous Windows 8.1, elle nécessite votre identifiant et votre mot de passe. L'identifiant est l'adresse de messagerie que vous avez communiquée lors de l'installation de Windows, ou bien simplement le nom d'utilisateur, si vous avez créé un compte local. Ensuite, indiquez le mot de passe utilisé. Généralement, votre compte de messagerie ou votre nom d'utilisateur est affiché par défaut sur l'écran de connexion. Vous n'avez plus qu'à saisir votre mot de passe.

Windows 8.1 affiche un écran de verrouillage sur lequel vous ne pouvez absolument rien faire. Appuyez sur la barre d'espace pour quitter cet écran et ainsi accéder à l'écran d'ouverture d'une session identique à celui de la Figure 4.3. Tapez votre mot de passe et appuyez sur la touche Entrée de votre clavier.

Si plusieurs comptes ont été créés, cliquez l'image identifiant le vôtre, puis tapez son mot de passe.

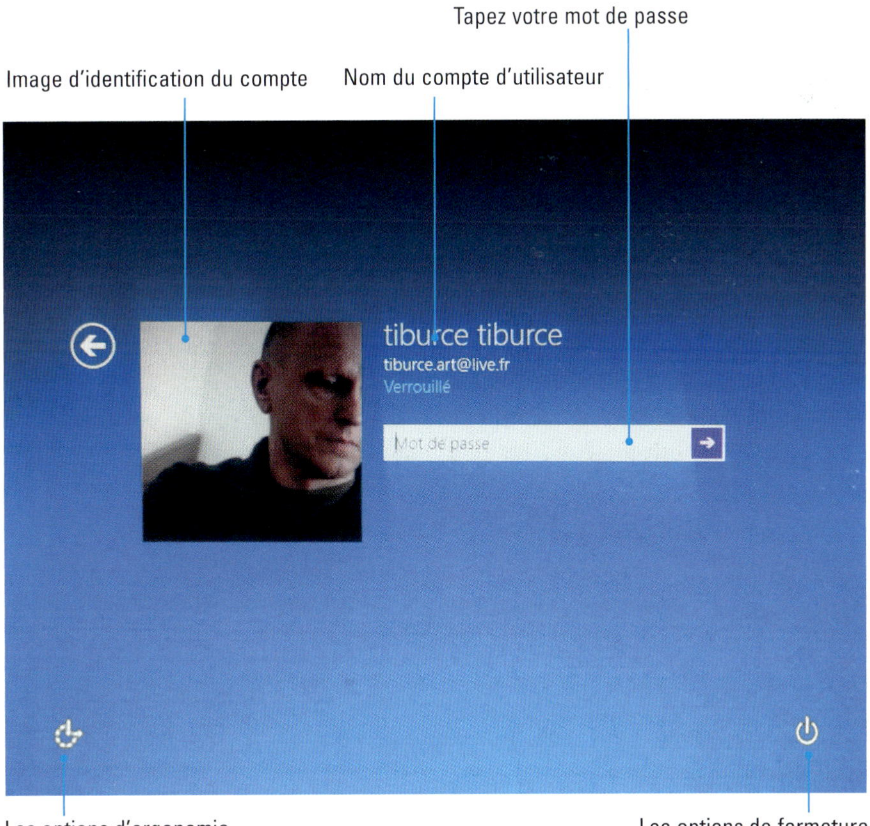

Figure 4.3 : L'écran d'ouverture d'une session Windows 8.1.

La Figure 4.3 montre l'écran de connexion (ouverture de session) de Windows 8.1 qui propose deux boutons situés respectivement dans le coin inférieur droit et gauche de l'écran :

- Le bouton Options d'ergonomie donne accès à des fonctionnalités destinées à faciliter l'utilisation du portable à des personnes handicapées.
- Le bouton de Déconnexion permet de mettre en veille, de redémarrer, ou d'éteindre le PC portable. Vous en saurez davantage à leur sujet au Chapitre 5.
- Le terme *connexion* indique que vous vous identifiez auprès de Windows pour accéder à votre environnement de travail. En d'autres termes, vous ouvrez une *session* Windows.

Les drôles de méthodes de connexion

Plusieurs techniques permettent à Windows d'exécuter une même tâche. Par conséquent, pour préserver votre santé mentale, mémorisez-en une et oubliez toutes les autres.

Si votre portable est équipé d'un lecteur d'empreintes digitales, utilisez-le pour être identifié en tant qu'utilisateur de l'ordinateur. Glissez simplement votre doigt (le pouce par exemple) sur le lecteur. Bien entendu, si vous avez utilisé votre index comme identifiant, appliquez-le sur ce lecteur, sinon Windows n'est pas prêt de vous ouvrir ses portes.

Vous pouvez également vous connecter à Windows 8.1 en utilisant un code confidentiel ou, si vous disposez d'un écran tactile, en glissant vos doigts sur une image. La technique du code est simple : tapez votre numéro secret. Celle de l'écran tactile impose que vous glissiez vos doigts sur le moniteur exactement comme vous l'avez fait lors de la configuration du mot de passe. Les utilisateurs de smartphones ne seront pas dépaysés par cette technique.

- Bien que cela soit un peu prématuré, sachez que pour définir un code ou un mot de passe image, vous devez afficher le panneau des paramètres du PC et cliquer sur le lien Modifier les paramètres du PC. Choisissez la rubrique Compte, puis Options de connexion. Apportez des modifications aux options de connexion. Pour plus d'informations à ce sujet, reportez-vous au Chapitre 7.
- La méthode la plus sûre consiste à définir un mot de passe.
- Lorsque votre PC portable n'est pas équipé d'un lecteur d'empreintes digitales, vous pouvez acquérir un modèle externe qui se connecte sur le port USB de votre portable.
- Tous les lecteurs d'empreintes digitales nécessitent une phase d'apprentissage. En effet, vous devez indiquer à Windows le doigt utilisé pour ouvrir votre session. Par conséquent, cette identification doit être effectuée avant d'utiliser un lecteur d'empreintes digitales.

NOTE TECHNIQUE

- Oui! Le lecteur d'empreintes digitales fonctionnera même si l'on vous a coupé le doigt!
- Un lecteur d'empreintes digitales est un périphérique biométrique.

L'écran d'accueil de Windows 8.1

Une fois que vous avez tapé vos identifiants, Windows 8.1 affiche un écran d'accueil, comme celui illustré à la Figure 4.4. Il suffit de cliquer (ou de toucher) une vignette de l'écran d'accueil pour lancer une activité. Comme l'écran d'accueil comporte plusieurs groupes de vignettes, faites défiler son contenu vers la gauche à l'aide de la barre de défilement horizontale située dans la partie inférieure de l'écran. Bien entendu, si vous travaillez avec un écran tactile, il vous suffit de feuilleter l'écran d'accueil pour accéder aux différents groupes de vignettes.

Figure 4.4 : L'écran d'accueil de Windows 8.1.

Bien que vous puissiez exécuter des programmes depuis l'écran d'accueil en accédant au dernier groupe de vignettes situées dans la partie droite de l'interface, l'environnement de travail de ce système d'exploitation reste le

Bureau auquel vous accédez en cliquant sur la vignette Bureau située dans le premier groupe de vignettes de l'écran d'accueil.

- Faites défiler le contenu de l'écran d'accueil en plaçant le pointeur de la souris sur le bord droit ou gauche de l'interface. Vous utiliserez votre doigt si votre portable est équipé d'un écran tactile.
- Pour plus d'informations sur les fonctionnalités de Windows comme l'écran d'accueil de la version 8, consultez le Chapitre 7.

Admirer le Bureau

Le Bureau est l'emplacement d'où, traditionnellement, vous exécutez vos programmes. Sous Windows 8.1, vous y accédez en cliquant la vignette Bureau de l'écran d'accueil. Il apparaît comme à la Figure 4.5. Toutefois, en fonction du constructeur de votre ordinateur, d'autres icônes seront probablement installées par défaut sur le Bureau de Windows 8.1.

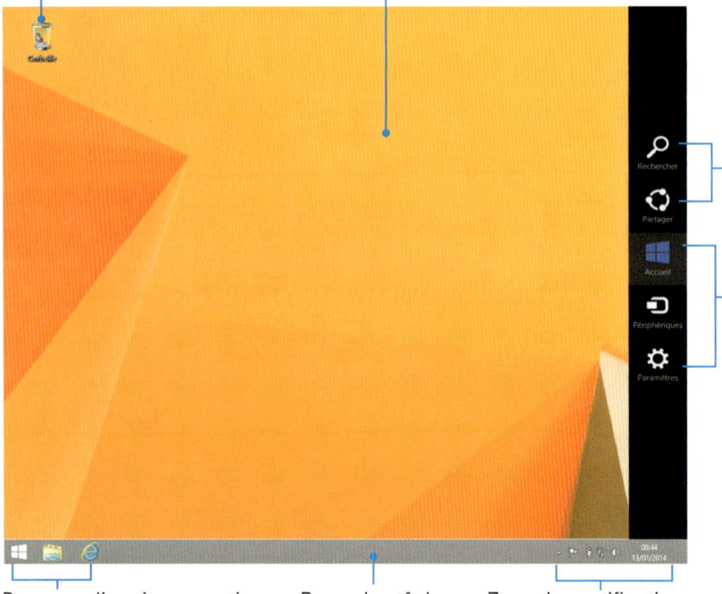

Figure 4.5 : Le Bureau de Windows 8.1.

Le Bureau de Windows 8.1 s'est considérablement épuré. Il est constitué par :

- **Le Bureau,** lui-même incarné par cette vaste zone qui remplit tout l'écran.
- **L'arrière-plan** identifié par une photo ou tout autre élément graphique que vous déciderez d'y substituer. La Figure 4.5 montre le Bureau appliqué par défaut au démarrage de Windows 8.1. Toutefois, le Bureau d'un portable est bien souvent illustré par une photo publicitaire du constructeur de votre ordinateur.
- **Des icônes** peuvent être présentes, comme celles de la Corbeille et de l'Explorateur de fichiers sur la Figure 4.5.
- **La barre des charmes ou *barre d'icônes*** qui apparaît lorsque vous placez le pointeur de la souris dans l'angle supérieur droit de l'interface, ou si vous glissez rapidement vos doigts sur la dalle tactile de votre portable.
- **La barre des tâches** qui contient des raccourcis vers des applications. Ils permettent d'exécuter rapidement un programme ou de passer très vite d'une application à une autre.
- **La zone de notifications** contient des icônes qui communiquent des informations sur l'activité de votre PC. Vous trouvez notamment l'heure, l'icône réseau, l'état de la batterie, *etc.*

Amusez-vous à déplacer votre pointeur de souris sur les éléments de l'interface. Positionnez-le dans l'angle supérieur droit pour afficher la barre des charmes, sorte de nouveau menu Démarrer de Windows 8.1.

Oui ? Et alors ?!

Ne soyez pas aussi impatient ! Vous allez progressivement découvrir comment tirer parti de Windows 8.1 pour profiter pleinement de votre PC portable. La troisième partie de ce livre explique comment exploiter tous les aspects de votre portable. Le Chapitre 5 indique comment quitter Windows et éteindre correctement votre ordinateur.

5

Éteindre votre PC portable

Dans ce chapitre

- Localiser la fonction Marche/Arrêt
- Éteindre l'ordinateur portable
- Utiliser la mise en veille
- Se déconnecter de Windows
- Verrouiller le portable
- Modifier le comportement du bouton Marche/Arrêt

Votre ordinateur portable propose toutes sortes de fonctions et de choses très intéressantes. Par exemple, vous constaterez qu'il ne possède pas d'interrupteur permettant de l'éteindre. Pourquoi ? Parce qu'en informatique, un seul bouton permet d'allumer et d'éteindre un ordinateur.

Comment éteindre un ordinateur portable ?

Le matériel informatique est une race un peu à part. Autrefois, pour allumer ou éteindre un appareil électrique, il suffisait d'appuyer sur un commutateur. Vous le basculiez de la position Off à la position On dans un petit clic significatif du bon déroulement de l'opération. Le problème est qu'un ordinateur portable ne propose pas ce type de commutateur, mais un seul bouton dont l'utilisation n'est pas toujours simple à comprendre pour le néophyte.

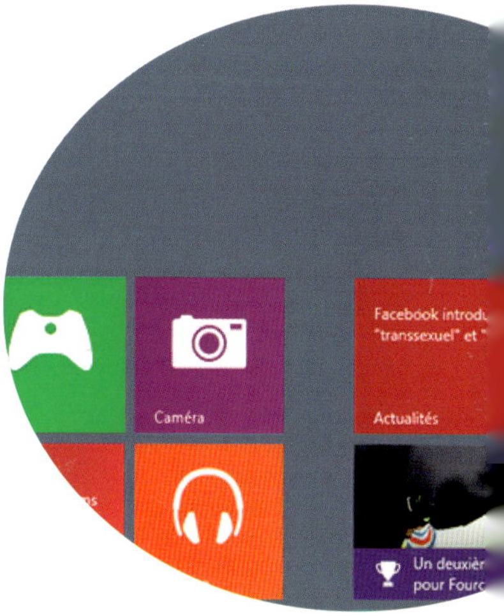

L'utilisateur peut arrêter de travailler de plusieurs manières : tout d'abord, il peut parfaitement laisser allumer son ordinateur portable alors qu'il ne travaillc plus dessus. Toulefois, la technologie des ordinateurs portables étant très sensible, il est avisé d'éteindre ce matériel afin de refroidir les composants. Une autre technique consiste à fermer votre session Windows 8.1 sans pour autant éteindre la machine. Enfin, la méthode la plus judicieuse est d'éteindre purement et simplement votre PC portable en utilisant une des techniques mises à votre disposition.

Localiser la fonction Marche/Arrêt

Comme vous pouvez l'imaginer, la technique décrite dans cette section envisage un arrêt logiciel de votre ordinateur. En d'autres termes, vous n'allez pas appuyer sur un bouton de votre portable, mais utiliser les fonctionnalités de Windows 8.1 pour le mettre hors tension :

1. **Que vous soyez sur l'écran d'accueil ou le Bureau, affichez la barre des charmes de Windows 8.1.**

   TRUC

   L'écran d'accueil de Windows 8.1 est constitué de vignettes d'applications. Bien qu'il puisse être contrôlé à la souris, cet environnement à dimension ludique a été spécialement conçu pour les écrans tactiles. Le Bureau, la seconde interface de Windows 8.1, ressemble aux anciens bureaux de Windows, et correspond à un environnement de travail basé sur une utilisation intensive de la souris et du clavier.

   L'appellation *barre des charmes* identifie la barre latérale qui s'affiche sur le bord droit de votre écran. Certains parlent de *barre d'icônes*. Nous emploierons indifféremment ces deux termes pour l'identifier. Vous l'afficherez en plaçant le pointeur de la souris dans l'angle supérieur ou inférieur droit de votre moniteur. (Avec un écran tactile, faites glisser le bord droit de l'écran vers la gauche.), ou en exécutant le raccourci clavier Windows + C (pensez à C pour Charmes).

2. **Cliquez sur l'icône Paramètres.**

   Le panneau Paramètres apparaît sur le bord droit de votre écran.

3. **Ensuite, cliquez sur l'icône Marche/Arrêt.**

   Cette action ouvre un menu local illustré à la Figure 5.1. Trois options se présentent à vous :

   - Mettre en veille
   - Arrêter
   - Redémarrer

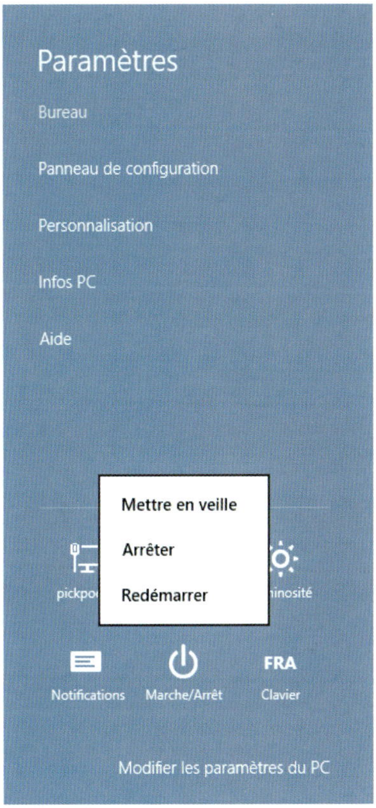

Figure 5.1 : Le menu local qui permet d'éteindre l'ordinateur.

Les sections suivantes expliquent quand et comment utiliser ces options. Vous les retrouverez également dans l'écran d'ouverture de votre session Windows.

Éteindre votre ordinateur portable

Vous devez éteindre votre ordinateur portable en quittant proprement votre session Windows.

Voici une première méthode :

1. **Commencez par enregistrer votre travail, puis fermez tous les programmes.**

   La méthode la plus rapide pour enregistrer les documents en cours d'utilisation dans un logiciel consiste à exécuter le raccourci clavier

Ctrl + S, ou la commande Enregistrer du menu Fichier. Vous pouvez également fermer une application en exécutant le raccourci clavier Alt + F4. Dans ce cas, si vos dernières modifications n'ont pas encore été enregistrées, Windows vous proposera d'y procéder.

2. **Depuis l'écran d'accueil ou le Bureau, affichez le menu local Marche/Arrêt via l'icône Paramètres de la barre des charmes.**

3. **Cliquez sur l'option Arrêter.**

Voici une deuxième méthode (et non pas la seconde, car il y en a d'autres en fonction de l'écran affiché sur votre moniteur) :

1. **Depuis le Bureau, faites un clic droit sur le bouton Démarrer.**

2. **Dans le menu contextuel qui s'affiche, placez le pointeur de la souris sur Arrêter ou se déconnecter.**

3. **Cliquez sur Arrêter, comme le montre la Figure 5.2.**

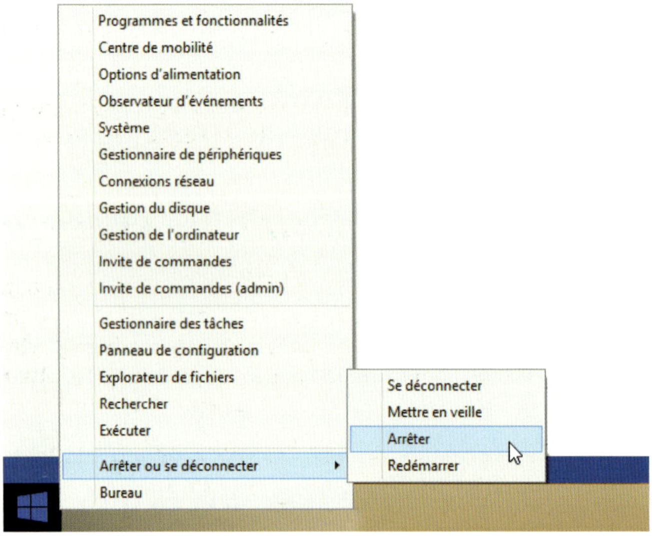

Figure 5.2 : Une autre méthode pour arrêter votre ordinateur sous Windows 8.1.

TRUC

Vous pouvez effectuer cette opération sur l'écran d'accueil. Le problème est que le bouton Démarrer n'est pas visible. Morbleu ! Comment faire ?! Placez le pointeur de la souris vers l'angle inférieur gauche de votre écran. Miracle, le bouton en question apparaît. Vous n'avez plus qu'à appliquer la procédure ci-dessus.

Votre ordinateur portable s'éteint au bout de quelques secondes. Son écran devient totalement noir, et plus aucun témoin n'est allumé sur son boîtier. Vous pouvez alors fermer son capot, et le ranger dans un lieu sûr.

Redémarrer Windows

L'informatique est une technologie avancée qui, malheureusement, n'est pas fiable à 100 %. De ce fait, certaines circonstances vous pousseront à redémarrer votre ordinateur, c'est-à-dire à réinitialiser Windows. Voici comment procéder :

1. **Enregistrez votre travail et fermez tous les programmes ouverts.**
2. **Utilisez une des deux méthodes de la précédente section pour accéder aux options de mise en veille, d'arrêt, et de redémarrage.**
3. **Exécutez la commande Redémarrer.**

Après avoir exécuté cette commande, l'ordinateur donne l'impression de s'éteindre. Il n'en est rien. Il va très vite redémarrer et de nouveau afficher l'écran de verrouillage de Windows 8.1.

Le redémarrage sera proposé après l'installation de certains programmes et applications, l'ajout de matériels, ou la mise à jour du système.

Mettre en veille votre ordinateur portable

Tous les ordinateurs portables proposent un mode basse consommation afin de préserver l'autonomie de la batterie. Dans ce mode, l'ordinateur est toujours actif, mais son écran est noir, ses disques durs généralement éteints, et le processeur est plongé dans un état comateux. Cette étape très particulière s'appelle la veille.

La technique de mise en veille varie d'un PC portable à un autre.

Lorsque le clavier de votre ordinateur est équipé d'un bouton de mise en veille (icône d'un croissant de lune) il suffit d'appuyer dessus pour basculer l'ordinateur en veille. Toutefois, lorsque votre PC portable est dépourvu d'un tel bouton, vous pouvez configurer le bouton Marche/Arrêt pour qu'il mette en veille votre ordinateur portable selon l'intensité de la pression exercée.

Cependant, la technique la plus sûre consiste à exécuter la commande Mettre en vielle du menu local Marche/Arrêt de l'icône Paramètres de la barre des charmes, ou du sous-menu Arrêter ou se déconnecter du bouton Démarrer.

Enfin, la mise en veille peut être automatique après l'écoulement d'un certain laps de temps d'inactivité de votre ordinateur portable. Par exemple, en fixant ce délai à 30 minutes, votre PC portable basculera en veille si vous n'effectuez aucune opération pendant 30 minutes consécutives. Pour plus d'informations sur la gestion de l'alimentation d'un ordinateur portable, consultez le Chapitre 10.

- Sur certains ordinateurs portables, le bouton de mise en veille est identifié par les lettres Zz.
- Lorsque vous basculez en mode veille, vous n'êtes pas obligé de fermer tous vos programmes.
- L'ordinateur portable peut émettre un bip sonore avant de passer en veille. Ne vous inquiétez pas, cette réaction est tout à fait normale.
- Sous Windows 8.1, vous pouvez exécuter une mise en veille depuis l'écran d'ouverture d'une session en cliquant sur le bouton situé dans l'angle inférieur droit de l'interface. Vous accédez alors à un menu local identique à celui du bouton Marche/Arrêt des paramètres de la barre des charmes. Je rappelle que l'écran d'ouverture d'une session est celui qui exige votre mot de passe pour accéder à Windows.

Sortir de la veille

On ne réveille pas un portable qui dort! (et dire que si ce film existait il serait meilleur que l'original.) Trêve de plaisanterie. Pour réveiller un ordinateur portable qui somnole, appuyez sur n'importe quelle touche du clavier, tapotez la dalle ou l'écran tactile. Le PC reprend son activité.

Si l'ordinateur passe en veille lorsque vous fermez son capot, il suffit de le rouvrir pour réveiller l'appareil.

Si rien ne se passe, appuyez sur le bouton Marche/Arrêt. (Le bouton physique, celui qui se trouve sur le portable.)

Après avoir sorti le PC portable du mode veille, vous devrez certainement déverrouiller Windows, c'est-à-dire y ouvrir une nouvelle session. (Pour plus d'informations sur la sécurité d'un ordinateur portable, consultez le Chapitre 20.)

- Personnellement, pour sortir mon ordinateur du mode veille, j'appuie sur la touche Ctrl.
- En général, un ordinateur portable refuse de sortir du mode veille lorsque sa batterie est déchargée. Dans ce cas, raccordez le PC à une prise secteur murale.

- Si malgré ce branchement, l'ordinateur portable refuse toujours de sortir du mode veille, le logiciel de gestion de l'alimentation du système connaît probablement un dysfonctionnement. Dans ce cas, maintenez le bouton Marche/Arrêt enfoncé jusqu'à l'extinction complète de l'ordinateur. Ensuite, rallumez-le. Si le système vous le demande, redémarrez Windows en mode normal.

Se déconnecter ou fermer une session

La déconnexion ou fermeture de session, permet de quitter Windows sans redémarrer ni éteindre votre ordinateur portable.

Voici la procédure à suivre pour se déconnecter de Windows 8.1 :

1. **Faites un clic droit sur le bouton Démarrer de l'écran d'accueil ou du Bureau.**

2. **Dans le menu contextuel qui apparaît, choisissez Arrêter ou se déconnecter.**

3. **Dans le sous-menu qui s'ouvre, choisissez Se déconnecter.**

TRUC

L'écran d'accueil offre une méthode supplémentaire. Plutôt que de faire un clic droit sur son bouton Démarrer qui apparaît lorsque vous placez le pointeur de la souris dans l'angle inférieur gauche de votre moniteur, cliquez sur l'image de votre avatar dans l'angle supérieur droit. Dans le menu local qui apparaît, exécutez la commande Se déconnecter, comme à la Figure 5.3.

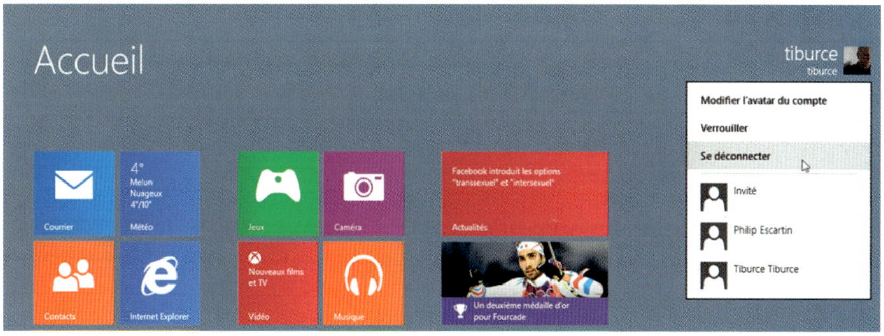

Figure 5.3 : Le menu local de votre avatar de l'écran d'accueil permet aussi de se déconnecter.

Lorsque vous vous déconnectez, Windows vous alerte sur d'éventuels programmes et applications en cours d'utilisation sur le Bureau et l'écran d'accueil pour vous permettre d'enregistrer les documents non sauvegardés.

Vous pouvez également vous déconnecter en basculant vers un autre compte d'utilisateur. Bien entendu, cette option n'est accessible que si plusieurs comptes d'utilisateurs ont été définis sur votrc ordinateur portable. (Une histoire que nous découvrirons plus tard.)

Verrouiller Windows

Vous pouvez protéger votre ordinateur en verrouillant Windows. Ainsi, le Bureau ou l'écran d'accueil disparaît et cède la place à ce que l'on appelle un écran de verrouillage. La méthode la plus rapide pour verrouiller Windows consiste à appuyer sur le raccourci clavier Windows + L (vous maintenez la touche Windows de votre clavier enfoncée tout en pressant la touche L).

Sous Windows 8.1, vous pouvez verrouiller votre ordinateur en cliquant sur l'icône de votre avatar située dans la partie supérieure droite de l'écran. Dans le menu local qui apparaît, exécutez la commande Verrouiller (Figure 5.3 ci-dessus).

Éteindre l'ordinateur en fermant le capot

L'un des grands mystères de l'humanité est de savoir pourquoi l'ampoule située dans votre réfrigérateur s'éteint lorsque vous en fermez la porte. Concernant votre ordinateur portable, vous pouvez définir son comportement au moment où vous fermerez son capot.

Éteindre le PC même quand il ne le veut pas

Le problème d'un ordinateur portable est que vous ne pouvez pas l'éteindre en le débranchant du secteur. En effet, sa batterie prend immédiatement le relais (sauf si elle est totalement déchargée). Par conséquent, si votre PC refuse de se plier à vos injonctions d'extinction de mise en veille, maintenez le bouton Marche/Arrêt enfoncé entre 5 à 10 secondes.

Pour plus d'informations sur le dépannage d'un ordinateur portable, consultez la sixième partie de ce livre.

Quelle est la véritable fonction du bouton Marche/Arrêt ?

Dans tous les cas de figure, le bouton Marche/Arrêt met votre ordinateur sous tension. Toutefois, ce bouton n'est pas un interrupteur. En d'autres termes, il n'est pas fait pour éteindre votre PC portable. Donc, à quoi peut bien servir ce bouton une fois l'ordinateur démarré ?

Eh bien, sachez que ce bouton va tout simplement exécuter la tâche que vous lui assignerez. Voici comment procéder :

1. **Depuis le Bureau ou l'écran d'accueil, faites un clic droit sur le bouton Démarrer.**

2. **Dans le menu contextuel qui apparaît, choisissez Panneau de configuration.**

   La fenêtre éponyme apparaît.

   Depuis le Bureau de Windows 8.1, vous pouvez préférer ouvrir la barre des charmes, et cliquer sur l'icône Paramètres. Choisissez ensuite Panneau de configuration.

3. **Dans la fenêtre qui apparaît, cliquez sur la catégorie Matériel et audio.**

4. **Dans la section Options d'alimentation, cliquez sur le lien libellé Modifier le comportement des boutons d'alimentation.**

   Vous accédez aux Paramètres système, comme à la Figure 5.4. La fenêtre se divise en deux colonnes : Sur la batterie et Sur secteur.

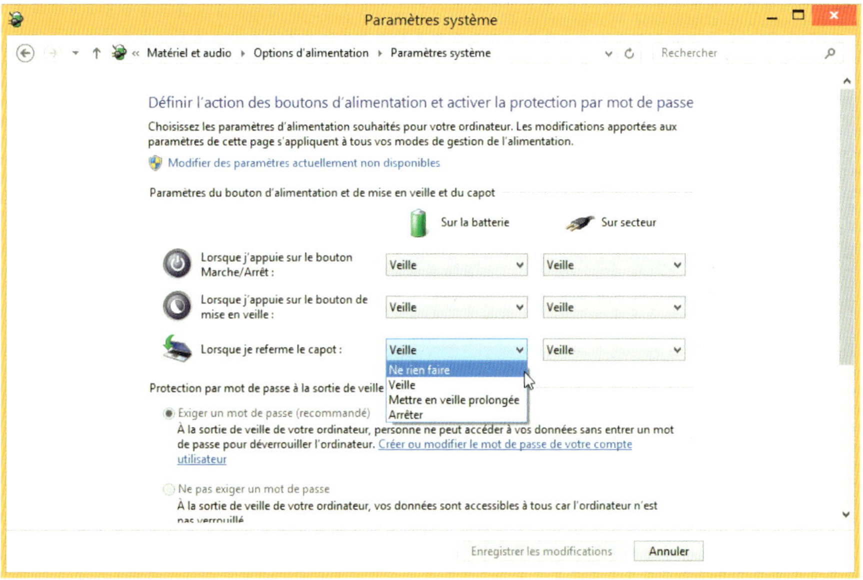

Figure 5.4 : Définir le comportement du bouton Marche/Arrêt et de la fermeture du capot.

5. **Choisissez l'action qu'exécutera Windows lorsque vous appuierez sur le bouton Marche/Arrêt ou que vous fermerez le capot.**

   Chaque mode d'alimentation propose ainsi quatre possibilités : Ne rien faire, Veille, Mettre en veille prolongée, et Arrêter.

   Ne rien faire : Dans ce cas, il ne se passera absolument rien lorsque vous appuierez sur ce bouton ou que vous fermerez le capot.

   Veille : L'ordinateur bascule immédiatement en mode veille pour préserver l'autonomie de la batterie.

   Mise en veille prolongée : Le PC passe en veille prolongée. Dans ce mode, toutes les données importantes sont enregistrées, ainsi que la configuration actuelle du Bureau avec les applications ouvertes. Lorsque vous sortirez de la veille prolongée, vous récupérerez le Bureau dans l'état qui était le sien au moment de la mise en veille prolongée.

6. **Indiquez le comportement de Windows lorsque vous appuierez sur la touche Marche/Arrêt (Power) du PC portable.**

7. **Spécifiez le comportement de Windows quand vous fermerez le capot.**

8. **Une fois les options déterminées, cliquez sur le bouton Enregistrer les modifications.**

9. **Fermez la fenêtre.**

Lorsque le portable est éteint, le fait d'appuyer sur le bouton Marche/Arrêt le redémarre.

Consultez le Chapitre 6 pour savoir si votre portable est équipé d'un bouton de mise en veille.

6

Le tour du propriétaire

Dans ce chapitre

- Localiser les ports
- Découvrir les connecteurs
- Identifier les mystérieux symboles
- Utiliser un clavier externe
- Comprendre les périphériques de pointage d'un portable

Un ordinateur portable propose les mêmes fonctions qu'un ordinateur de bureau avec quelques spécificités supplémentaires liées à son caractère nomade. Par conséquent, les constructeurs sont obligés d'intégrer tous les composants dans un espace très réduit. De ce fait, un PC portable est compact, couvert de touches et de boutons, et clignote comme un sapin de Noël. Ce chapitre vous aide à retrouver vos souliers remplis de cadeaux informatiques au pied de cet arbre saisonnier.

Le tour du portable en 80 jours

Ne paniquez pas ! Je fais le malin avec ce titre qui permet, un tant soit peu, d'étaler ma science. Le tour du portable sera bien plus rapide à accomplir.

La première bonne nouvelle est que tous les ordinateurs portables, à quelques exceptions près, se ressemblent. Ainsi, vous y retrouverez un graveur de CD/DVD, des ports USB, un port VGA voire HDMI, des boutons, des témoins lumineux, et j'en passe.

Le lecteur/graveur de disque optique

Je préfère employer ce terme générique, car il regroupe tous les types de lecteurs/graveurs de CD, DVD, et disques Blu-Ray. Les ordinateurs portables sont généralement équipés d'un des deux modèles de lecteurs suivants : à tiroir et à fente.

Lorsque le lecteur est à fente, insérez-y le disque qui est immédiatement happé par le mécanisme du matériel.

Si votre lecteur est à tiroir, vous devez préalablement appuyer sur le bouton Eject situé sur sa façade. Ensuite, vous insérez le disque au centre du tiroir jusqu'à ce qu'il s'enclenche dans les petits ergots métalliques. Poussez le tiroir. Et voilà !

- L'emplacement du lecteur varie d'un portable à un autre. Par conséquent, si vous ne le localisez pas sur le côté droit de l'ordinateur, cela signifie qu'il se situe sur le côté gauche, et *vice versa*.
- Le bouton d'éjection n'est pas toujours facile à localiser, et pas très évident à manipuler.
- Pour plus d'informations sur l'éjection des disques, consultez le Chapitre 8.

Les stockages amovibles

Certains portables sont équipés de lecteurs de cartes Compact Flash, Memory Stick, et Secure Digital. On parle alors de *lecteurs de cartes*. Chacune de ces cartes nécessite un slot spécifique puisqu'elles sont incompatibles les unes avec les autres. Il est possible que votre PC portable dispose de tous ces connecteurs, ou seulement d'un seul.

Les portables permettent généralement d'installer des périphériques de stockage supplémentaires. Par exemple, vous pouvez remplacer le lecteur de disque optique par un second disque dur, un disque SSD, ou un lecteur de cartes.

- Tous les portables ne permettent pas une telle substitution.
- Un périphérique de stockage amovible permet d'alléger le portable lorsque vous n'avez pas besoin d'un espace disque supplémentaire.
- Retirez vos périphériques amovibles en vous conformant aux instructions fournies avec votre portable. Sinon, vous risquez de provoquer des dégâts irréversibles.
- Pour plus d'informations sur les périphériques de stockage amovibles, consultez le Chapitre 8.

Antivol

Beaucoup de portables sont livrés avec un antivol. Il s'agit d'un système identique à celui qui permet de protéger votre bicyclette contre le vol.

- L'antivol doit relier l'ordinateur portable à un élément solide et inamovible. Toute autre utilisation de l'antivol ne servirait absolument à rien.
- Pour plus d'informations sur la sécurité des ordinateurs portables, reportez-vous au Chapitre 20.

Pour ne jamais manquer d'air !

Terminons notre découverte du PC portable en évoquant les problèmes de ventilation de votre ordinateur. En fonction de sa puissance, votre portable risque de chauffer énormément. Il est donc important de ne jamais obstruer le ventilateur et les trous d'évacuation de l'air chaud. Dans le cas contraire, vous risquez de provoquer des dommages irréversibles à votre matériel.

Big Brother is watching you

Dans la partie supérieure centrale de l'écran, vous distinguerez probablement une sorte de petit trou qui dissimule en fait une webcam. Parfois, cette webcam est protégée par un petit capot coulissant que vous ferez glisser vers la gauche ou la droite pour libérer l'objectif.

La webcam est devenue un périphérique très important puisqu'il permet de converser en vidéo sur les réseaux sociaux, ou avec des logiciels de messagerie instantanée comme Skype le remplaçant de Windows Messenger.

Pour plus d'informations sur les webcams, consultez le Chapitre 21.

TRUC

- Tous les ordinateurs portables ne sont pas livrés avec une webcam. Si c'est votre cas, achetez une webcam USB que vous installerez sur la partie supérieure du capot.
- Votre ordinateur n'est pas un espion ! Si vous n'activez pas délibérément votre webcam, elle ne se mettra pas en route à votre insu.

Les connecteurs sans déconner

Bien entendu, l'ordinateur portable est destiné à la mobilité. De fait, son caractère nomade induit une certaine légèreté de votre matériel informatique. Or, et cela peut sembler contradictoire, l'ordinateur portable est équipé d'un grand nombre de ports et connecteurs qui permettent de le sédentariser. Ainsi, vous pourrez connecter des imprimantes, des scanners, des interfaces audio numériques, j'en passe et des meilleurs. Le problème pour le débutant est que l'ensemble de ces ports et connecteurs ne sont pas très faciles à identifier. Je veux dire en cela, que ce n'est pas en les regardant que leur fonction vous viendra spontanément à l'esprit.

Par conséquent, je vous invite à consulter le Tableau 6.1 pour découvrir ces ports et ces connecteurs sous forme de symboles, de libellés, de couleurs, et enfin d'une description.

Tableau 6.1 : Symboles, couleurs, et formes des connecteurs

Nom du Port	*configuration*	*symbole*	*couleur*	*fonctionnalités*
Vidéo numérique	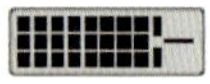	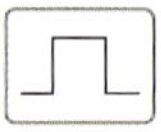	Blanc	Brancher un moniteur externe ou une télé haute définition.
eSATA		eSata	Noir	Connecter un disque dur externe.
HDMI		HDMI	Noir	Brancher à une télévision ou un écran HDMI.
Casque			Vert	Brancher un casque qui désactive automatiquement les haut-parleurs du portable.
IEEE 1394 ou FireWire	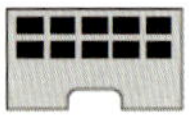		Aucune	Connecter des périphériques haut débit.
Entrée ligne		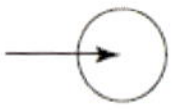	Gris	Brancher un périphérique audio externe.

Tableau 6.1 : Symboles, couleurs, et formes des connecteurs

Nom du Port	***configuration***	***symbole couleur***	***fonctionnalités***	
Sortie ligne		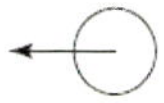	Jaune	Envoyer du son vers la sortie audio ou les haut-parleurs.
Micro			Rose	Brancher un microphone.
modem/ téléphone			Aucune	Raccorder un modem pour des communications en ligne, ou bien envoyer et recevoir des télécopies.
Moniteur	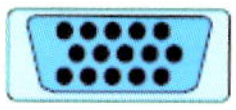	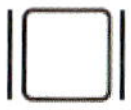	Bleu	Connecter un écran externe ou un affichage vidéo pour diffuser des présentations ou des films.
Alimentation			Jaune	Brancher le bloc d'alimentation externe pour alimenter le portable avec une prise secteur murale.
RJ-45/ Ethernet			Aucune	Brancher un vidéoprojecteur, ou raccorder le portable à une télévision ou à un magnétoscope.
USB	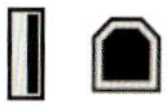		Aucune	Ajouter divers périphériques à votre portable, comme des imprimantes, des scanners, et des disques durs externes.

Tous les types d'ordinateurs portables ne sont pas équipés de ces connecteurs. Ainsi, plus vous optez pour un modèle de petite taille, et moins il proposera d'options supplémentaires. Toutefois, vous y retrouverez les connecteurs suivants : casque, modem, moniteur, alimentation, Ethernet, et USB.

- En langage informatique, ces connecteurs sont appelés des *ports*.
- Les claviers et les souris externes seront connectés à votre ordinateur portable *via* un port USB. Si votre PC portable ne propose pas suffisamment de ports USB, envisagez l'achat d'un concentrateur (hub) USB que vous brancherez à l'un de ces connecteurs. Ces concentrateurs proposent de 2 à plus de 10 ports USB en n'occupant qu'une seule prise USB du portable. Pour plus d'informations sur la norme USB, consultez le Chapitre 11.

- Le port RJ-45/Ethernet peut être identifié par une icône illustrée ci-contre.
- Le port Ethernet et le port modem ont une apparence identique. Toutefois, le port Ethernet est légèrement plus gros que le port modem.
- Le connecteur d'alimentation peut avoir un autre aspect que celui illustré dans le tableau. Vérifiez de ne pas brancher le câble d'alimentation dans le port micro de votre ordinateur portable.
- Le symbole IEEE 1394 peut varier d'un ordinateur à un autre. *A priori*, le type Y ne semble pas universel.

Mon beau sapin...

Les films de science-fiction nous ont longtemps montré d'énormes ordinateurs qui clignotaient comme des sapins de Noël. Aussi incroyable que cela puisse paraître aujourd'hui, ces monstres informatiques captaient l'attention des téléspectateurs.

Aujourd'hui, les ordinateurs portables affichent des voyants lumineux qui témoignent de leur activité. Le Tableau 6.2 dresse la liste des voyants les plus fréquemment rencontrés sur les PC portables.

Un témoin lumineux indique également l'activité de la webcam. Parfois, les ordinateurs portables sont équipés de voyants spécifiques. Toutefois, les plus communément rencontrés sont répertoriés dans le Tableau 6.2.

Tableau 6.2	Les lumières du portable
Symbole	***Signification***
	Indique que le portable est en mode Veille.
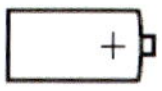	Indique que l'ordinateur fonctionne sur batterie. Ce témoin lumineux peut changer de couleur en fonction du niveau d'autonomie de la batterie.
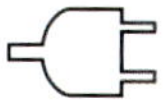	Signifie que l'ordinateur portable est branché sur une prise secteur murale.
	L'ordinateur est allumé.
	Indique une activité du disque dur.
	Les majuscules sont verrouillées. Un témoin lumineux est parfois présent sur cette touche du clavier.
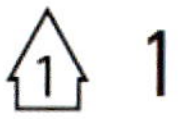	Le pavé numérique est verrouillé. Un témoin lumineux est parfois présent sur cette touche du clavier.
	Le réseau sans fil est opérationnel.
	La connexion Bluetooth est activée.

- Certains voyants clignotent ou changent de couleur. Par exemple, l'indicateur du niveau d'autonomie de la batterie peut passer du vert au rouge pour indiquer qu'il est temps de la mettre en charge. Ensuite, il passera brutalement ou progressivement du rouge au vert. Le témoin d'activité du disque dur ou de la connexion réseau peut clignoter quand ces périphériques sont en activité.
- Lorsque l'ordinateur est éteint ou en veille prolongée, aucun voyant lumineux n'est allumé.
- L'indicateur de la batterie, ou le témoin lumineux du branchement sur le secteur peuvent être allumés même si le portable est éteint.

- Certains netbooks n'ont aucun voyant lumineux.

Le clavier

Un clavier informatique standard est composé de 105 touches, sans compter certaines touches spéciales qui permettent de naviguer sur le Web, de piloter vos lecteurs multimédias, et bien d'autres choses encore plus fantaisistes. Pour des raisons de mobilité, le clavier des ordinateurs portables a subi quelques aménagements.

La disposition d'un clavier de portable standard

La Figure 6.1 montre un clavier de portable standard. Il propose les traditionnelles touches d'une machine à écrire, auxquelles s'ajoutent des touches spécifiques à l'informatique en général et à l'utilisation d'un PC portable en particulier.

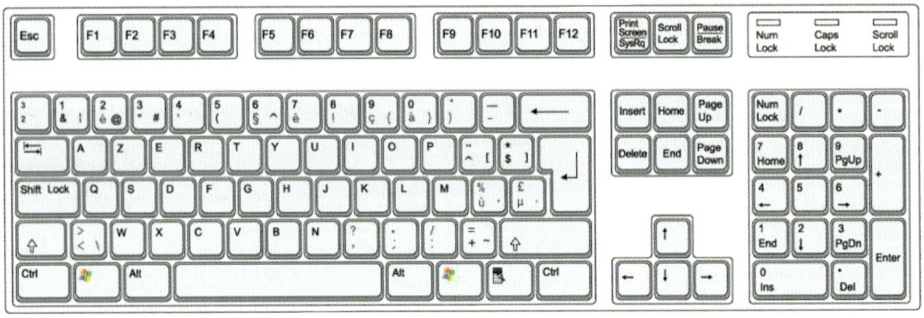

Figure 6.1 : Un clavier de portable standard.

Voici les touches du clavier standard d'un ordinateur portable :

- **Alphanumériques :** Il s'agit des touches les plus classiques d'un clavier en général. Elles permettent de taper des caractères (lettres, numéros, signes de ponctuation). Lorsque vous appuyez sur ce type de touche, le caractère correspondant apparaît sur l'écran.
- **Maj :** Cette touche s'utilise seule ou conjointement à d'autres touches du clavier pour exécuter certaines actions spécifiques. Ainsi, la touche Maj appartient à la famille des touches de modification comme Alt, Ctrl, Fn, et Windows.

- **Les touches de fonction :** Elles portent les mentions F1 à F12, et sont localisées dans la partie supérieure du clavier.
- **Le pavé directionnel :**Il se compose de quatre touches : Haut, Bas, Gauche et Droite. Parfois, vous pouvez leur associer la touche Fn pour qu'elles exécutent d'autres tâches comme piloter le lecteur de CD/DVD.
- **Le pavé numérique :** Cette partie du clavier est détaillée dans la prochaine section.

Les touches alphanumériques ont sensiblement la même taille que les touches d'un clavier externe d'un ordinateur de bureau. En revanche, elles sont plus petites sur les ultraportables et les netbooks.

Le texte de certaines touches est parfois en couleur. La couleur permet d'associer plus facilement les touches entre elles. Par exemple, si les touches Alt et Num Lock sont vertes, la combinaison Alt + Num est nécessaire pour verrouiller le pavé numérique.

Les touches du pavé directionnel permettent de déplacer le point d'insertion lorsque vous tapez du texte dans une application Windows. Elles facilitent également votre navigation Web. Les touches peuvent exécuter d'autres tâches dans d'autres programmes.

Certaines touches affichent des images ou des icônes. Ainsi, la touche Verr. Maj est souvent identifiée par l'icône d'un cadenas. Les claviers européens intègrent une touche Alt Gr pour Alternative Graphic. Elle permet de taper des caractères spéciaux affichés dans le coin inférieur droit de certaines touches, comme le symbole @ ou les unités monétaires telles que .

Où est passé mon pavé numérique ?

Certains ordinateurs portables sont dépourvus de pavé numérique. Dans ce cas, utilisez les touches situées au-dessus de la première rangée de lettres. Il suffit de maintenir la touche Maj enfoncée pour taper des chiffres. En l'absence de ces touches sur des claviers de très petite dimension, des chiffres sont présents sur des touches standard, comme le montre la Figure 6.2.

Les étapes suivantes vous permettront d'utiliser correctement le pavé numérique caché d'un ordinateur portable :

1. **Ouvrez un programme dans lequel vous souhaitez taper du texte, comme le Bloc-notes ou un logiciel de traitement de texte.**

   Pour ouvrir rapidement le Bloc-notes depuis le Bureau ou l'écran d'accueil de Windows 8.1, appuyez sur Win + Q. Dans le panneau

Rechercher qui s'ouvre sur le côté droit de l'écran, tapez Bloc-notes, et appuyez sur Entrée.

Vous constatez qu'à chaque caractère saisi, Windows actualise la liste des résultats. Dès que vous voyez la vignette du Bloc-notes, cliquez dessus ! Cela vous évitera de taper entièrement ce mot composé.

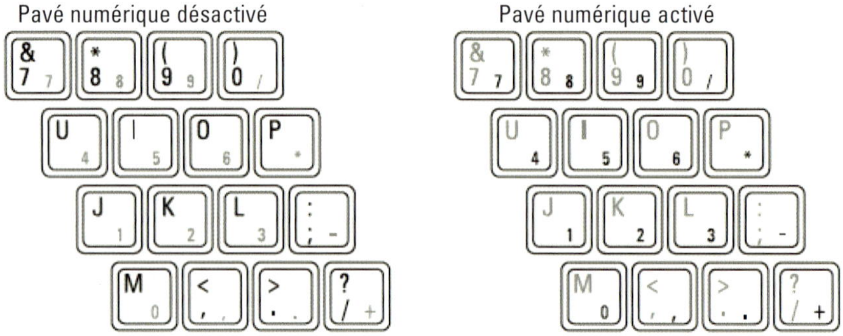

Figure 6.2 : Le pavé numérique caché.

2. **Saisissez la phrase J'aime mon chat.**

3. **Vérifiez que le témoin lumineux Verr. Num. est allumé sur votre clavier.**

   Cela prouve que ce mode est actif, et que vous pouvez utiliser le pavé numérique intégré du clavier.

4. **Identifiez la touche Verr. Num. de votre clavier.**

   Elle se situe obligatoirement à un emplacement de votre clavier. Elle porte le nom de *Verr. Num.*, *NumLock, Num*, ou bien encore *NumLK*.

5. **Activez cette fonction.**

   Pour cela, appuyez sur la touche. Si rien ne se passe, essayez Maj + Verr. Num. Si le texte Verr. Num. est en couleur, localisez la touche ayant une couleur identique pour l'associer au verrouillage afin de l'activer. Il s'agit souvent de la touche Alt ou Fn.

6. **Tapez votre texte J'aime mon chat.**

   Cette fois, il ressemble à un mélange hasardeux de chiffres et de lettres.

7. **Désactivez la touche Verr. Num.**

   Il suffit de répéter la même combinaison de touche que pour son activation.

8. **Fermez le Bloc-notes, ou tout autre programme de traitement de texte.**

   Inutile d'enregistrer votre travail.

N'OUBLIEZ PAS

Essayez de mémoriser cette combinaison. Si nécessaire, notez-la dans la marge de ce livre.

Certains netbooks n'ont pas de pavé numérique. Vous êtes alors obligé d'investir dans un pavé numérique USB externe que vous brancherez sur le port idoine de votre PC.

Le Fun de la touche Fn

Pour proposer des fonctionnalités propres au portable, la majorité des ordinateurs nomades proposent une touche Fn. Vous l'utiliserez conjointement à d'autres touches pour augmenter les possibilités de votre PC portable.

Ainsi, la touche Fn ajoute aux claviers des portables les mêmes fonctionnalités qu'un clavier standard avec quelques ajouts non négligeables :

- Monter ou baisser le son.
- Couper le son.
- Augmenter ou réduire la luminosité et/ou le contraste de l'écran.
- Activer un écran externe pour diffuser des présentations.
- Activez le mode Veille.
- Éjecter un disque optique.
- Activer ou désactiver l'adaptateur réseau sans fil.
- Lire, arrêter, mettre en pause, rembobiner, et effectuer une avance rapide dans un lecteur multimédia.
- Verrouiller le portable.
- Exécuter d'autres tâches auxquelles je ne pense pas forcément au moment où j'écris ces lignes, et que je vous laisse donc découvrir.

Prenez un moment pour localiser la touche Fn. Elle sera le compagnon indispensable des touches comportant une couleur identique ou des éléments affichés dans leur coin inférieur gauche.

Ces touches si spécifiques

Les constructeurs ajoutent parfois des touches personnelles, ou des boutons spécifiques. En général, elles prennent place dans la partie supérieure du clavier, mais il arrive parfois qu'elles soient localisées sur le côté droit ou gauche. Certaines touches spéciales vont lancer la relève de votre courrier électronique, votre navigateur Web, allumer la webcam, ou bien encore contacter l'assistance technique du revendeur.

N'oubliez pas que ces touches sont spécifiques à votre ordinateur portable et que vous risquez de ne pas les retrouver sur un nouveau modèle. Ne soyez pas étonné si aucun livre consacré à l'informatique ne les mentionne.

Les touches spéciales sont contrôlées par un logiciel dédié qui se charge généralement sous Windows. Par conséquent, si ce logiciel connaît un dysfonctionnement, si vous mettez à jour Windows, ou bien changez de système d'exploitation, il est fort possible qu'elles ne fonctionnent plus.

Ami-ami avec la souris

Adjoindre une souris à un PC portable est une idée vieille comme le monde. Elle est née bien avant l'existence des systèmes d'exploitation à interface graphique comme Windows. Toutefois, ce type d'ordinateur n'est pas réellement livré avec une souris. Il s'agit de ce que l'on appelle un *périphérique de pointage* qui prend ici la forme d'un *pavé tactile*.

Le pavé tactile

Il est conçu pour déplacer un curseur (pointeur de souris) à la surface de l'écran, et pour exécuter des actions. Comme tout périphérique de pointage, le pavé tactile permet de tirer le meilleur parti des interfaces graphiques utilisateur (GUI).

La Figure 6.3 illustre un pavé tactile traditionnel. Il est équipé de deux boutons identiques reprenant la philosophie des souris standard.

L'utilisation d'un pavé tactile n'est pas toujours aussi simple qu'il y paraît :

- Faites glisser votre index sur le pavé tactile pour déplacer le curseur. Utilisez alors vos pouces pour exécuter des clics droit et gauche.
- N'appuyez pas comme un fou.
- Vous pouvez double-cliquer en tapotant deux fois sur le pavé lui-même.
- La combinaison de plusieurs doigts permet de réaliser différentes actions comme un clic droit, le défilement d'une page, et bien d'autres choses encore. Les plus récents ordinateurs portables proposent un didacticiel vidéo expliquant toutes les options de leur pavé tactile.

- L'opération la plus complexe consiste à glisser-déplacer des éléments sur l'interface. Vous devez généralement maintenir enfoncé le bouton gauche du pavé, et faire glisser votre index à sa surface.
- Évitez d'appuyer sur le bouton droit quand vous souhaitez effectuer un clic gauche. Vous risquez d'ouvrir un menu contextuel et d'exécuter une commande que vous ne souhaitez pas lancer. Pour fermer l'ouverture intempestive d'un tel menu contextuel, appuyez sur la touche Echap du clavier.

Figure 6.3 : Un pavé tactile.

De plus en plus de portables proposent un pavé multipoint qui se substitue à un écran tactile. En d'autres termes, vous utilisez la surface du pavé comme vous utiliseriez un écran tactile. Cela vous permettra de profiter pleinement des nouvelles fonctionnalités de Windows 8.1.

Où est le bouton roulette ?

Une souris d'ordinateur de bureau est généralement équipée d'un *bouton roulette*, ou *molette*. Il est utilisé pour effectuer des défilements droite et gauche, pour effectuer des zooms avant et arrière ou produire différents autres types d'effets.

Malheureusement, le pavé tactile est dépourvu de molette. Il existe cependant des PC portables Lenovo qui intègrent un pavé central remplaçant la molette des souris standard. D'autres pavés présentent une sorte de glissière sur leur bord droit. Il suffit d'y faire glisser votre index pour réaliser les mêmes opérations qu'avec une molette traditionnelle.

Enfin, les pavés multipoints remplacent la molette par une combinaison de doigts qu'il suffit de poser à sa surface pour réaliser des actions semblables à un bouton roulette.

Utiliser une souris

Le meilleur périphérique de pointage d'un ordinateur portable reste la souris !

Vous pouvez utiliser une souris d'ordinateur de bureau conjointement au pavé tactile. En revanche, la souris est un matériel supplémentaire qu'il faudra emporter avec votre portable. Sachez alors qu'il existe des souris de plus petite taille spécialement adaptées aux ordinateurs portables. Toutefois, les utilisateurs ayant de grosses mains ou de gros doigts ne seront pas très à l'aise avec ces matériels.

La souris se branche au port USB du PC portable. L'idéal étant d'employer une souris sans fil qui permet une latitude de mouvement plus importante, et qui prend moins de place dans la sacoche de votre ordinateur.

ATTENTION

- Investissez dans une belle souris sans fil et à roulette. En effet, moins vous aurez à bouger la souris et plus votre travail sera confortable.
- L'installation du pilote de la souris désactive parfois le pavé tactile. Si nécessaire, réactivez sa fonction si et seulement si elle ne perturbe pas la souris.

7

Windows 8.1 sur un portable

Dans ce chapitre

- Visiter Windows
- Localiser les périphériques de stockage
- Localiser votre dossier d'utilisateur
- Découvrir la résidence des programmes
- Identifier le réseau
- Travailler avec le Panneau de configuration

Partout vous trouverez un responsable. Sur un bateau, vous avez le capitaine, sur un terrain de sport vous subissez la loi de l'arbitre, et dans la galaxie Milky Way, vous êtes asservi au pouvoir de l'Empire Yaxkoz. Enfin, sur un ordinateur portable vous êtes aux ordres de Windows, c'est-à-dire du système d'exploitation qui permet à un PC de ne pas rester au fond d'un tiroir. (Un *système d'exploitation* n'exploite pas l'utilisateur d'un portable, mais les ressources logicielles et matérielles du PC.)

Si vous avez déjà utilisé un PC, vous connaissez l'univers Windows. Sur un portable, ce système d'exploitation diffère peu de sa version pour PC de bureau. La seule exception concerne l'existence de fonctionnalités liées à la gestion de l'alimentation. Pourtant, cette nouvelle édition de ce magnifique livre consacré au portable arrive avec son lot de nouveautés issues de la dernière version de Windows, je veux parler de la 8.1.

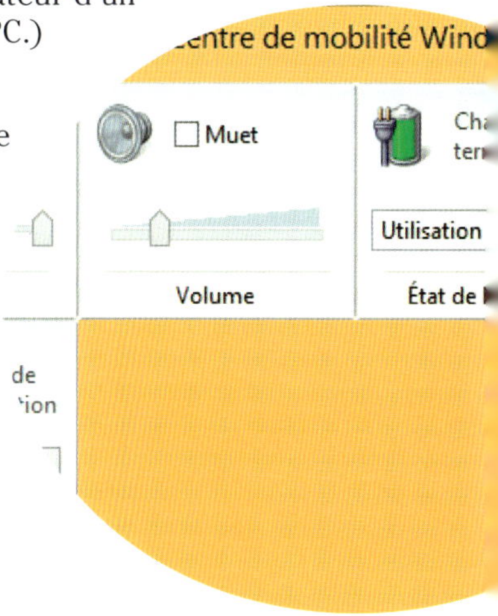

Windows 8.1 dans toute sa splendeur

Windows est simple à utiliser, même si de prime abord la version 8.1 est assez déconcertante, elle apporte de sensibles améliorations par rapport à la première mouture logiquement appelée 8.

Tout ce que vous allez découvrir après avoir ouvert une session Windows est expliqué dans les sections qui suivent.

Les écrans de verrouillage et de connexion

Sous Windows 8.1, la première chose qui apparaît une fois la séquence de démarrage terminée s'appelle *l'écran de verrouillage*, illustré à la Figure 7.1.

Figure 7.1 : L'écran de verrouillage de Windows 8.1.

Pour quitter cet écran, appuyez sur une touche de votre clavier ou bien sur un bouton de votre souris. Vous accédez alors à un écran de connexion, c'est-à-dire d'ouverture de session Windows.

Une fois votre mot de passe saisi, vous arrivez sur l'écran d'accueil, un espace rempli de vignettes qui permettent de lancer des activités de divertissement, des jeux, mais aussi des applications. Il suffit de cliquer ou de toucher une vignette pour exécuter la tâche dévolue à l'application à laquelle elle correspond. (« Toucher » n'a de sens que si vous utilisez un écran tactile. Dans le cas contraire, croyez-moi, Windows ne réagira pas.)

N'OUBLIEZ PAS

Windows 8.1 fait une différence entre *applications* et *programmes*. Une application est un logiciel de l'écran d'accueil (interface à vignettes), tandis que le programme est un logiciel du Bureau. Cependant, pour éviter les répétitions afin de vous délivrer un texte plus agréable à lire, j'utiliserai ces deux termes comme synonyme.

TRUC

Si vous n'avez pas créé de compte d'utilisateur, vous accédez directement à l'écran d'accueil.

- Vous pouvez revenir à tout instant à l'écran d'accueil en appuyant sur la touche Win (Windows) du clavier. Deux autres techniques consistent respectivement :
  - À placer le pointeur de la souris dans le coin inférieur gauche de l'écran et à cliquer sur l'icône Accueil qui apparaît.
  - À placer le pointeur de la souris dans le coin supérieur droit de l'écran pour afficher la barre des charmes. Ensuite, cliquez sur Accueil.
- Les programmes Windows du Bureau se lancent depuis le dernier groupe de vignettes de l'écran d'accueil, ou *via* l'écran Applications.
- Windows 8.1 réintroduit un bouton Démarrer absent de Windows 8. Toutefois, ne vous attendez pas à ce qu'il donne accès à un menu Démarrer, comme sous Windows Vista ou Windows 7. Nous le découvrirons plus en détail dans les sections à suivre.

L'écran d'accueil

L'écran d'accueil de Windows 8.1 est illustré à la Figure 7.2. Il se divise par défaut en trois groupes de vignettes qui permettent d'exécuter des applications de divertissement, des jeux et des programmes.

Par exemple, le premier groupe donne accès à l'application Courrier pour gérer vos messageries électroniques, à Internet Explorer 11 pour surfer sur le Web, à Messages pour utiliser vos comptes de messageries instantanées, j'en passe et des meilleurs.

En revanche, l'accès aux programmes est moins évident. Les programmes nouvellement installés sont répertoriés dans des groupes de vignettes situés à l'extrême droite de l'écran d'accueil. Toutefois, voici deux méthodes qui permettent de localiser d'autres applications et programmes :

Figure 7.2 : L'écran d'accueil de Windows 8.1.

- Vous pouvez afficher le panneau Applications (Figure 7.3) en cliquant sur la petite flèche dirigée vers le bas qui s'affiche dans l'angle inférieur gauche de l'écran d'accueil dès que vous bougez le pointeur de la souris ou posez votre index sur l'écran tactile.
- Tapez directement les premières lettres du nom du programme à utiliser. Par exemple, si vous désirez lancer le Bloc-notes, ne faites rien d'autre que taper les lettres « bl ». Comme le montre la Figure 7.4, le panneau Rechercher apparaît instantanément. Il vous suffit de cliquer sur Bloc-notes dans les suggestions de Windows 8.1.

TRUC

Cette technique s'applique également depuis le Bureau.

Plus vous tapez de lettres et plus Windows limite le nombre de programmes identifiés.

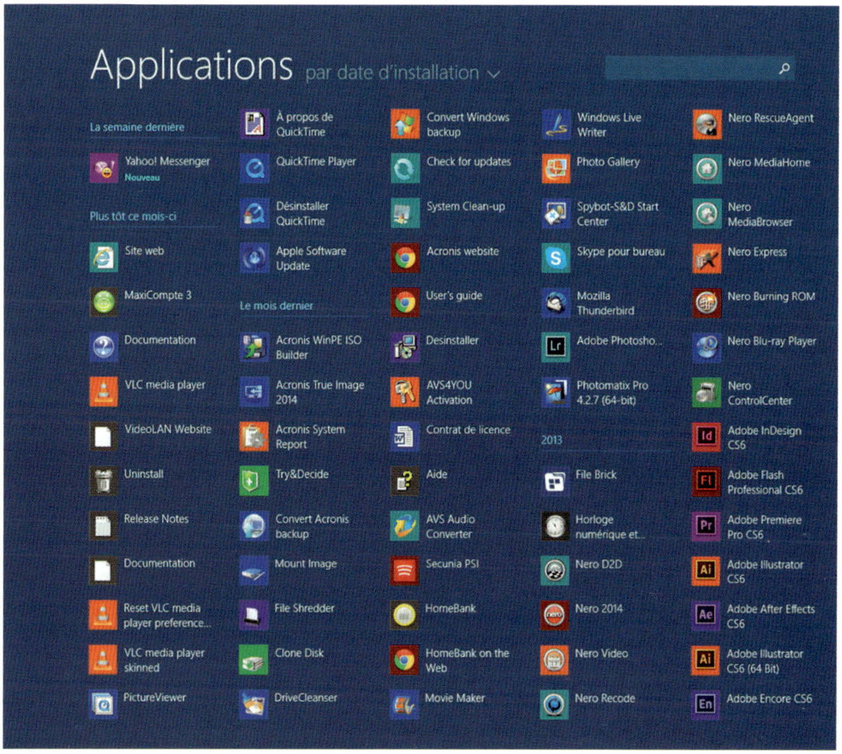

Figure 7.3 : Une nouvelle technique permet d'accéder au panneau Applications de Windows 8.1.

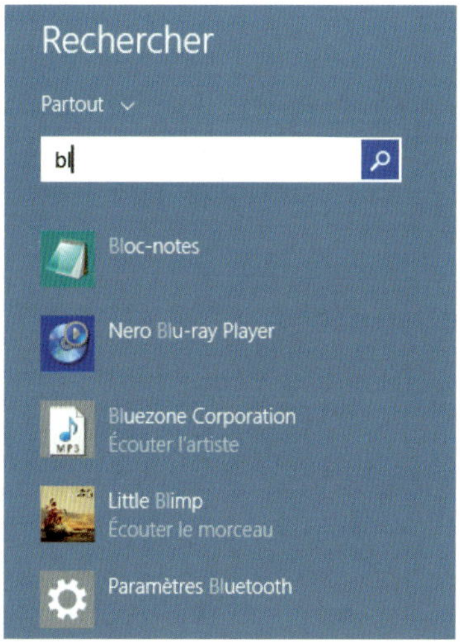

Figure 7.4 : Exécuter des applications et des programmes sous Windows 8.1.

Le Bureau et la barre des charmes

Le *Bureau* est une institution de Windows depuis sa version 95. Bien que considérablement refondu, Windows 8.1 donne accès à un Bureau, ce qui permet de disposer d'un système d'exploitation qui distingue les activités ludiques et de la vie quotidienne des activités professionnelles. Pour accéder au Bureau depuis l'écran d'accueil, cliquez ou touchez la vignette illustrée ci-contre.

TRUC

Pour accéder rapidement au Bureau, exécutez le raccourci clavier Win + D (pensez à *D* pour Desktop, bureau en anglais).

Malgré la présence d'un bouton Démarrer étudié à la prochaine section, le fait de cliquer dessus ou d'effectuer un clic droit n'ouvre pas de menu Démarrer permettant d'accéder aux programmes récemment utilisés.

Pour afficher les applications installées sur Windows, placez le pointeur de la souris dans le coin supérieur droit de l'écran. La barre des charmes apparaît, comme à la Figure 7.5. Cliquez sur Rechercher, et tapez le nom du programme à exécuter.

Figure 7.5 : La barre des charmes de Windows 8.1.

TRUC

Vous pouvez afficher directement le panneau Rechercher sans ouvrir préalablement la barre des charmes, en exécutant le raccourci clavier Windows + Q.

Le Bureau de Windows 8.1 comporte toujours une barre des tâches où vous épinglerez des programmes et/ou des dossiers. Sur son extrémité droite figure toujours la zone de notification illustrée à la Figure 7.6. Son contenu diffère d'un ordinateur portable à un autre. Toutefois, vous y retrouverez les grands classiques suivants :

- Centre de maintenance : Identifié par l'icône d'un drapeau. Il donne accès à des messages envoyés par le système d'exploitation quand il rencontre un problème et qu'il souhaite savoir si le dysfonctionnement est ou non réel.
- Niveau de charge de la batterie : Permet de connaître l'autonomie restante. Placez le pointeur de la souris sur cette icône pour afficher le pourcentage restant ou pour savoir si la charge est terminée.
- Réseau : Indique si la connexion réseau est active et son niveau d'intensité.
- Volume : Cliquez sur cette icône pour afficher un curseur permettant de régler le volume sonore de votre portable.
- Clavier : Affiche la langue utilisée par défaut lorsque plusieurs configurations de clavier ont été définies. Cliquez dessus pour ouvrir un menu local permettant de choisir une autre disposition de clavier (langue), ou pour accéder aux Préférences linguistiques afin d'ajouter et de supprimer des langues, mais aussi de définir la langue utilisée par défaut.

Figure 7.6 : La zone de notification de Windows 8.1.

Le fonctionnement du bouton Démarrer

Réintroduit par cette mouture 8.1, le bouton Démarrer est censé combler un grand vide laissé par Windows 8 et qui déconcerta bon nombre d'utilisateurs. Le fonctionnement de ce bouton Démarrer diffère selon que vous l'utilisez depuis l'écran d'accueil ou le Bureau.

Leur seul point commun est l'affichage du même contextuel qui apparaît lorsque vous effectuez un clic droit dessus, comme le montre la Figure 7.7. Il permet d'accéder à des éléments clés de Windows comme le Panneau de configuration, mais aussi et surtout le sous-menu Arrêter et Se déconnecter.

En revanche, le comportement par défaut de ce bouton varie en fonction de l'interface de Windows utilisée, et surtout vous pouvez le programmer. Par défaut, le fait de cliquer sur le bouton Démarrer lorsque vous travaillez sur le Bureau vous bascule vers l'écran d'accueil.

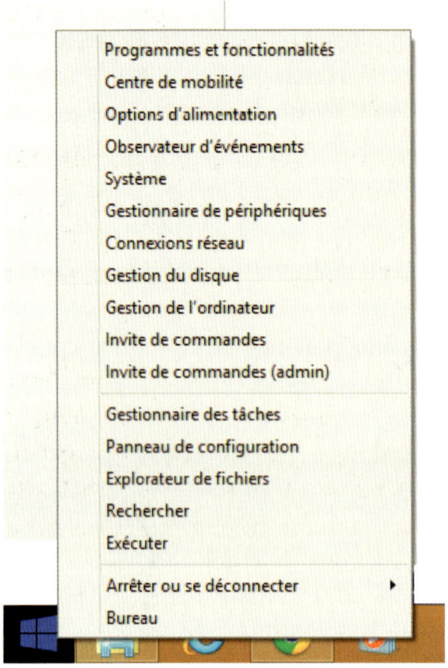

Figure 7.7 : Le menu contextuel du bouton Démarrer est le même sur le Bureau et l'écran d'accueil.

Depuis l'écran d'accueil, la conséquence d'un clic sur le bouton Démarrer dépend du contexte d'utilisation :

- Si aucune application n'est ouverte sur l'écran d'accueil, vous basculez vers le Bureau.
- Si vous cliquez sur le bouton Démarrer de l'écran d'accueil alors que vous êtes dans une de ses applications, Photos par exemple, vous basculez non pas vers le Bureau, mais vers l'écran d'accueil. Dans ce cas, le fait de cliquer de nouveau sur ce bouton vous basculera vers l'application qui était ouverte lorsque vous avez cliqué dessus pour revenir à l'écran d'accueil.

Personnaliser le fonctionnement du bouton Démarrer

Le comportement du bouton Démarrer du Bureau peut se personnaliser. En effet, certains utilisateurs n'utiliseront que très rarement les applications de l'écran d'accueil. Ces utilisateurs sont d'ailleurs déconcertés par l'absence d'accès direct à toute la liste des programmes installés sur leur ordinateur.

Voici comment accéder directement au panneau Applications depuis le Bureau sans passer préalablement par l'écran d'accueil :

1. **Affichez le Bureau de Windows 8.1.**
2. **Faites un clic droit dans un espace vide de la barre des tâches.**
3. **Dans le menu contextuel qui apparaît, choisissez Propriétés.**

   Cette action ouvre la boîte de dialogue Propriétés de la barre des tâches et de la navigation.

4. **Cliquez sur l'onglet Navigation.**
5. **Dans la section Écran d'accueil, cochez l'option Montrer automatiquement l'affichage Applications lorsque j'accède à l'écran d'accueil, comme à la Figure 7.8. Validez par un clic sur le bouton OK.**

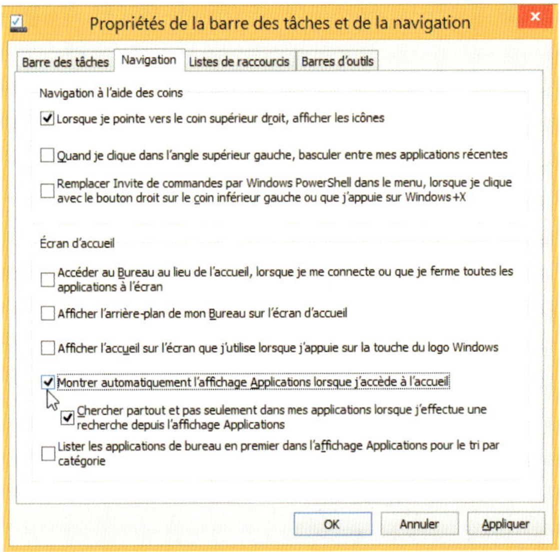

Figure 7.8 : Pour afficher l'écran Applications quand vous cliquez sur le bouton Démarrer du Bureau.

Désormais, un simple clic sur le bouton Démarrer du Bureau basculera vers l'écran Applications et non plus l'écran d'accueil. Bien entendu, vous obtiendrez le même résultat en appuyant sur la touche Windows de votre clavier depuis le Bureau.

6. **Si vous renoncez à exécuter un programme ou une application, revenez au Bureau en appuyant sur la touche Windows de votre clavier, ou en exécutant le raccourci clavier Windows + D.**

Vous pouvez également revenir à l'écran d'accueil et cliquer sur la vignette Bureau.

TRUC

Comment afficher l'écran d'accueil quand on accède directement au panneau Applications par un clic sur le bouton Démarrer du Bureau ? Eh bien, cliquez simplement sur la petite flèche dirigée vers le haut affichée dans l'angle inférieur gauche de l'écran Applications.

L'accès direct à l'écran Applications permet de localiser un programme dont vous avez oublié le nom et que, *de facto*, vous ne pouvez pas rechercher *via* le panneau Rechercher de la barre des charmes.

Accéder directement au Bureau

La précédente section a expliqué comment accéder à l'écran Applications par un simple clic sur le bouton Démarrer du Bureau afin de ne pas perdre de temps à passer préalablement par l'écran d'accueil. Cette technique intéresse au premier chef tous ceux qui n'utilisent que très rarement cette interface à dimension tactile.

Alors, les utilisateurs d'un ordinateur portable qui ne font que travailler avec leur PC trouveront, à juste titre, ridicule d'être obligés de passer par l'écran d'accueil pour accéder immédiatement au Bureau. Bonne nouvelle pour vous ! Voici comment éviter l'affichage préalable de l'écran d'accueil de Windows 8.1 afin de commencer votre session directement sur le Bureau :

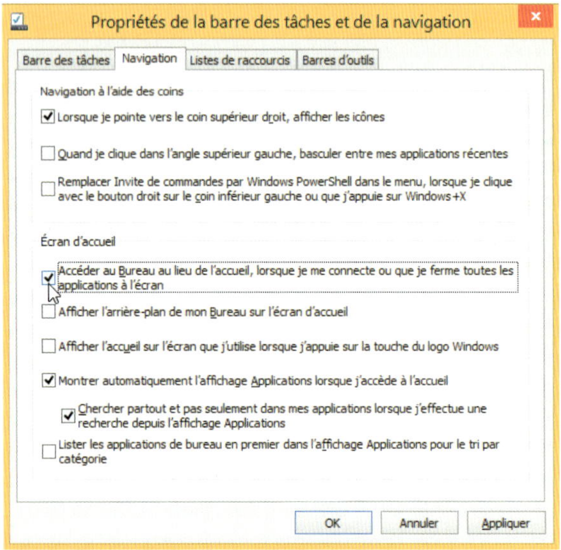

Figure 7.9 : Pour accéder directement au Bureau.

1. **Affichez le Bureau, et faites un clic droit sur la barre des tâches.**
2. **Dans le menu contextuel qui apparaît, choisissez Propriétés.**
3. **Cliquez sur l'onglet Navigation de la boîte de dialogue qui apparaît.**
4. **Dans la section Écran d'accueil, cochez l'option Accéder au Bureau au lieu de l'accueil, lorsque je me connecte ou que je ferme toutes les applications, comme à la Figure 7.9.**
5. **Validez par un clic sur le bouton OK.**

Désormais, lorsque vous ouvrirez une session Windows 8.1, vous irez directement sur le Bureau sans passer par l'écran d'accueil.

Les raccourcis de Windows 8.1

La méthode la plus rapide pour naviguer dans Windows 8.1 consiste à effectuer un clic droit sur le bouton Démarrer pour afficher les emplacements les plus importants du système.

- Pour afficher rapidement le menu contextuel du bouton Démarrer, appuyez sur Windows + X.
- Consultez la section « Le centre de mobilité Windows » qui est accessible avec la combinaison Windows + X dans les anciennes versions de Windows.

Windows et les périphériques de stockage

Le *stockage* est une donnée fondamentale de l'informatique, car il permet de conserver tout le fruit de votre travail : tous les programmes, le système d'exploitation Windows, et tous vos fichiers.

Sous Windows 8.1, vous accédez rapidement aux périphériques de stockage *via* l'Explorateur de fichiers du Bureau, comme le montre la Figure 7.10.

Pour afficher le contenu de Ce PC, cliquez sur l'icône de l'Explorateur de fichiers localisée à droite du bouton Démarrer. Vous pouvez également faire un clic droit sur le bouton Démarrer, ou appuyer sur Windows + X afin d'ouvrir le menu contextuel dans lequel vous choisirez Explorateur de fichiers.

La section Ce PC liste tous les périphériques de stockage internes et externes de votre portable dont les disques durs, le lecteur optique, et les disques amovibles.

TRUC

- L'Explorateur de fichiers et la section Ce PC sont votre passerelle vers les périphériques de stockage de votre PC. Lorsque l'on vous demandera d'examiner le contenu du disque C, vous double-cliquerez sur l'icône de ce disque.
- Pour afficher rapidement le contenu de la section Ce PC dans l'Explorateur de fichiers, exécutez le raccourci clavier Windows + E.
- L'icône du lecteur de disque optique peut changer en fonction du disque inséré.

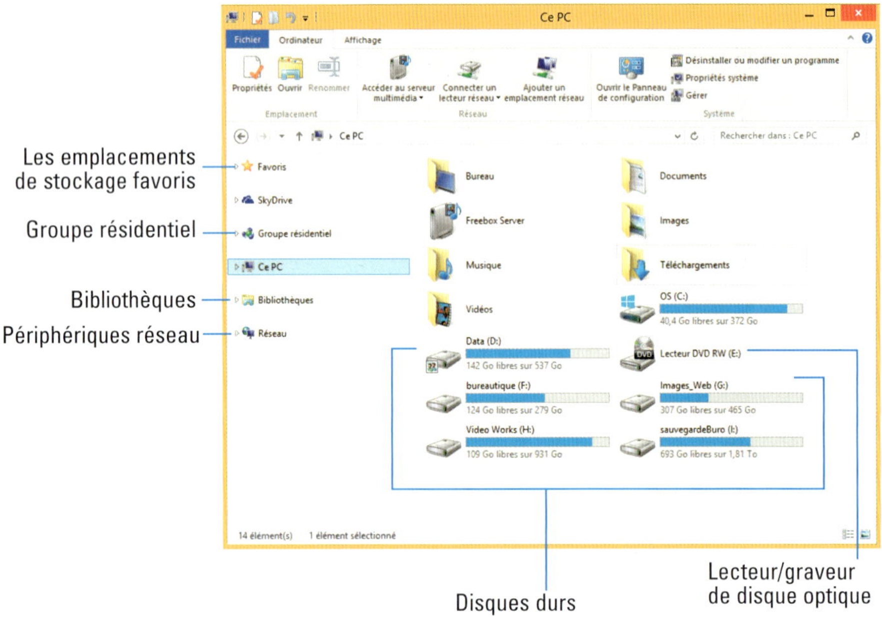

Figure 7.10 : Le contenu de Ce PC affiché dans l'Explorateur de fichiers de Windows 8.1.

Le bon ordre des choses

Votre portable utilise divers périphériques de stockage pour conserver et organiser vos données. Par *données*, nous entendons les fichiers que vous avez créés, la musique que vous avez téléchargée, les vidéos, et les éléments récupérés sur Internet. Par *organiser*, nous voulons dire que l'ensemble de ces éléments est stocké dans des dossiers eux-mêmes créés sur des disques durs.

- Un *dossier* est un emplacement de stockage pour vos fichiers.
- Les *fichiers* sont des données que vous créez par l'intermédiaire de logiciels : des documents et des graphiques par exemple. Les fichiers résident dans des dossiers.
- Le concept des fichiers et des dossiers est l'essence même de l'informatique.
- Vos programmes ne sont pas localisés dans votre dossier Utilisateur. Vous les trouverez dans les dossiers *Programmes* et *Program Files*.

Accéder au dossier Utilisateur

Sous Windows 8.1, le dossier utilisateur porte le même nom que celui du compte que vous avez créé lors de l'installation du système d'exploitation. Il est stocké dans le dossier Utilisateurs de Ce PC.

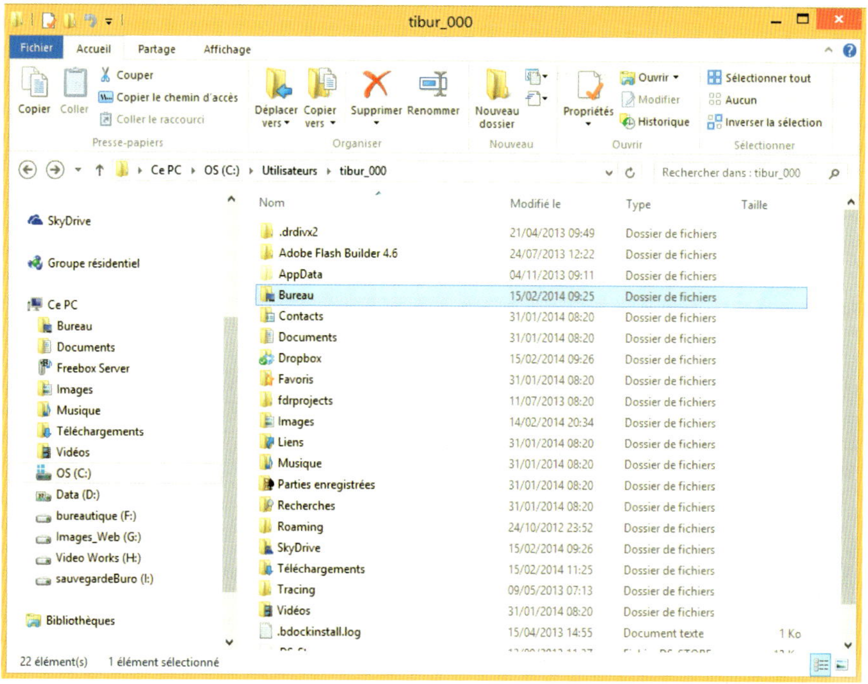

Figure 7.11 : Le dossier du compte d'utilisateur.

Pour accéder rapidement à ce dossier, exécutez le raccourci clavier Win + E afin d'ouvrir la section Ce PC. Dans la partie droite de l'Explorateur de fichiers, double-cliquez sur Ce PC. Ensuite, double-cliquez sur le dossier

Utilisateurs. Enfin, double-cliquez sur le dossier de votre compte d'utilisateur pour afficher un contenu sensiblement identique à celui de la Figure 7.11.

Pour quitter le dossier du compte d'utilisateur, cliquez sur l'icône X située dans la partie supérieure droite de l'Explorateur de fichiers. (Il s'agit du célèbre bouton Fermer des boîtes de dialogue Windows.)

TRUC

Une technique de fermeture plus rapide des boîtes de dialogue sous Windows consiste à exécuter le raccourci clavier Alt + F4.

Des dossiers prédéfinis pour vos données

Lors de son installation, Windows 8.1 crée un certain nombre de dossiers conçus pour recevoir des fichiers particuliers :

Documents : Emplacement de stockage des documents créés avec votre portable.

Musique : Contiendra tous les fichiers audio et plus spécialement les chansons téléchargées sur Internet ou extraites d'un CD audio.

Images : Ce dossier stockera les photos numériques que vous importerez sur votre portable.

Vidéos : Ce dossier stockera l'ensemble des fichiers vidéo importés sur votre ordinateur.

Vous disposez également d'un dossier contenant tous vos Téléchargements. Vous le trouverez dans le dossier principal Favoris accessible depuis la fenêtre ordinateur.

TRUC

Vous ne voyez pas de Favoris dans le volet de navigation (partie gauche) de l'Explorateur de fichiers ? Cliquez sur l'onglet Affichage. Ouvrez le menu local Volet de navigation du groupe Volets. Cochez l'option Afficher les favoris.

Partager des fichiers avec les bibliothèques

Le dossier Bibliothèques est l'un des principaux dossiers de Windows 8.1. Il regroupe dans un seul emplacement des dossiers aussi fondamentaux que Documents, Images, Musique, et Vidéos. Il s'agit des quatre principaux types de fichiers que vous utiliserez en informatique. L'utilisation du dossier Bibliothèques dépend entièrement de vos besoins et de vos habitudes informatiques. Toutefois, il présente l'avantage de répertorier toutes vos données dans un seul emplacement de Windows. Il sera donc très facile d'y retrouver des documents.

Le souci est que ce dossier Bibliothèques n'est pas affiché par défaut dans l'Explorateur de fichiers. Voici comment le faire apparaître :

1. **Ouvrez l'Explorateur de fichiers par un clic sur son icône dans la barre des tâches du Bureau.**
2. **Cliquez sur l'onglet Affichage.**
3. **Dans le groupe Volet, cliquez sur l'icône Volet de navigation.**
4. **Dans le menu local qui apparaît, cochez l'option Afficher les bibliothèques, comme à la Figure 7.12.**

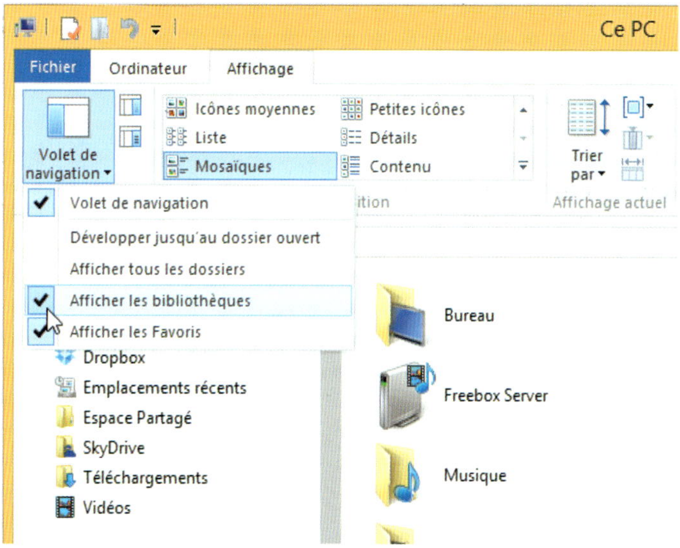

Figure 7.12 : Afficher les bibliothèques de Windows 8.1 dans l'Explorateur de fichiers.

Mais où les programmes se cachent-ils donc ?

Comme nous l'avons expliqué, l'ordinateur stocke tous vos programmes, vos logiciels, et de multiples autres données sur son disque dur interne.

Où trouver Windows ?

Windows s'installe sur le disque dur principal de votre ordinateur dans un dossier nommé Windows. Voici comment accéder à ce dossier très particulier :

1. **Ouvrez l'Explorateur de fichiers et affichez le contenu de la section Ce PC.**

   La technique la plus rapide consiste à exécuter le raccourci clavier Win + E.

2. **Double-cliquez sur l'icône de votre disque dur C.**

   Le disque dur principal de votre PC portable est renommé par défaut par le constructeur de votre matériel. Quel que soit son nom, la lettre C: figure entre parenthèses. Par conséquent, ne vous focalisez pas sur le nom de ce disque dur. Intéressez-vous uniquement à la lettre qui l'identifie informatiquement.

3. **Faites défiler le contenu de ce dossier principal, et placez le pointeur de la souris sur le dossier Windows. Vous y êtes !**

4. **Maintenant que vous savez où se situent le dossier Windows et ses composants, quittez l'Explorateur de fichiers.**

Ne modifiez jamais le contenu de ce dossier ! Ne supprimez aucun élément ! Un bon conseil : oubliez ce que vous venez de voir, et ne le répétez jamais à personne.

Où sont les programmes ?

Windows 8.1 stocke les programmes par défaut et les logiciels que vous avez installés dans deux dossiers différents : Programmes et Progam Files (x86). Pourquoi cette différence ? Car la version 64 bits de Windows 8 installe les programmes 64 bits dans le dossier Programme, et les applications 32 bits dans le dossier Program Files (x86).

TRUC

Si un seul dossier est présent sur votre ordinateur portable, cela signifie que vous utilisez la version 32 bits de Windows 8.

Bien entendu, pour accéder à vos programmes, vous n'ouvrirez jamais ces dossiers, mais passerez par l'écran Applications de Windows 8.1 comme cela est expliqué plus haut dans ce chapitre.

ATTENTION

À l'instar du dossier Windows, ne modifiez pas le contenu de ces dossiers. Par conséquent, vous devez installer et désinstaller des logiciels selon une procédure drastique décrite au Chapitre 8. Ne supprimez jamais manuellement des programmes !

À tort ou à réseau

Lorsque votre ordinateur portable est connecté à un réseau local, il peut accéder aux autres ordinateurs présents sur le réseau en question. Ainsi, il pourra partager des données, ou des périphériques comme une imprimante.

Visiter la fenêtre Réseau

L'ensemble des actions que vous pouvez réaliser sur un réseau se déroule dans la fenêtre éponyme. Pour accéder à son contenu, il suffit de cliquer sur la mention Réseau du volet gauche de l'Explorateur de fichiers. Vous accédez aux périphériques réseau illustrés à la Figure 7.13.

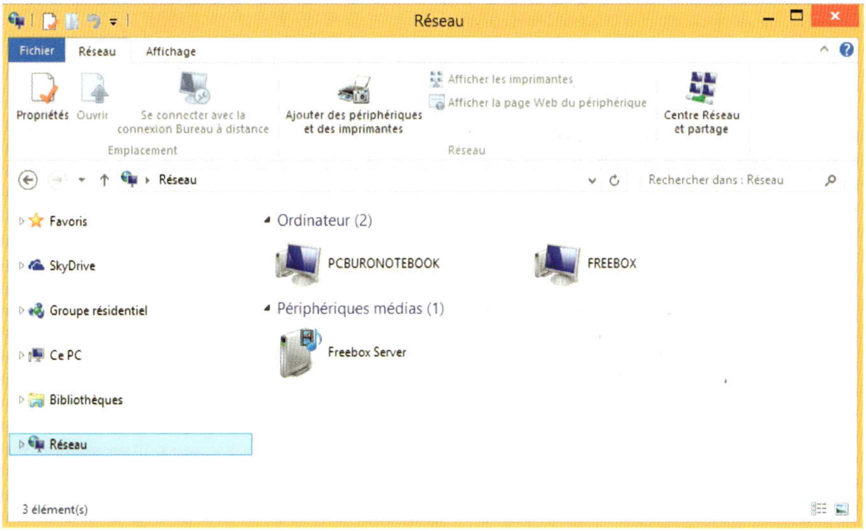

Figure 7.13 : L'ensemble des périphériques du réseau.

Chaque icône présente dans la fenêtre Réseau identifie un ordinateur ou une ressource disponible sur le réseau local auquel vous êtes connecté.

Pour plus d'informations sur les réseaux locaux et la fenêtre qui permet la gestion de ses ressources, reportez-vous au Chapitre 12.

Découvrir le groupe résidentiel

Avec Windows 8.1, vous pouvez facilement accéder et partager des informations avec des utilisateurs de ce système d'exploitation, mais aussi de Windows 8 et Windows 7. Il suffit pour cela de créer et de rejoindre un groupe résidentiel.

Pour accéder au groupe résidentiel de votre PC portable, choisissez cet élément dans le volet de navigation de l'Explorateur de fichiers. Lorsque votre PC a déjà rejoint un groupe résidentiel, vous y voyez les bibliothèques partagées. Sinon, vous avez la possibilité de créer ou de rejoindre un tel groupe. Pour plus d'informations à ce sujet, consultez le Chapitre 12.

Les écrans de paramétrage du PC

Le paramétrage de votre PC portable dépend de deux emplacements principaux de Windows 8.1 : la barre des charmes, et l'écran Paramètres du PC.

Pour afficher la barre des charmes, placez le pointeur de la souris dans l'angle supérieur droit de l'écran. Cliquez alors sur l'icône Paramètres. Un certain nombre de réglages s'affichent dans la partie inférieure de la barre des charmes. Ils sont consacrés aux paramètres, comme le montre la Figure 7.14. Toutefois, pour accéder à l'écran paramètres du PC, vous devez cliquer sur le lien Modifier les paramètres du PC situé tout en bas de la barre des charmes.

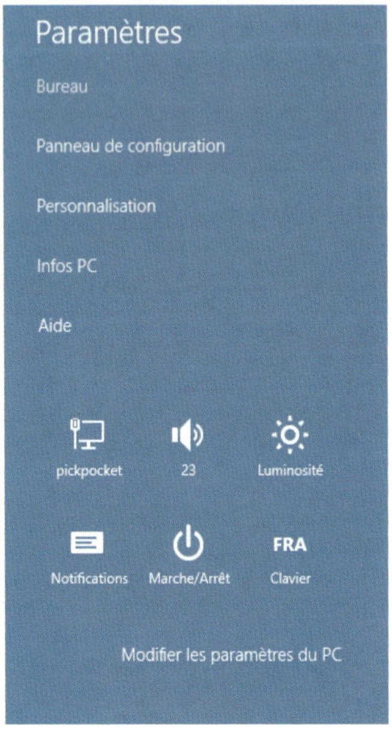

Figure 7.14 : Le paramétrage d'un PC portable sous Windows 8.1.

Comme le montre la Figure 7.15, l'écran Paramètres du PC de Windows 8.1 est bien plus complet que la version simplifiée de Windows 8. La majorité des réglages qui n'étaient accessibles que depuis le Panneau de configuration le sont désormais depuis les Paramètres du PC.

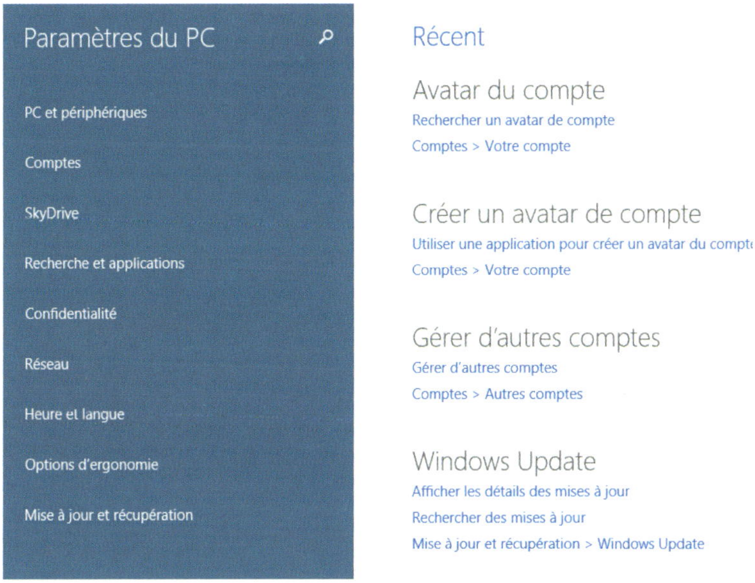

Figure 7.15 : L'écran Paramètres du PC de Windows 8.1.

Bien entendu, si vous êtes habitué aux anciennes versions de Windows, ou si vous voulez être certain de ne pas occulter certaines options, utilisez le bon vieux Panneau de configuration, comme cela est expliqué à la prochaine section.

TRUC

Pour afficher rapidement le panneau Paramètres de la barre des charmes, exécutez le raccourci clavier Win + I.

Le Panneau de configuration

L'une des principales tâches d'un système d'exploitation est de contrôler le matériel informatique. Sous Windows, ce contrôle s'effectue à travers du Panneau de configuration.

Ouvrir le Panneau de configuration

Sous Windows 8.1, vous pouvez accéder au Panneau de configuration de deux manières :

- En effectuant un clic droit sur le bouton Démarrer de l'écran d'accueil ou du Bureau. Dans le menu contextuel qui apparaît, choisissez Panneau de configuration.
- En cliquant sur l'icône Paramètres de la barre des charmes du Bureau, puis sur le lien Panneau de configuration.

Dans les deux cas de figure, vous accédez au Panneau de configuration illustré à la Figure 7.16.

Figure 7.16 : Le Panneau de configuration.

Par défaut, le Panneau de configuration s'affiche en mode Catégorie. Parmi toutes les catégories proposées, cliquez sur le lien correspondant aux paramètres qui vous intéressent.

Pour modifier le mode d'affichage du Panneau de configuration, cliquez sur le triangle situé à droite de Catégorie du menu local Afficher par. Vous avez alors le choix entre deux modes d'affichage : grandes ou petites icônes.

- Ce livre et le système d'aide de Windows utilisent l'affichage en mode Catégorie.
- Le fabricant de votre ordinateur portable a peut-être ajouté des éléments personnels au Panneau de configuration. Ils sont destinés à contrôler des aspects spécifiques de votre matériel, comme le périphérique de pointage, la webcam, ou le logiciel de sécurité.

Les places réservées aux portables dans le Panneau de configuration

Certaines catégories du Panneau de configuration sont beaucoup plus utiles à un ordinateur portable qu'à un ordinateur de bureau. Vous allez les découvrir dans les prochaines sections.

Le Centre de mobilité Windows

Les options liées à l'informatique nomade sont concentrées dans une application appelée Centre de mobilité Windows, illustrée à la Figure 7.17.

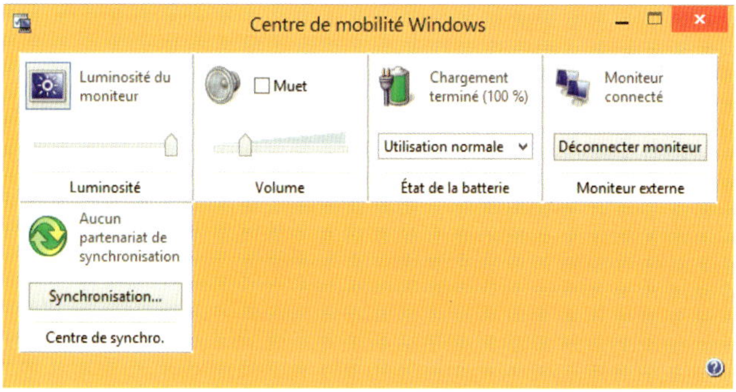

Figure 7.17 : Le Centre de mobilité Windows du Panneau de configuration.

Vous pouvez accéder plus rapidement à cet utilitaire depuis l'écran principal du Panneau de configuration. Pour cela, il suffit de cliquer sur le lien Ajuster les paramètres de mobilité communément utilisés de la catégorie Matériel et audio.

Les périphériques biométriques

Vous pouvez configurer les périphériques biométriques comme le lecteur d'empreintes digitales dans la catégorie Matériel et audio du Panneau de configuration.

Les paramètres Apparence et personnalisation

Pour contrôler la manière dont Windows s'affichera sur le moniteur de votre ordinateur portable, cliquez sur la catégorie Apparence et personnalisation du Panneau de configuration. Ensuite, cliquez sur la catégorie Personnalisation. Vous pourriez également cliquer sur la catégorie Affichage pour accéder à un certain nombre de réglages tels que l'ajustement de la résolution, de la luminosité, de l'étalonnage des couleurs, et bien d'autres choses encore.

Une autre technique consiste à cliquer droit sur un espace vide de votre Bureau. Dans le menu contextuel qui apparaît, exécutez la commande Personnaliser.

Pour plus d'informations sur la personnalisation de l'affichage d'un ordinateur portable, reportez-vous au Chapitre 8.

Le réseau

Tout ce qui concerne la configuration du réseau est localisé dans la catégorie Réseau et Internet du Panneau de configuration. Une fois cette catégorie affichée, cliquez sur le lien Centre Réseau et partage. Vous accédez ainsi aux informations de base de votre réseau et pouvez ainsi en configurer la connexion.

Pour plus d'informations sur le contenu et les options de cette fenêtre, reportez-vous au Chapitre 12.

Les options de gestion de l'alimentation

Les Options d'alimentation permettent de contrôler l'autonomie de la batterie. Pour cela, vous devez cliquer sur la catégorie Matériel et audio du Panneau de configuration. Ensuite, cliquez sur le lien Options d'alimentation dont les tenants et les aboutissants sont traités au Chapitre 9.

Configurer les imprimantes, les fax et autres matériels

Windows 8.1 centralise les paramètres de votre matériel dans la fenêtre Périphériques et imprimantes. Vous y accéderez en cliquant sur le lien Afficher les périphériques et imprimantes de la catégorie Matériel et audio. Les paramètres de cette catégorie seront explorés au Chapitre 10.

Les paramètres des comptes d'utilisateurs

Pour modifier votre compte, son avatar (photo), et son mot de passe, et pour éventuellement ajouter d'autres utilisateurs, optez pour la catégorie

Comptes et protection des utilisateurs. Ensuite, cliquez sur le lien Comptes d'utilisateurs.

Pour plus d'informations sur la personnalisation de votre compte, reportez-vous au Chapitre 8.

N'OUBLIEZ PAS

Un grand nombre des paramètres présents dans le Panneau de configuration peuvent être définis dans l'écran Paramètres du PC accessible *via* le lien Modifier les paramètres du PC de l'icône Paramètres de la barre des tâches. Vous constaterez également que certaines actions réalisées dans le Panneau de configuration renvoient à l'écran Paramètres du PC, comme l'ajout d'un compte d'utilisateur.

Troisième partie

Votre portable et vous

« Sur cette photo de l'année dernière
j'avais au mois 4 Mo de moins »

Dans cette partie...

Il était une fois, au premier jour de l'informatique, un avocat qui adorait l'aspect de son ordinateur trônant fièrement sur son bureau. Il s'agissait d'une pièce imposante, effrayante, qui impressionnait ses clients et intimidait ses ennemis. Mais, ce juriste ignorait tout du fonctionnement d'un ordinateur. Il s'agissait là simplement d'un accessoire.

Bien entendu, votre ordinateur portable est bien plus qu'un accessoire. Il s'agit d'une plate-forme de divertissement, de travail, et de communication. Cette partie du livre explique comment tirer le meilleur de votre portable. Il pointe également sur des sujets aussi sensibles que la gestion de l'alimentation et l'utilisation d'une imprimante.

8

Utiliser votre ordinateur portable

Dans ce chapitre

- Personnaliser le compte d'utilisateur
- Régler l'affichage du portable
- Comprendre le message d'avertissement Contrôle de compte d'utilisateur
- Ajouter et retirer un support amovible ou un disque dur externe
- Installer et désinstaller un programme

Bien qu'un ordinateur soit une machine sans âme, il n'en demeure pas moins votre PC portable. De ce fait, il semble indispensable de profiter des options de configuration qui permettront à votre ordinateur, une fois allumé, de se singulariser de tous les autres. En d'autres termes, cet outil sera personnalisé en fonction de votre sens esthétique et de vos besoins informatiques. Bien qu'extérieurement semblable à beaucoup d'autres, votre ordinateur sera intérieurement unique.

Ce chapitre présente toutes les tâches nécessaires à la personnalisation d'un univers informatique unique à travers des tâches qui vous apparaîtront ennuyeuses, mais également parfois extraordinaires.

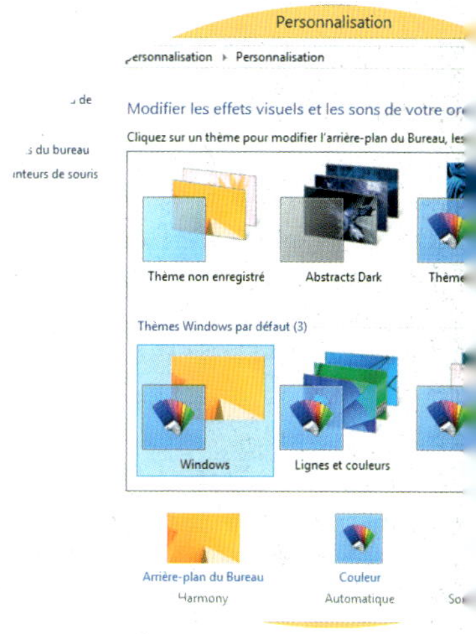

Seul maître à bord

La puissance de votre ordinateur portable est supérieure à celle de tous les ordinateurs existant en 1970. Vous pouvez facilement imaginer les développements informatiques qui ont été nécessaires pour parvenir à concentrer, dans un objet aussi petit, une telle puissance.

Ainsi, votre ordinateur portable est une machine complexe. Or, vous en êtes le maître de bord. Par conséquent, pour que vous vous sentiez quotidiennement à l'aise dans le pilotage de cet improbable navire sans couler dans les eaux froides de l'Atlantique Nord, vous devez le personnaliser. Il serait en effet dommage que vous deveniez le Jack Dawson de l'informatique victime d'un terrible naufrage informatique.

Modifier la photo de votre compte d'utilisateur

Sous Windows 8.1, la photo du compte utilisateur reste un avatar représenté sous la forme d'une vignette contenant un symbole. Cet avatar est visible sur l'écran d'ouverture de session (écran de connexion), l'écran d'accueil, et dans certaines applications et programmes.

Voici la technique la plus rapide pour remplacer cette vignette par l'image de votre choix :

1. **Ouvrez votre session Windows puis, dans l'écran d'accueil, cliquez sur la vignette de votre avatar affichée dans le coin supérieur droit de l'écran.**

2. **Dans le menu local qui apparaît, exécutez la commande Modifier l'avatar du compte.**

   Cette action ouvre le panneau Comptes des Paramètres du PC, illustré à la Figure 8.1.

3. **Si votre ordinateur portable est équipé d'une webcam, cliquez sur le bouton Caméra de la section Créer un avatar de compte.**

   Prenez la pause, puis cliquez sur l'écran pour prendre la photo. Ensuite, recadrez l'image, et cliquez sur le bouton OK.

   Le pictogramme de votre avatar est instantanément remplacé par la photo que vous venez de prendre.

4. **Lorsque votre ordinateur est dépourvu d'une webcam, ou si vous souhaitez utiliser une image stockée sur votre ordinateur portable, cliquez sur le bouton Parcourir situé sous la vignette de votre avatar actuel.**

5. **Naviguez alors jusqu'au dossier contenant la photographie à utiliser, et cliquez sur le bouton Choisir une image.**

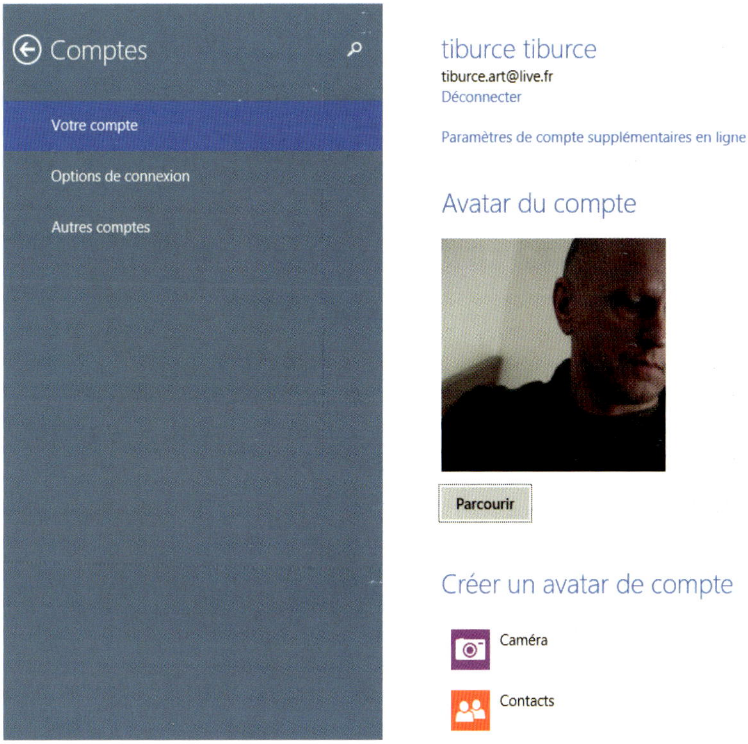

Figure 8.1 : Changez ici l'image de votre avatar.

Configurer l'affichage de votre ordinateur portable

Sur un ordinateur portable, vous disposez d'un certain nombre d'options qui permettent à Windows d'afficher différemment les informations sur votre écran :

- la taille de l'affichage (résolution) ;
- l'arrière-plan du Bureau ;
- l'écran de veille.

Résolution : Pour régler la résolution de l'écran, faites un clic droit sur le Bureau. Dans le menu contextuel qui apparaît, choisissez Résolution d'écran. Cette action ouvre la boîte de dialogue éponyme représentée à la Figure 8.2.

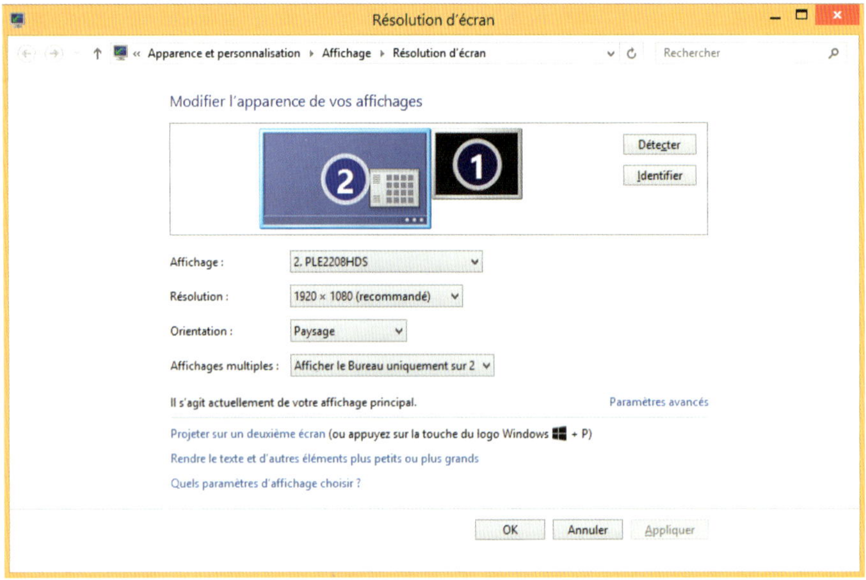

Figure 8.2 : Régler la résolution d'affichage de l'écran de votre portable et d'un éventuel écran externe branché à son port VGA ou HDMI.

Par défaut, Windows 8.1 installe les pilotes de la carte graphique de votre ordinateur portable et définit la résolution recommandée. Ainsi, elle sera généralement de 1600 x 1900 avec un écran de 17 pouces. On parle alors de *résolution native*. Bien entendu, vous pouvez appliquer n'importe quelle résolution proposée par le pilote graphique de votre portable. Toutefois, la meilleure qualité d'affichage sera obtenue avec la résolution recommandée la plus élevée.

Arrière-plan : L'arrière-plan du Bureau est constitué d'une image que vous pouvez personnaliser en effectuant un clic droit à la surface du Bureau, puis en exécutant la commande Personnaliser. Vous ouvrez ainsi la boîte de dialogue Personnalisation, illustrée à la Figure 8.3.

Vous pourrez alors sélectionner un arrière-plan parmi les images proposées par Windows, dans votre bibliothèque Images, et parmi les photos ayant le meilleur classement. Vous pourrez également choisir d'appliquer une couleur unie.

TRUC

Parfois, vous trouverez un emplacement de stockage supplémentaire appelé Wallpaper (Papier peint). Il s'agit d'un dossier ajouté par le constructeur de votre ordinateur. Vous y trouverez généralement des photographies publicitaires. Il n'est pas rare que l'une d'elles soit installée comme arrière-plan par défaut au premier démarrage de votre PC portable.

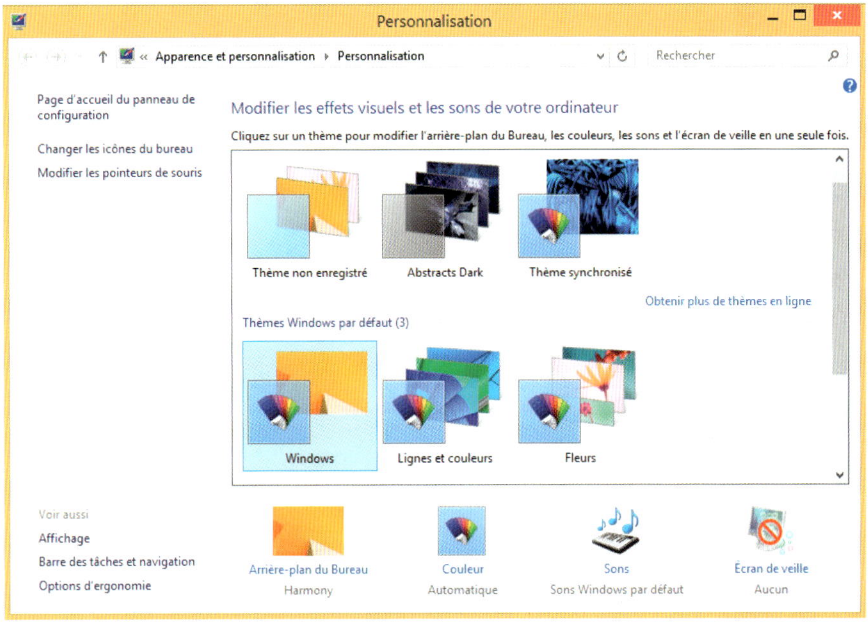

Figure 8.3 : Personnalisez votre environnement.

Écran de veille : L'écran de veille est beaucoup plus important sur un ordinateur portable que sur un ordinateur de bureau, car il permet de préserver l'autonomie de la batterie. Pour définir un écran de veille, faites un clic droit sur le Bureau et, dans le menu contextuel qui apparaît, exécutez la commande Personnaliser. Dans la boîte de dialogue Personnalisation qui apparaît, cliquez sur le lien Écran de veille situé dans la partie inférieure droite de la boîte de dialogue Personnalisation. Vous accédez à la boîte de dialogue Paramètres de l'écran de veille, illustrée à la Figure 8.4.

TRUC

Appliquez l'écran de veille que vous trouvez le plus séduisant. Dans ce cas, je vous conseille de cocher la case À la reprise, demander l'ouverture de session. Cela signifie que lorsque vous ou toute autre personne bougerez la souris ou appuierez sur une touche du clavier alors que l'écran de veille est actif, l'ordinateur basculera sur l'écran d'ouverture de session qui exige un mot de passe pour rentrer sous Windows. Il s'agit d'une sécurité supplémentaire contre les personnes malveillantes.

- Bien souvent, la boîte de dialogue Résolution d'écran affiche deux moniteurs. Ce second écran symbolise généralement un moniteur externe ou un projecteur vidéo utilisé pour diffuser sur grand écran des présentations ou des films. Pour plus d'informations sur la configuration d'un deuxième affichage, reportez-vous au Chapitre 21.

- Vous pouvez préserver l'autonomie de la batterie en optant pour une résolution plus faible que la résolution recommandée par Windows. Mais dans ce cas, l'affichage des images sera dégradé. De même, la batterie sera beaucoup moins sollicitée si vous choisissez une couleur unie comme arrière-plan du Bureau.
- Consultez le Chapitre 20 pour obtenir des informations supplémentaires sur la sécurité d'un PC portable.
- Pour bien comprendre la notion de durée d'inactivité basculant l'ordinateur en mode veille, reportez-vous au Chapitre 9.
- Évitez de télécharger des écrans de veille sur Internet. Beaucoup contiennent des spywares ou des virus. Ils sont susceptibles de provoquer l'apparition d'écrans publicitaires sur votre moniteur. Il sera très difficile de localiser et de désinstaller le programme coupable.

Figure 8.4 : Choisissez et personnalisez un écran de veille.

Le Contrôle du compte d'utilisateur

Les récentes versions de Windows, dont Windows 8.1 fait partie, intègrent un niveau de sécurité élevé pour éviter qu'un logiciel espion ou un hacker prenne le contrôle de votre ordinateur portable. Ainsi, dès que vous exécutez une tâche sensible, le message de Contrôle de compte d'utilisateur (CCU) apparaît.

Le CCU de Windows 8.1 est un message qui s'affiche dès que l'action entreprise nécessite des droits d'administrateur.

N'OUBLIEZ PAS

- Pour plus d'informations sur la sécurité des ordinateurs portables, consultez le Chapitre 20.
- Dès que le message de Contrôle de compte d'utilisateur apparaît, posez-vous les questions suivantes : « Suis-je à l'origine de l'action qui affiche ce message ? » ou « Ce message a-t-il un sens étant donné les logiciels que j'ai récemment installés ? ». Si la réponse est non à ces deux questions, annulez le message.

Les avantages et les inconvénients du stockage amovible

En tant que maître absolu de votre ordinateur portable, la gestion des périphériques de stockage amovible vous incombe. Ainsi, vous devez assurer la maintenance de votre disque dur interne principal. Il est rare qu'un PC portable soit équipé de deux disques internes. Le disque principal est fixe, c'est-à-dire que vous ne pouvez pas le retirer sans ouvrir le portable.

En revanche, d'autres unités de stockage peuvent se brancher et se débrancher de votre portable comme les clés USB, les lecteurs/graveurs de disques optiques, et autres cartes mémoire. Tous ces périphériques doivent être proprement ajoutés ou retirés de votre portable afin de préserver la stabilité de Windows.

Cette section explique comment insérer et retirer des supports amovibles dans les connecteurs (ports) de votre portable.

Ajouter un disque dur

Il existe une différence entre un lecteur et un disque dur. Le disque dur est le support de stockage de vos données, tandis qu'un lecteur est un périphérique destiné à recevoir un support contenant de telles données. L'exemple type est le lecteur de cartes mémoire et le lecteur/graveur de disque optique.

Lorsque vous connectez au portable un disque dur externe, une carte mémoire, ou une clé USB, vous ajoutez à la fois un lecteur et un support de stockage. Dans ce cas, le support de stockage est indissociable du lecteur.

Pour ajouter un support de stockage à votre ordinateur, il suffit généralement de le connecter au port USB du PC. Windows prend quelques secondes pour identifier le support ainsi inséré. En général, et sauf si vous devez préalablement mettre sous tension le disque dur externe par exemple, un message de notification apparaît pour vous laisser choisir l'action à exécuter sur le lecteur amovible.

- Sous Windows 8.1, les périphériques externes sont répertoriés dans la section Périphériques de la rubrique Ce PC à laquelle vous accédez via l'Explorateur de fichiers.
- Les lecteurs et les supports externes que vous avez fini d'utiliser doivent être déconnectés proprement pour maintenir la stabilité de votre PC portable, comme cela est expliqué plus loin dans ce chapitre.

Insérer un support de stockage

Les supports de stockage traditionnels sont les disques durs et les lecteurs optiques. Depuis quelques années, s'ajoutent à cette liste les cartes mémoire et les clés USB. Les cartes mémoire permettent d'échanger des données entre ordinateurs, et sont également utilisées dans les appareils photo numériques et les téléphones cellulaires pour y stocker des données.

Pour utiliser une carte mémoire ou un disque optique sur votre ordinateur portable, connectez-le au port approprié. (Pour identifier les ports et les connecteurs de votre PC portable, reportez-vous au Chapitre 6.) Généralement, un message de notification identique à celui de la Figure 8.5 apparaît.

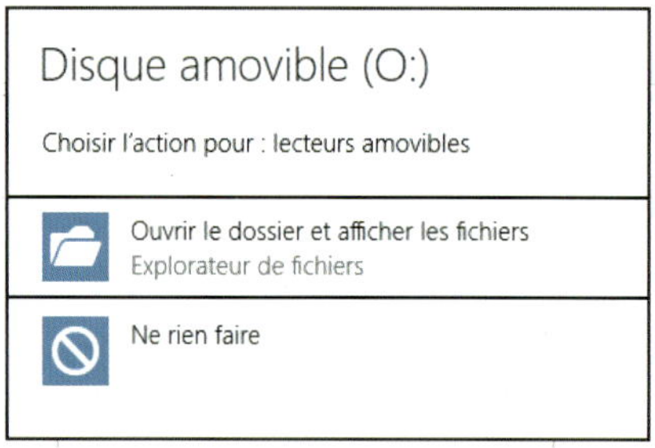

Figure 8.5 : Notification de l'insertion d'un support de stockage amovible sous Windows 8.1.

- Pour accéder au contenu de ce support amovible, cliquez sur la commande Ouvrir le dossier et afficher les fichiers.
- Pour fermer cette notification sans accéder au contenu du support de stockage amovible, cliquez sur Ne rien faire.
- Si la notification n'apparaît pas, ou si vous la fermez par erreur, vous pouvez facilement accéder au contenu du support de stockage en cliquant sur l'icône de l'Explorateur de fichiers située à droite du bouton Démarrer du Bureau. Vous notez la présence de votre disque amovible dans la section Périphériques et lecteurs qui s'affiche lorsque vous cliquez sur Ce PC dans le volet de navigation.

  TRUC

  Si vous ne voyez pas la section Périphériques et lecteurs dans l'Explorateur de fichiers, cliquez sur son onglet Affichage. Ensuite, ouvrez le menu local Grouper par du groupe Affichage actuel, choisissez Type.

TRUC

- Pour afficher de nouveau la notification d'insertion, faites un clic droit sur l'icône de votre unité de stockage amovible et, dans le menu contextuel qui apparaît, exécutez la commande Ouvrir la lecture automatique. (Pour afficher rapidement le contenu de Ce PC dans l'Explorateur de fichiers, exécutez le raccourci clavier Windows + E.)
- Vous pouvez laisser le support de stockage connecté à votre ordinateur portable aussi longtemps que vous le souhaitez. En revanche, soyez très prudent lorsque vous le retirez, comme cela est expliqué à la prochaine section.
- Soyez également prudent avec les clés USB. En effet, elles dépassent de votre ordinateur portable et peuvent donc être facilement endommagées. Par conséquent, il est conseillé de retirer ces unités de stockage spécifiques dès que vous n'en avez plus besoin.
- Pour plus d'informations sur le port USB et les périphériques idoines, reportez-vous au Chapitre 11.

Retirer un support amovible de l'ordinateur portable

Nous n'insisterons jamais assez sur le fait qu'un périphérique de stockage amovible doit être retiré proprement de votre PC portable. C'est à cette seule condition que vous préserverez la stabilité de Windows et celle des données contenues sur ce support. Voici comment procéder sous Windows 8.1 :

1. **Ouvrez l'Explorateur de fichiers et, dans le volet de navigation, cliquez sur Ce PC.**

La méthode la plus rapide consiste à exécuter le raccourci clavier Win + E

2. **Faites un clic droit sur l'icône du support.**

   Par exemple, sur la Figure 8.6, le support USB amovible porte la lettre O.

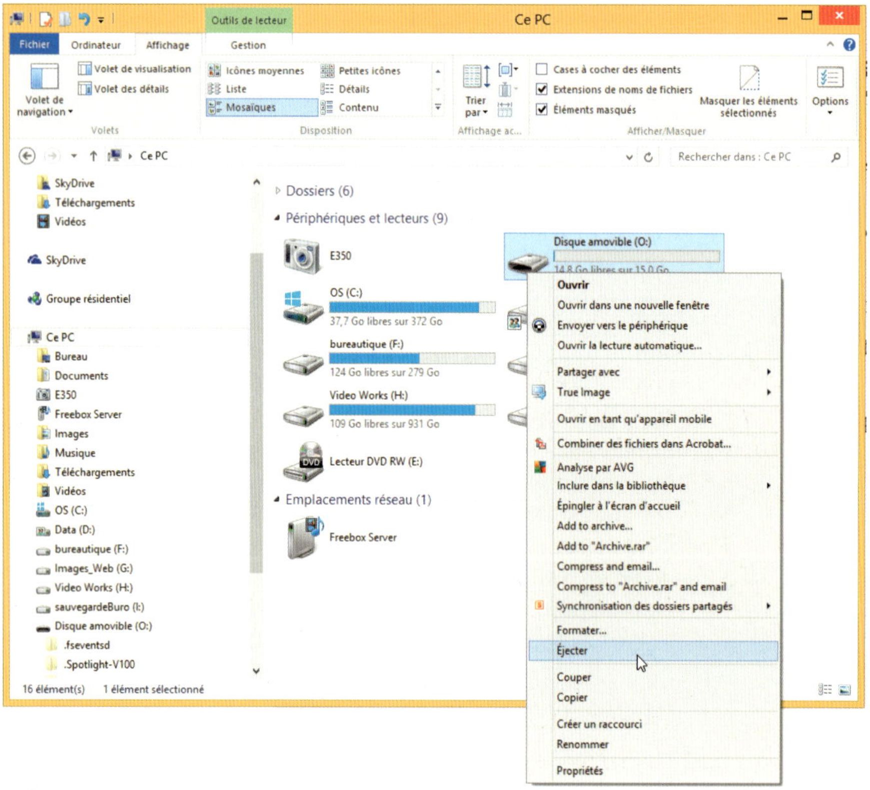

Figure 8.6 : Identifier les supports amovibles dans l'Explorateur de fichiers.

3. **Dans le menu contextuel qui apparaît, exécutez la commande Éjecter.**

   Si cette commande est absente de ce menu contextuel, cliquez sur le petit triangle de la zone de notification de Windows et cliquez sur l'icône représentant une clé USB avec une coche verte. Dans le menu local qui apparaît, cliquez sur Éjecter <nom du périphérique>, comme à la Figure 8.7.

4. **Dès que Windows vous en donne l'autorisation, retirez le disque amovible de votre ordinateur.**

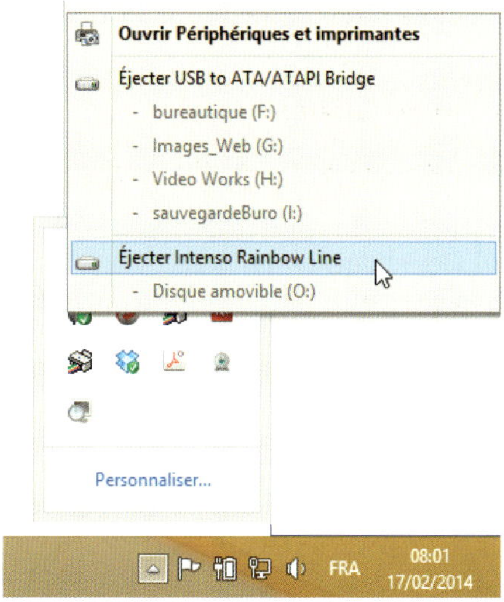

Figure 8.7 : Éjecter un périphérique amovible en toute sécurité depuis la Zone de notification.

ATTENTION

Si la clé USB ou la carte mémoire a été insérée dans un hub USB ou un lecteur de cartes, vous retirez la clé ou la carte, mais pas le lecteur. Pour déconnecter un lecteur de disque optique USB, un disque dur externe, ou un lecteur de cartes mémoire, conformez-vous aux étapes de la prochaine section.

- Si un message vous indique que le périphérique ne peut pas être retiré, cliquez sur le bouton OK. Identifiez ensuite le programme qui utilise les données contenues dans ce support de stockage. Enregistrez votre travail, et fermez l'application. Le périphérique pourra alors être retiré en toute sécurité.
- Consultez le Chapitre 7 pour plus d'informations sur la fenêtre Ordinateur et la zone de notification.

Retirer un lecteur externe

Il existe une différence essentielle entre retirer un support et un lecteur. En effet, le support contient des données, alors que le lecteur n'en contient pas. Il est destiné à accueillir des supports. Malgré cette différence, les lecteurs doivent eux aussi être correctement déconnectés de votre ordinateur portable. La technique la plus simple consiste à éteindre l'ordinateur puis à retirer les lecteurs.

Pour retirer un lecteur externe lorsque le portable est allumé, cliquez sur l'icône Retirer le périphérique en toute sécurité de la zone de notification.

Dans le menu local qui apparaît, sélectionnez le périphérique à déconnecter du PC.

L'aspect logiciel

Pour que des matériels fonctionnent sur un ordinateur, ils doivent être pilotés par des logiciels. En général, votre ordinateur est livré avec un certain nombre de logiciels préinstallés, dont Windows. Vous y trouverez probablement Microsoft Office, des programmes de sécurité Internet, un antivirus, des outils financiers, *etc.*

Bien souvent, de nombreux petits programmes ne servent à rien. Lorsque vous en aurez les capacités, vous ne manquerez pas de les désinstaller.

Installer un nouveau logiciel

Pour augmenter les possibilités de votre PC portable, ou pour gérer de nouveaux matériels, vous installerez des logiciels appropriés. Cette opération est le lot quasi quotidien de l'informaticien amateur.

Deux sources fournissent les logiciels :

- les disques optiques ;
- Internet.

La méthode la plus classique pour installer un nouveau programme consiste à insérer CD ou son DVD d'installation dans le lecteur optique du portable. Ensuite, conformez-vous aux instructions qui s'affichent à l'écran. L'opération peut exiger pas mal de temps en fonction du nombre d'applications composant ce logiciel. Ainsi, une suite bureautique comme Office 2013 est bien plus longue à installer qu'un programme unique.

Pour installer un programme provenant d'Internet, commencez par le télécharger, puis suivez ces étapes :

1. **Dans le navigateur Web, cliquez sur le lien de téléchargement du logiciel.**

   Choisissez de préférence les fichiers EXE (exécutable). Évitez les fichiers GZ, RAR, SRC, TAR, ZIP, car ils nécessitent des applications supplémentaires que vous ne possédez peut-être pas, ou qui contiennent des données dont vous n'avez pas besoin.

   Un message peut apparaître sur la fenêtre du navigateur. Il cherche à vous protéger contre les programmes malveillants.

2. **Ouvrez le menu local de ce message et choisissez l'option permettant de télécharger ou d'enregistrer le fichier.**

   Si un problème survient et que le téléchargement ne démarre pas, cherchez sur la page un lien permettant de télécharger directement le fichier.

   Le message d'avertissement d'Internet Explorer 11 sous Windows 8.1 est illustré aux Figures 8.8 et 8.9.

Figure 8.8 : Télécharger un programme avec la version Internet Explorer du Bureau.

3. **Cliquez sur le bouton Enregistrer.**

   Je conseille d'enregistrer le fichier de manière à conserver une copie sur votre disque dur. Cela évitera de le télécharger de nouveau si vous devez le réinstaller pour une raison ou une autre. Cliquez sur la petite flèche et, dans le menu local qui apparaît, choisissez Enregistrer sous. Par défaut, la sauvegarde du fichier se fait dans le dossier Téléchargements de Windows 8.1. Si nécessaire, utilisez le panneau de gauche de la boîte de dialogue pour indiquer un autre dossier de stockage. Enfin, cliquez sur le bouton Enregistrer. Cette dernière action lance le téléchargement.

   Un message vous avertit de la fin du téléchargement.

Figure 8.9 : Télécharger un programme avec la version Internet Explorer de l'écran d'accueil.

4. **Cliquez sur le bouton Exécuter pour installer le programme.**

   Vous en avez fini avec le téléchargement, mais pas avec les avertissements de sécurité.

5. **Cliquez sur Oui (ou Exécuter).**

   Cette dernière étape indique que vous faites confiance au développeur de cette application.

À cet instant, l'installation du programme fonctionne comme s'il provenait d'un disque optique. Par conséquent, conformez-vous aux instructions.

> ✓ Si le programme ne démarre pas automatiquement après l'insertion du disque optique, ouvrez la section Ce PC de l'Explorateur de fichiers. Faites un clic droit sur l'icône de votre lecteur de CD/DVD. Dans le menu contextuel qui apparaît, choisissez Installer ou exécuter un programme depuis son support, Ouvrir la lecture automatique, ou bien encore Ouvrir.

- Installez uniquement des programmes provenant d'une source Internet fiable. Si vous avez un doute, interrogez le moteur de recherche Google. En effet, lorsqu'un programme est suspect ou a provoqué des dommages chez d'autres utilisateurs, des forums ne manqueront pas de relater cet événement.
- Certains programmes nécessitent un redémarrage de Windows pour terminer leur installation.
- Certains programmes, comme les antivirus et les logiciels de sécurité Internet, nécessitent que vous quittiez les programmes en cours d'exécution, car il risque d'interférer avec la procédure d'installation. D'autre part, si l'ordinateur redémarre automatiquement une fois l'installation terminée, vous risquez de perdre des données non sauvegardées dans les programmes en cours d'exécution.
- EXE est l'extension des fichiers exécutables fonctionnant sous Windows. ZIP est l'extension des fichiers compressés. Lorsque vous téléchargez un tel fichier, vous devez extraire son contenu puis l'installer. Cette procédure peut être longue. Les extensions GZ, RAR, et TAR identifient des archives. Elles nécessitent également un logiciel spécialisé pour être ouvertes. L'extension de fichier SRC identifie des fichiers contenant le code source du programme.

Désinstaller un programme

Il ne suffit pas de mettre à la corbeille le dossier contenant un programme pour le désinstaller de votre ordinateur. La désinstallation d'un logiciel nécessite le respect de la procédure suivante :

1. **Ouvrez le Panneau de configuration.**

   Pour ouvrir ce panneau depuis Windows 8.1, consultez le Chapitre 7.

2. **Dans la section Programmes, cliquez sur le lien Désinstaller un programme.**

   Vous ouvrez ainsi la boîte de dialogue illustrée à la Figure 8.10.

3. **Cliquez sur le programme à désinstaller.**
4. **Ensuite, cliquez sur le bouton Désinstaller.**
5. **Si un message de Contrôle de compte d'utilisateur apparaît, cliquez sur Oui.**

   Tout dépend du logiciel que vous désinstallez. Chaque programme a sa propre procédure de désinstallation.

6. **Fermez la fenêtre Programmes et fonctionnalités.**

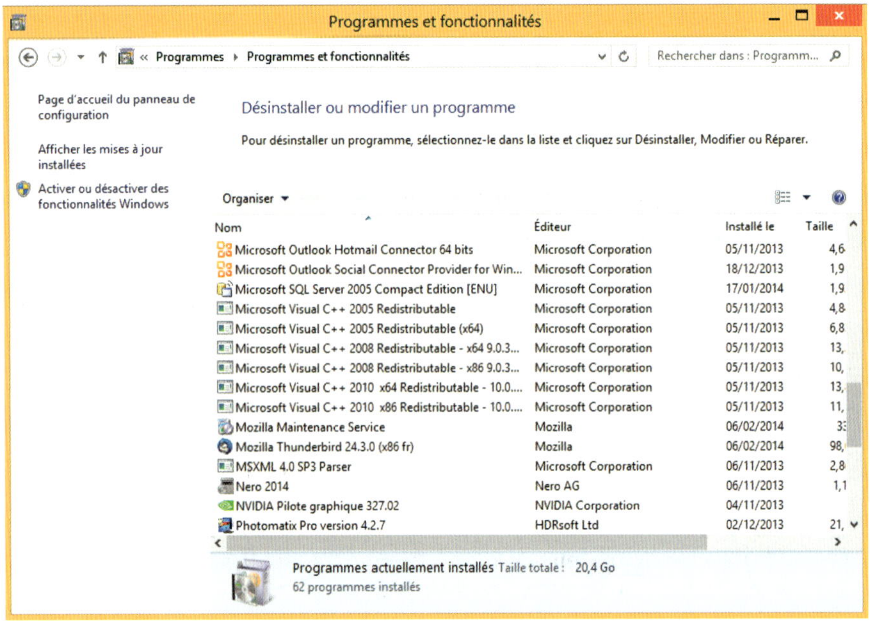

Figure 8.10 : La désinstallation d'un programme se déroule ici.

TRUC

Quels sont les programmes préinstallés ?

La plupart des ordinateurs portables sont livrés avec de nombreux petits utilitaires ou gros programmes parfois pour une période d'essai bien définie. Si ces logiciels ne vous sont d'aucune utilité, désinstallez-les. Dans l'absolu, ne gardez pas dans votre portable ce dont vous n'avez pas besoin. N'oubliez pas, c'est *votre portable.*

Certaines applications, comme Microsoft Office, exécutent un programme spécial qui permet ensuite de désinstaller, de modifier, ou de réparer le logiciel.

- Désinstaller un programme supprime ses fichiers du disque dur de votre portable.

- Toutes les désinstallations ne se soldent pas par un succès. Parfois certains éléments du programme restent sur le disque du portable. Cette situation est normale, triste, et vous ne pouvez pas faire grand-chose.
- Vous ne pouvez pas annuler la désinstallation, en revanche vous pouvez réinstaller le programme à tout moment.
- Supprimer un programme n'efface par les fichiers de données créés avec ce logiciel. Par exemple, en désinstallant un programme graphique, vous ne supprimez pas les images qui ont été créées avec ce logiciel.
- Supprimer des programmes libère de l'espace disque.
- Occasionnellement, vous trouverez une commande Désinstaller dans le dossier du programme.

Désinstaller une application

Dans le jargon de Windows 8.1, une application est un programme de l'écran d'accueil qui s'exécute en cliquant ou en tapotant une vignette. Ces applications ne s'ouvrent jamais sur le Bureau. Par conséquent, vous ne pouvez pas les désinstaller depuis cette interface de Windows.

Pour désinstaller une application :

1. **Commencez par afficher l'écran d'accueil en cliquant sur le bouton Démarrer du Bureau.**
2. **Cliquez droit sur la vignette de l'application à désinstaller.**

   Cette action sélectionne la vignette en question et ajoute une coche dans son angle inférieur gauche. Parallèlement, une barre d'application contenant des outils apparaît dans la partie inférieure de l'écran.

3. **Cliquez sur l'icône Désinstaller de la barre d'application, comme le montre la Figure 8.11.**
4. **Dans la boîte de dialogue qui apparaît, cliquez sur le bouton Désinstaller, comme à la Figure 8.12.**

   Vous cocherez éventuellement la case Désinstaller de tous mes PC synchronisés si vous utilisiez cette application sur plusieurs périphériques qui maintenaient ainsi toutes vos informations à jour dès que vous procédiez à un ajout ou à une modification de données sur un de vos matériels.

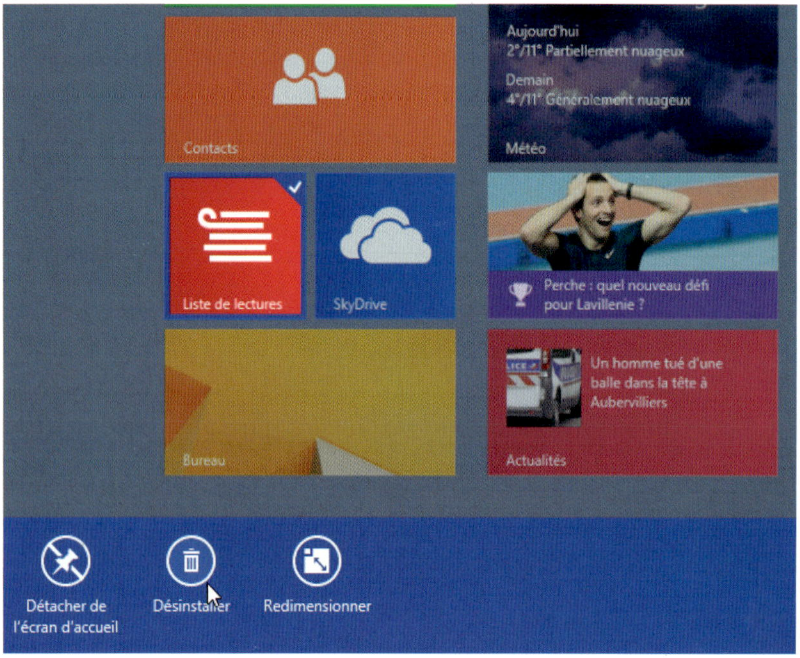

Figure 8.11 : Pour désinstaller une application.

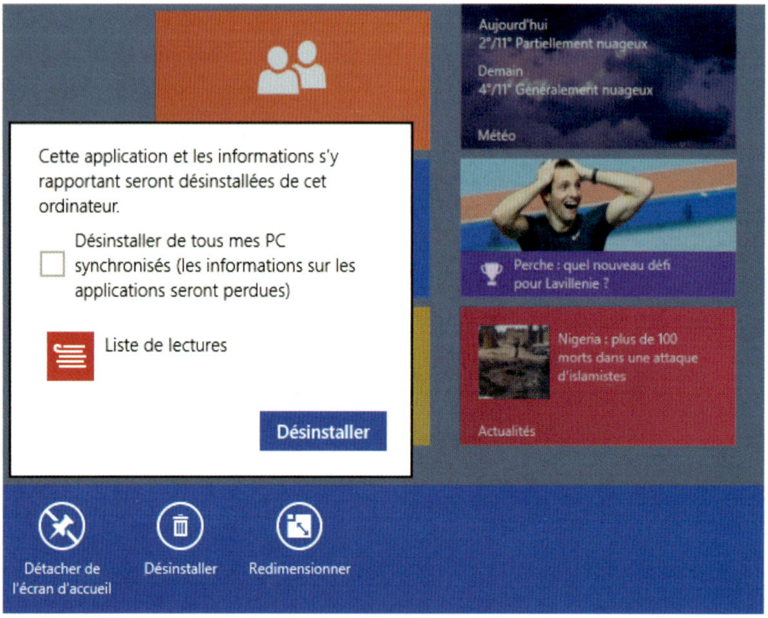

Figure 8.12 : Confirmez votre intention par un clic sur le bouton Désinstaller.

9

La puissance du portable

Dans ce chapitre

- Les différents types de batteries
- Localiser la batterie
- Surveiller l'utilisation de la batterie
- Configurer les avertissements de batterie faible
- Recharger la batterie
- Utiliser une batterie séparée
- Économiser l'énergie
- Créer votre propre mode de gestion

Les fabricants de portables ont en grande partie résolu les problèmes de taille et de poids qui les turlupinaient depuis des décennies. Malgré ces avancées technologiques, l'autonomie de la batterie demeure un point sensible de la mobilité des ordinateurs portables. Ainsi, lorsqu'un utilisateur investit dans ce type d'ordinateur, il se pose légitimement la question suivante : pendant combien de temps vais-je bien pouvoir utiliser mon PC portable sans le brancher à une prise de courant ? Honnêtement, les batteries modernes sont capables de durer deux à trois heures.

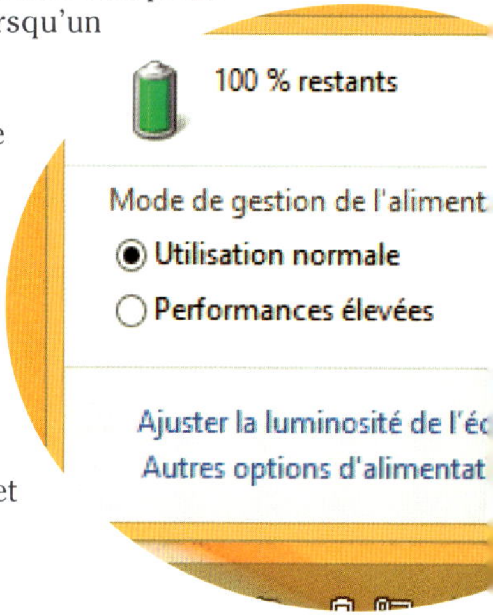

Si le processeur du portable est le muscle de l'ordinateur et que le logiciel en est le cerveau, la batterie en est le cœur. Elle permet d'utiliser le portable n'importe où.

Ce chapitre traite des bases de l'autonomie des batteries, et comment l'optimiser.

La batterie, c'est la liberté !

La batterie permet d'utiliser l'ordinateur loin de toute prise électrique. Elle est donc synonyme de liberté. Beaucoup de personnes préfèrent, à juste titre, utiliser le portable sur batterie.

L'effet de mémoire de charge

Les anciens types de batteries NiCad et même NiMH nécessitaient d'être entièrement vides avant d'être rechargées afin de conserver toute leur autonomie et ainsi préserver leur durée de vie. Lorsque vous ne les rechargiez pas totalement, un phénomène de mémoire de charge empêchait par la suite d'obtenir une charge complète donc une autonomie maximale. Très vite, la batterie ne tenait plus la charge.

Aujourd'hui, les portables sont équipés de batteries lithium-ion qui ne souffrent pas de ce phénomène de mémoire de charge. Elles sont devenues beaucoup plus intelligentes que leurs aînées. Ainsi, vous pouvez utiliser votre batterie quelques minutes et la mettre immédiatement en charge sans altérer son autonomie d'origine et sa durée de vie.

Qu'est-ce qu'une batterie ?

Lorsque vous pensez à une batterie, oubliez les cymbales, les toms, et les caisses claires. Il s'agit d'une espèce de grand rectangle qui s'insère à l'arrière du PC et qui est capable de stocker chimiquement l'électricité.

Lorsque la batterie est déchargée, un message apparaît sous Windows, et un voyant clignote sur la façade du PC. Donc, la batterie fournit l'électricité à votre portable quand il n'est pas branché à une prise de courant murale.

NOTE TECHNIQUE

- Les batteries ont été développées dans les années 1700 à partir d'une bouteille de Leyde qui était utilisée pour stocker de l'électricité statique. Benjamin Franklin utilisa des bouteilles de Leyde qu'il organisa en série comme une batterie d'artillerie, d'où le terme de *batterie*.
- Les batteries cylindriques que nous utilisons dans nos flashs et certains netbooks ont été développées en 1890.

Les types de batteries

Toutes les batteries stockent de l'électricité. Le système de stockage dépend entièrement de la chimie interne de la batterie, et en détermine alors le type, dont voici les plus populaires :

Alcaline : La plus commune des piles que nous utilisons dans les flashs, les radios, les télécommandes, les alarmes incendie, et les jouets. Elle n'est pas rechargeable et n'est donc pas utilisée pour les ordinateurs portables.

Au plomb : Elles sont utilisées dans l'industrie automobile pour fournir votre voiture en électricité. Ces batteries ont une grande durée de vie, une autonomie importante, et sont rechargeables. Toutefois, elles sont trop grosses et trop lourdes pour alimenter un ordinateur portable.

NiCad : Les batteries Nickel-cadmium furent les premières à équiper des matériels comme les ordinateurs portables. Elles souffraient malheureusement du phénomène de mémoire de charge.

NiMH : La batterie nickel-metal-hybride présentait une autonomie beaucoup plus longue que les NiCad, mais souffrait elle aussi de l'effet de mémoire de charge.

Lithium-ion : Ce type de batterie est l'un des mieux adaptés pour les PC portables. Elles sont légères, d'une autonomie tout à fait correcte, et ne souffrent pas du problème de mémoire de charge.

- Retirez correctement l'ancienne batterie; ne la jetez surtout pas à la poubelle. Rapportez-la à votre revendeur qui la recyclera, ou bien déposez-la vous-même dans un conteneur pour batteries.
- L'étiquette de la batterie permet d'en identifier le type.
- Votre portable peut parfois accueillir deux batteries. Cette batterie secondaire alimente l'horloge interne du portable. Une troisième batterie peut être implémentée pour vous permettre de changer la batterie principale quand elle est déchargée.

- Utilisez des batteries certifiées dans votre ordinateur portable pour éviter des modèles génériques qui risquent de chauffer, voire de prendre feu ou d'exploser.

NOTE TECHNIQUE

Les cellules à essence

L'avenir de la batterie est assez étrange. En effet, la batterie ne sera bientôt plus alimentée par de l'électricité, mais fonctionnera à l'essence.

Ces cellules utilisent une combinaison chimique et physique qui fournit de l'énergie plus longtemps que ne peut le faire une batterie standard. Bien entendu, vous pourrez la recharger comme vous rechargez un briquet.

Les cellules à essence existent déjà, mais elles restent encore un peu imposantes pour alimenter un PC portable. Les ingénieurs pensent que bientôt de telles batteries alimenteront des matériels allant de la voiture électrique au smartphone.

Localiser la batterie du portable

Prenez le temps de localiser la batterie de votre ordinateur portable. En général, elle se situe à l'arrière de l'appareil. Très rares sont aujourd'hui les modèles qui accueillent la batterie sur le côté du portable.

Toutes les batteries sont étiquetées. Parfois, pour prendre connaissance de ces informations, vous devez retirer la batterie de son réceptacle. L'étiquette permet de connaître le type de batteries utilisées par votre ordinateur.

- Certains ultraportables et netbooks n'ont pas de batterie amovible. Par conséquent, la batterie ne peut pas être retirée de l'ordinateur.
- Il existe quelques modèles de netbooks qui utilisent des piles alcalines standard.
- Localisez impérativement votre batterie, car vous serez peut-être obligé de la remplacer à plus ou moins brève échéance.
- La plupart des portables verrouillent la batterie avec un petit commutateur qu'il suffit de faire glisser sur l'icône d'un cadenas fermé.
- La batterie chauffe lorsque vous utilisez un portable. Par conséquent, ne vous inquiétez pas.

ATTENTION

- Si la batterie devient trop chaude, au point que vous ne pouvez pas laisser votre main dessus plus de quelques secondes, arrêtez immédiatement votre ordinateur portable. Contactez l'assistance technique du fabricant de votre matériel.

Surveiller le niveau de la batterie

Bien entendu, plus vous utilisez votre portable en mode batterie, et plus elle se décharge. Vous ne pourrez guère utiliser votre PC portable plus de trois heures lorsqu'il est alimenté uniquement par la batterie. Son autonomie varie en fonction des actions que vous réalisez sur votre ordinateur.

La surveillance du niveau de la batterie peut s'effectuer de plusieurs manières.

Tout d'abord, vous pouvez placer le pointeur de la souris sur l'icône de la batterie affichée dans la zone de notification. Dans l'info-bulle qui apparaît, vous pouvez lire une estimation du nombre d'heures d'utilisation restant, et un pourcentage exprimant le niveau de charge actuel de votre batterie. Une autre technique consiste à cliquer sur cette icône pour afficher une fenêtre d'information, comme le montre la Figure 9.1.

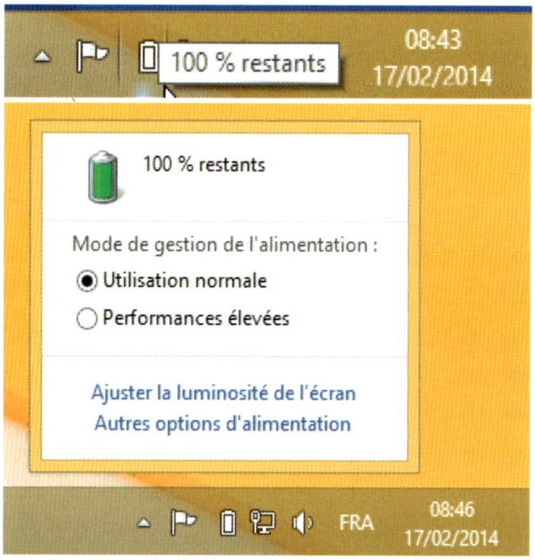

Figure 9.1 : Les deux manières d'accéder au niveau d'autonomie de la batterie sous Windows 8.1.

Votre ordinateur portable dispose d'un système de surveillance matériel de votre batterie qui permet d'obtenir des informations précises et détaillées.

TRUC

La zone État de la batterie du Centre de mobilité Windows affiche le temps d'utilisation restant, ainsi que le pourcentage d'autonomie. Pour plus informations sur le Centre de mobilité Windows, reportez-vous au Chapitre 7.

- Un témoin lumineux indique parfois l'état de la batterie. Sa couleur change pour vous avertir que la batterie doit être mise en charge.

- Certains ordinateurs portables ont une touche d'affichage de l'autonomie de la batterie. Par exemple, sur mon PC, il suffit que j'exécute le raccourci clavier Fn + 3 pour afficher à l'écran l'état de ma batterie.
- Lorsque la batterie est en charge, son icône affichée dans la zone de notification arbore le pictogramme d'une prise de courant.
- L'autonomie indiquée par Windows est indicative. En effet, différents facteurs peuvent l'affecter.

Puis-je laisser la batterie insérée dans le portable lorsque je le branche sur le courant ?

Force est de constater que beaucoup de personnes utilisent aujourd'hui un ordinateur portable comme ordinateur principal. De ce fait, il reste sans cesse branché à une prise secteur murale. En d'autres termes, ce n'est pas la batterie qui alimente le portable en électricité, mais le bloc d'alimentation.

Lorsque vous n'utilisez jamais votre ordinateur sur batterie, il est préférable de la retirer de son réceptacle. Vous la réinsérerez dans le PC lorsque vous en aurez vraiment besoin.

Stockez la batterie dans un endroit frais et sec. Évitez les zones chargées en électricité statique. Soyez conscient qu'une batterie qui n'est pas utilisée se décharge. Il est donc fort possible qu'il faille la recharger avant de pouvoir l'utiliser dans votre PC portable. La mise en charge de la batterie est étudiée un peu plus loin dans ce chapitre.

Batterie, repose en paix

Les batteries ne sont pas éternelles. Leur mort est donc inévitable. Dans ce cas, vous devez la changer. Mais, quand devez-vous procéder à son remplacement ? Le signe le plus objectif d'une batterie défaillante est qu'elle ne tient plus la charge, c'est-à-dire que son autonomie se limite à moins de 30 minutes.

N'OUBLIEZ PAS

- N'utilisez jamais une batterie qui ne tient plus la charge. Retirez-la une fois pour toutes !
- Ne jetez jamais une batterie à la poubelle. Les batteries doivent être recyclées, car ce sont des déchets toxiques.

- Ce n'est pas parce que la batterie est morte que votre portable doit finir à la déchetterie. Achetez tout simplement une nouvelle batterie !

Lorsque l'autonomie de la batterie est trop faible

Grâce à une technologie intelligente, votre ordinateur affiche un avertissement lorsque l'autonomie de la batterie devient trop faible. Dans ce cas, ne paniquez pas ! Il vous reste suffisamment de temps pour terminer votre travail, enregistrer vos fichiers, et fermer les programmes en cours d'exécution.

Les messages d'avertissement

Vous devez vous y préparer. Un jour ou l'autre, vous recevrez des messages d'avertissement qui peuvent prendre des formes bien différentes.

Tout d'abord, les diverses icônes de la batterie et les voyants lumineux peuvent changer de couleur. Ainsi, le voyant situé sur votre portable peut passer du vert au jaune, puis au rouge. Dans ce cas, ce type d'avertissement est progressif. En effet, le voyant ne passera jamais brutalement du vert au rouge.

Sous Windows 8.1, dès que le niveau de la batterie atteint un certain seuil, un signal sonore retentit et un très gros bandeau d'avertissement s'affiche en centre de l'écran. Il est temps de brancher votre PC portable à une prise secteur murale.

Si vous n'en avez pas la possibilité, dans un train par exemple, enregistrez votre travail, et éteignez votre ordinateur portable.

Régler les messages d'avertissement

Vous pouvez spécifier à quel niveau de pourcentage d'autonomie de la batterie des messages d'avertissement s'afficheront pour attirer votre attention sur la nécessité d'interrompre votre travail ou de mettre le portable en charge. Voici comment procéder :

1. **Ouvrez le Panneau de configuration.**

2. **Cliquez sur la catégorie Matériel et audio.**

3. **Cliquez sur Options d'alimentation.**

4. **Cliquez sur le lien Modifier les paramètres du mode situé à droite du mode actuellement utilisé.**

5. **Dans la partie inférieure du panneau, cliquez sur le lien Modifier les paramètres d'alimentation avancés.**

   La boîte de dialogue Options d'alimentation apparaît.

6. **Faites défiler le contenu de la boîte de dialogue afin de localiser la rubrique intitulée Batterie.**

   Comme vous pouviez vous y attendre, il s'agit du dernier élément de la liste.

7. **Cliquez sur le signe + situé à gauche du mot Batterie pour afficher les diverses options d'actions, de notification, et de niveau, comme à la Figure 9.2.**

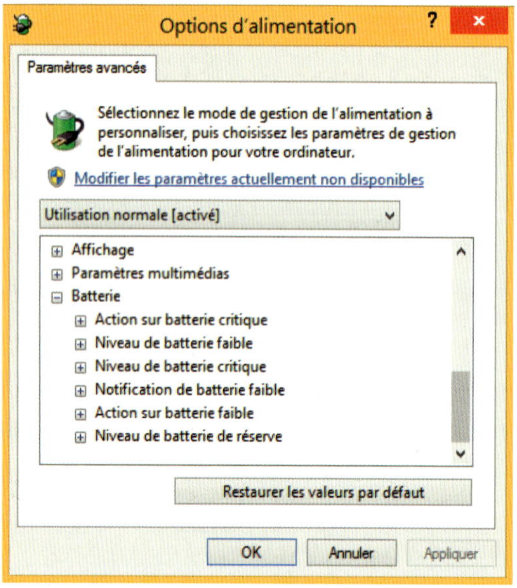

Figure 9.2 : Réglez les notifications de la batterie.

Dans l'ordre chronologique, il s'agit de :

- a. *Notification de batterie faible :* Activez ou désactivez l'affichage de cette notification aussi bien pour un usage sur batterie que sur secteur.

- *b. Niveau de batterie faible :* Spécifiez le pourcentage d'autonomie à partir duquel Windows affichera un message d'avertissement lorsque vous travaillez sur batterie et sur secteur.
- c. *Action sur batterie faible :* Indiquez à l'ordinateur s'il doit Ne rien faire, Mettre en veille, Basculer en veille prolongée, ou Arrêter l'ordinateur.
- *d. Niveau de batterie critique :* Fixez le niveau d'autonomie à partir duquel une action salutaire sera exécutée par le portable avant d'être à court d'alimentation.
- *e. Action sur batterie critique :* Bascule directement le portable en veille, veille prolongée, ou bien l'arrête purement ou simplement.

D'autres éléments seront peut-être présents dans cette liste en fonction du matériel de gestion de l'alimentation de votre portable.

8. **Réglez chaque élément en fonction de vos besoins.**

Pour afficher le menu local permettant de sélectionner une option, cliquez sur le lien bleu situé à droite de Sur batterie et Sur secteur.

9. **Cliquez sur OK pour appliquer vos nouveaux paramètres de gestion de l'alimentation.**

Le paramétrage des avertissements n'a aucun effet visuel. L'icône d'autonomie faible continue à se vider progressivement jusqu'à l'apparition d'un triangle d'avertissement jaune et d'un message vous indiquant qu'il va être bientôt temps de faire quelque chose.

- Lorsque la notification apparaît et que vous avez une seconde batterie sous la main, installez-la comme expliqué plus loin dans ce chapitre.
- Prenez au sérieux la notification d'état critique de la batterie. L'heure est venue de faire une pause. L'ordinateur bascule en mode de veille prolongée ou bien s'éteint purement et simplement.
- Lorsque l'autonomie devient trop faible, branchez le portable au secteur ! Vous comprendrez alors qu'il est important de garder le bloc d'alimentation à portée de main.

Charger la batterie

Cette tâche est un jeu d'enfant : branchez la prise électrique du bloc d'alimentation sur une prise secteur murale. Bien entendu, vous aurez préalablement fixé l'embout du câble dans la prise d'alimentation du portable. Dans le cas contraire, je peux vous assurer que la batterie ne se rechargera jamais.

- Vous pouvez mettre la batterie en charge même si elle n'est pas complètement vide.
- Branchez votre portable au secteur dès que vous le pouvez.
- Vous pouvez basculer sur la batterie même si elle n'est pas totalement rechargée.
- La batterie se recharge même quand l'ordinateur est éteint.
- L'opération de recharge ne demande pas plus de temps lorsque vous continuez à utiliser le portable.

Utiliser une seconde batterie

Lorsque vous investissez dans un ordinateur portable, l'achat d'une seconde batterie ne vous vient jamais à l'esprit. Pourtant, elle sera utile pendant de longs voyages ou si vous restez longtemps éloigné d'une prise secteur.

Avant d'utiliser une batterie séparée, vérifiez qu'elle est correctement chargée. Si ce n'est pas le cas, rechargez-la avec votre portable ou avec un chargeur autonome. Placez cette batterie dans la sacoche du portable en la mettant à l'abri de tout matériel conducteur.

La plupart des portables permettent d'échanger rapidement les batteries. Dès que la batterie principale devient trop faible, éjectez-la, et insérez immédiatement la nouvelle. Vérifiez que votre ordinateur supporte ce genre d'intervention sans anesthésie. Pour cela, réalisez l'opération alors qu'aucun travail important n'est en cours.

N'OUBLIEZ PAS

- Enregistrez votre travail avant d'échanger les batteries.
- Si votre portable ne permet pas de changer de batterie en cours de travail, éteignez l'ordinateur (ou basculez en veille prolongée). Retirez la batterie d'origine, insérez la nouvelle, et rallumez le PC.

TRUC

- Je conseille d'étiqueter la batterie déchargée pour éviter de l'insérer à la place de la nouvelle.
- Vous pouvez acheter une batterie séparée auprès de votre revendeur ou d'un site spécialisé comme aboutbatterie.com.

ATTENTION

- Achetez toujours une batterie de la marque de votre ordinateur portable. Les batteries sans marque ou exotiques peuvent endommager votre PC.

Gérer l'alimentation du portable

La batterie se décharge. C'est sa vocation. Si vous n'avez aucun pouvoir sur cet aspect de la batterie, vous pouvez tout au moins agir sur son autonomie.

Trucs et astuces pour économiser

Votre portable est conçu pour économiser l'énergie. Il utilise un processeur spécial qui réduit la consommation et limite le dégagement de chaleur.

Tout ce qui se trouve dans votre portable consomme de l'énergie. Voici une liste des matériels les plus gourmands :

- le disque dur ;
- le lecteur optique ;
- le système audio (haut-parleurs) ;
- le modem ;
- l'adaptateur de réseau sans fil et Bluetooth ;
- l'interface réseau câblée ;
- l'affichage (écran).

Chacun de ces matériels consomme beaucoup d'énergie lorsque vous les utilisez. Il en ira de même avec les périphériques que vous connectez au portable et qui n'ont pas d'alimentation externe.

En évitant d'utiliser ces matériels ou en rationalisant leur usage, vous économiserez de l'énergie.

Certains portables permettent de désactiver très rapidement des périphériques comme le lecteur de disque optique. Il est également possible de réduire la luminosité de l'écran pour économiser la batterie.

Personnellement, je coupe les haut-parleurs lorsque je suis en voyage. Bien entendu, je n'utilise pas de casque pour éviter de décharger trop rapidement la batterie de mon ordinateur portable.

Vous économiserez également beaucoup d'énergie en désactivant l'adaptateur de réseau sans fil ou la connexion Bluetooth.

L'utilisation d'une dalle refroidissante évite au portable de surchauffer. Par conséquent, ces ventilateurs internes tournent au ralenti ce qui économise de l'énergie. Pour plus d'informations sur ces surfaces refroidissantes, reportez-vous au Chapitre 25. Bien entendu, pour être efficace, cette surface doit être alimentée séparément.

Vous pouvez également réduire la consommation électrique de votre ordinateur portable en appliquant les techniques de gestion de l'alimentation traitées dans la prochaine section.

Créer un mode de gestion de l'alimentation

Les fonctions de gestion de l'alimentation de votre ordinateur portable sont principalement fournies par Windows 8.1. Elles vous permettront de créer un mode de gestion de l'alimentation adapté à vos habitudes de travail et à vos besoins d'économie d'énergie. Voici comment procéder :

1. **Ouvrez le Panneau de configuration.**
2. **Cliquez sur la catégorie Matériel et audio.**
3. **Dans le nouveau panneau qui apparaît, choisissez Options d'alimentation.**

   La fenêtre Options d'alimentation apparaît.

4. **Dans le volet gauche, cliquez sur Créer un mode de gestion de l'alimentation.**

   La fenêtre Créer un mode de gestion de l'alimentation apparaît, comme à la Figure 9.3. Elle affiche les trois modes par défaut qui gèrent l'autonomie de la batterie et les performances de l'ordinateur.

5. **Choisissez un des modes de gestion proposés.**

   Vous devez toujours baser votre mode personnalisé sur un mode existant. En général, je pars du mode Utilisation normal qui cherche à équilibrer automatiquement les performances et la consommation d'énergie.

6. **Dans le champ Nom du mode, tapez un nom représentatif de la gestion de l'alimentation.**

   Par exemple, j'ai nommé le mien Mode de gestion de Phil.

7. **Cliquez sur le bouton Suivant.**

   Dans la nouvelle fenêtre qui apparaît, comme à la Figure 9.4, vous devez définir des paramètres de mise en veille et d'affichage lorsque votre portable est branché sur le secteur ou quand vous l'alimentez avec la batterie.

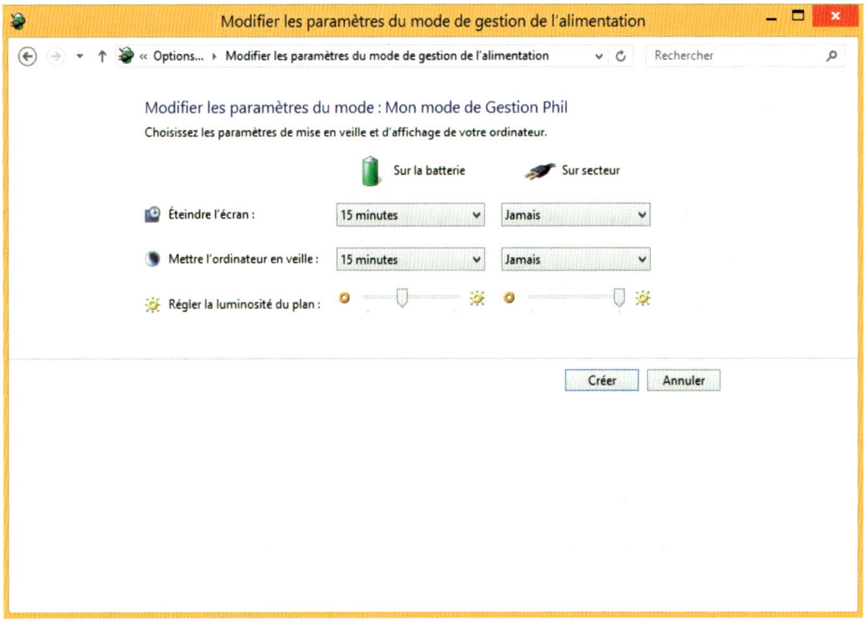

Figure 9.4 : Réglez le mode de gestion de l'alimentation sur batterie et sur secteur.

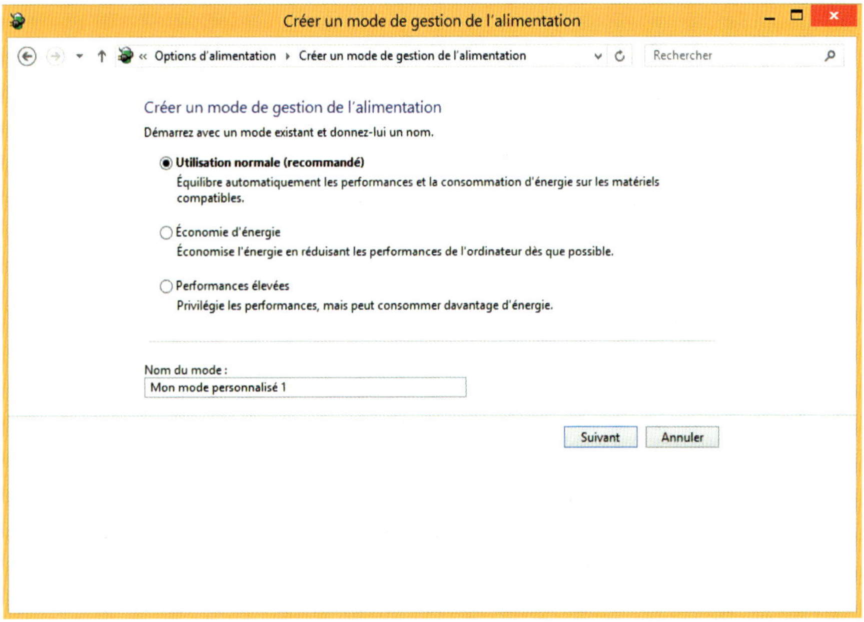

Figure 9.3 : Créer un mode de gestion de l'alimentation.

8. **Pour chaque action, définissez le temps d'inactivité à partir duquel l'ordinateur appliquera votre mode de gestion de l'alimentation. Ensuite, agissez sur les deux curseurs situés dans la partie inférieure de la fenêtre pour régler la luminosité de votre mode.**

9. **Cliquez sur le bouton Créer.**

   Le mode que vous venez de créer est activé dans la fenêtre Options d'alimentation.

10. **Fermez cette fenêtre.**

Vous pouvez reprendre cette procédure pour mettre à jour un mode existant. À l'Étape 4, vous cliquerez sur le lien Modifier le paramètre du mode. Effectuez vos modifications puis cliquez sur le bouton Enregistrer les modifications.

Avant d'appliquer votre mode de gestion de l'alimentation, votre écran peut basculer vers l'affichage d'un écran de veille si vous en avez configuré un. Ce n'est qu'à l'expiration du délai de cet écran que votre mode de gestion de l'alimentation entrera en exécution.

10

Imprimer et télécopier

Dans ce chapitre

- Trouver une imprimante portable
- Configurer une imprimante pour votre ordinateur portable
- Localiser les imprimantes Windows
- Utiliser la boîte de dialogue Imprimer
- Annuler un travail d'impression
- Créer et envoyer un fax
- Recevoir une télécopie

Les ordinateurs portables, comme n'importe quel ordinateur de bureau, peuvent utiliser des imprimantes. La grande différence entre ces deux systèmes informatiques tient au fait que le portable est nomade. Par conséquent, il semble incohérent de lui attacher une imprimante en la connectant à son port USB. Il existe des imprimantes portables que vous pouvez emporter en voyage, et bien entendu des imprimantes Wi-Fi qui permettent à votre portable d'imprimer depuis n'importe quelle pièce de votre logement. Ce chapitre traite de l'impression, donc des imprimantes, ainsi que de la réception et de l'envoi de télécopies.

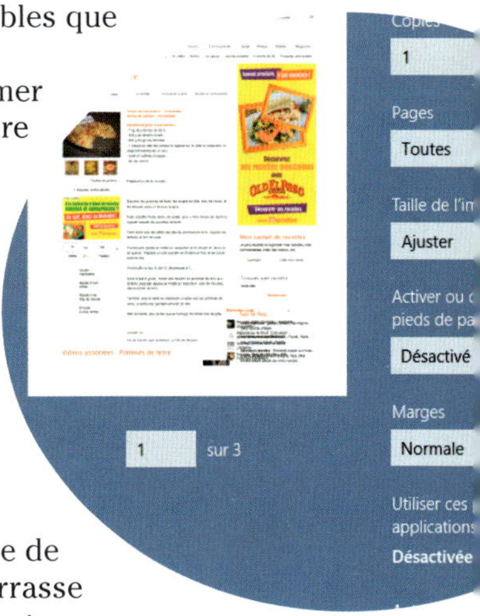

Une imprimante portable pour votre portable

Lorsque l'idée de l'ordinateur portable germa dans l'esprit d'Adam Osborne, l'imprimante portable ne faisait pas partie de ses projets. D'ailleurs, combien de fois avez-vous vu à la terrasse d'un café ou dans un hall d'aéroport une personne imprimant avec son portable ? Jamais ! En effet, l'impression est une tâche qui peut être réalisée bien après avoir créé un document. En d'autres termes, pour imprimer, vous attendez d'être revenu à la maison.

Bien entendu, il existe des imprimantes portables. Elles sont petites et légères. Généralement, elles coûtent plus cher que les imprimantes de bureau et s'avèrent beaucoup plus lentes. La plupart des imprimantes portables fonctionnent avec des piles standard. J'avoue n'avoir jamais utilisé une imprimante de ce type.

- Pour préserver le caractère nomade de votre ordinateur portable, utilisez une imprimante Wi-Fi.
- Si vous envisagez d'utiliser une imprimante portable dans votre voiture, achetez un adaptateur pour allume-cigare.
- Lorsque l'imprimante est équipée d'une batterie rechargeable, n'oubliez pas de la recharger complètement avant de l'emporter en voyage.
- Les imprimantes ont besoin de papier ! N'oubliez pas vos feuilles quand vous partez en voyage.
- Il est rare qu'une impression soit urgente. Par conséquent, l'utilisation d'une imprimante avec un ordinateur portable n'est pas nécessaire. Il sera toujours possible d'y accéder lorsque vous serez de retour au bureau ou à la maison. Vous utiliserez alors une imprimante USB, une imprimante installée sur votre réseau, ou bien encore une imprimante Wi-Fi, comme cela est expliqué plus loin dans ce chapitre.
- Lorsqu'une imprimante n'est pas disponible, vous pouvez envoyer une télécopie. De nombreux hôtels et centres d'affaires disposent de ce type de machine. Pour plus d'informations à ce sujet, consultez la section « L'imprimante fax », plus loin dans ce chapitre.

Configurer l'imprimante sur votre portable

Un ordinateur portable utilise une imprimante exactement comme un ordinateur de bureau. Toutefois, des problèmes de connexion et de configuration peuvent se présenter, comme très souvent en informatique. Cette section va clarifier de nombreux aspects de l'utilisation d'une imprimante avec un ordinateur portable.

Localiser les imprimantes de Windows

À partir du moment où vous avez installé une imprimante sur votre ordinateur portable, vous la trouverez dans le panneau Périphériques et imprimantes de Windows 8.1, comme le montre la Figure 10.1

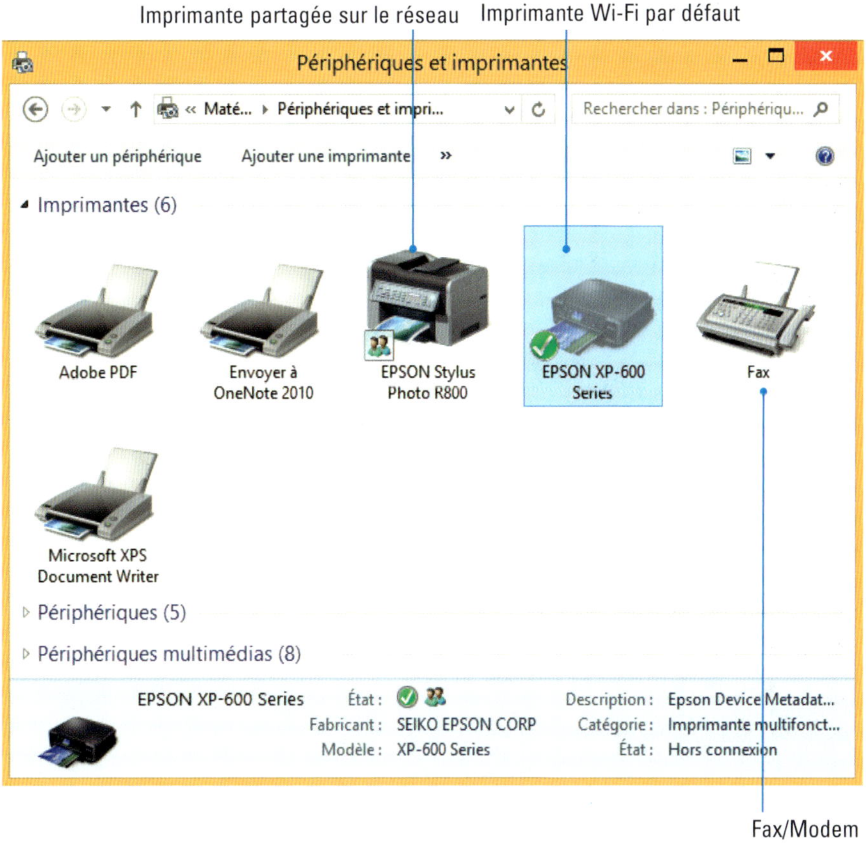

Figure 10.1 : Les imprimantes sous Windows 8.1.

Pour accéder au panneau Périphériques et imprimantes, ouvrez le Panneau de configuration et cliquez sur la catégorie Matériel et audio.

Cette fenêtre permet de gérer vos imprimantes. Pour obtenir des informations plus précises sur une imprimante spécifique, double-cliquez sur son icône.

L'imprimante libellée Microsoft XPS Document Writer identifie une imprimante utilisée pour imprimer un document sous la forme d'un fichier PDF. Bien entendu, il ne s'agit pas d'un vrai fichier PDF, puisque ce format a été développé par Adobe et non pas par Microsoft.

En revanche, si Adobe Acrobat est installé sur votre PC portable, une icône Adobe PDF permettra d'enregistrer n'importe quel document sous la forme d'un fichier PDF. *De facto*, vous retrouverez cette « imprimante » dans la liste des périphériques d'impression de vos programmes et applications. Dans ce cas, l'impression ne se fait pas sur papier mais sous la forme d'un fichier PDF respectant votre mise en page. Ce fichier pourra ensuite être fidèlement imprimé depuis un autre ordinateur qui peut accéder à une imprimante physique.

Ajouter une imprimante directement à votre ordinateur portable

Connecter une imprimante à un ordinateur portable est comme la connecter à un ordinateur de bureau. Vous prenez l'extrémité du câble USB de l'imprimante et vous l'insérez dans une des prises USB du portable.

Une fois ce branchement réalisé, vous devez suivre les instructions d'installation de votre imprimante. Il s'agit généralement d'installer le *pilote* de l'imprimante, c'est-à-dire le programme qui va lui permettre de communiquer avec votre portable. Parfois, il est nécessaire d'installer ce pilote avant de connecter l'imprimante. Consultez le manuel d'utilisation de votre périphérique d'impression pour connaître la marche à suivre.

Voici comment se déroule l'installation d'une imprimante :

1. **Branchez le câble USB à l'imprimante puis connectez l'autre extrémité au port USB du portable.**
2. **Allumez l'imprimante.**

   Ou

1. **Installez le logiciel de l'imprimante.**
2. **Effectuez les mêmes branchements qu'à la première étape.**
3. **Allumez l'imprimante.**

Si vous ignorez comment installer votre imprimante, consultez le manuel ou le fascicule de démarrage rapide pour savoir si vous devez installer préalablement le pilote avant de connecter l'imprimante au portable.

- Pour plus d'informations sur l'USB et son fonctionnement, consultez le Chapitre 11.
- L'installation n'a lieu qu'une seule fois. À partir de cet instant, tous les programmes fonctionnant sous Windows 8.1 et qui disposent d'une commande Imprimer pourront utiliser votre périphérique d'impression.

- Ajoutez autant d'imprimantes que vous le souhaitez.
- Vous pouvez déconnecter l'imprimante lorsque vous ne l'utilisez pas. En revanche, reconnectez-la, et mettez-la sous tension avant d'invoquer la fonction d'impression d'un programme. Dans le cas contraire, il serait incapable de la localiser sous Windows.

Ajouter une imprimante réseau ou sans fil

Bien souvent, les imprimantes réseau ou sans fil n'ont pas besoin d'une configuration spéciale, car Windows est suffisamment intelligent pour les installer automatiquement.

Si cette installation automatique échoue, commencez alors par installer le pilote de l'imprimante, soit en utilisant le CD livré avec votre matériel, soit en le téléchargeant sur Internet. Ensuite, procédez selon les étapes suivantes pour localiser l'imprimante Wi-Fi et permettre à votre ordinateur de communiquer avec elle :

1. **Faites un clic droit sur le bouton Démarrer.**
2. **Dans le menu contextuel qui s'affiche, choisissez Panneau de configuration.**
3. **Cliquez sur la catégorie Matériel et audio.**
4. **Dans la nouvelle fenêtre qui apparaît, choisissez Périphériques et imprimante.**
5. **Cliquez sur le bouton Ajouter une imprimante situé dans la partie supérieure gauche de la boîte de dialogue.**

   Windows 8.1 analyse immédiatement le réseau et affiche les imprimantes avec ou sans fil qu'il a identifiées.

6. **Comme le montre la Figure 10.2, sélectionnez votre imprimante sans fil, et cliquez sur Suivant.**
7. **À l'étape Installer le pilote de l'imprimante, choisissez la marque de votre matériel dans la colonne Fabricant, puis le modèle dans la colonne Imprimantes.**

   N'OUBLIEZ PAS

   Pour que ces informations soient disponibles, l'installation préalable du pilote de votre imprimante à partir du CD fourni avec votre matériel sera souvent nécessaire.

8. **Cliquez sur Suivant.**

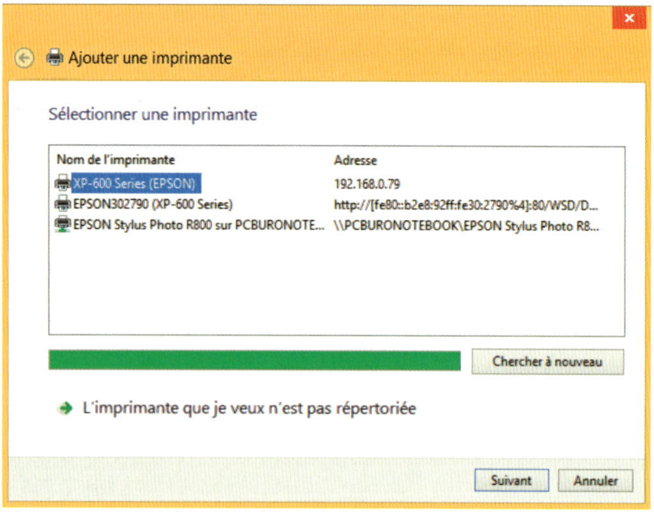

Figure 10.2 : Windows a identifié des imprimantes.

Voilà ! Au bout de quelques minutes, l'imprimante Wi-Fi sera utilisable avec votre ordinateur portable où que vous l'utilisiez dans votre maison.

Une fois l'installation terminée, vous pouvez cliquer sur le bouton Imprimer une page test pour vérifier la bonne communication entre votre imprimante et votre ordinateur portable.

- Une *imprimante locale* est une imprimante directement connectée à l'ordinateur portable.
- Windows 8.1 sélectionne automatiquement l'imprimante réseau si vous n'en avez pas installé une.
- Pour configurer correctement une imprimante réseau en cas d'échec de la détection automatique, vous devez connaître son adresse ID, sa marque, et son modèle. Si votre imprimante est absente de la liste, cliquez sur L'imprimante que je veux n'est pas répertoriée. Ensuite, indiquez la manière dont votre ordinateur se connecte à l'imprimante (par câble ou sans fil), et cliquez sur Suivant.

Qu'est-ce que l'imprimante par défaut ?

Votre ordinateur portable peut imprimer vers une seule imprimante à la fois. Vous pouvez alors choisir l'imprimante à utiliser. Si vous ne donnez aucune indication à Windows, il utilisera l'imprimante par défaut.

Vous pouvez déterminer l'imprimante par défaut en ouvrant le panneau Périphériques et imprimantes. Ensuite, faites un clic droit sur l'icône de l'imprimante que vous souhaitez utiliser par défaut et, dans le menu contextuel qui apparaît, choisissez Définir comme imprimante par défaut, comme le montre la Figure 10.3.

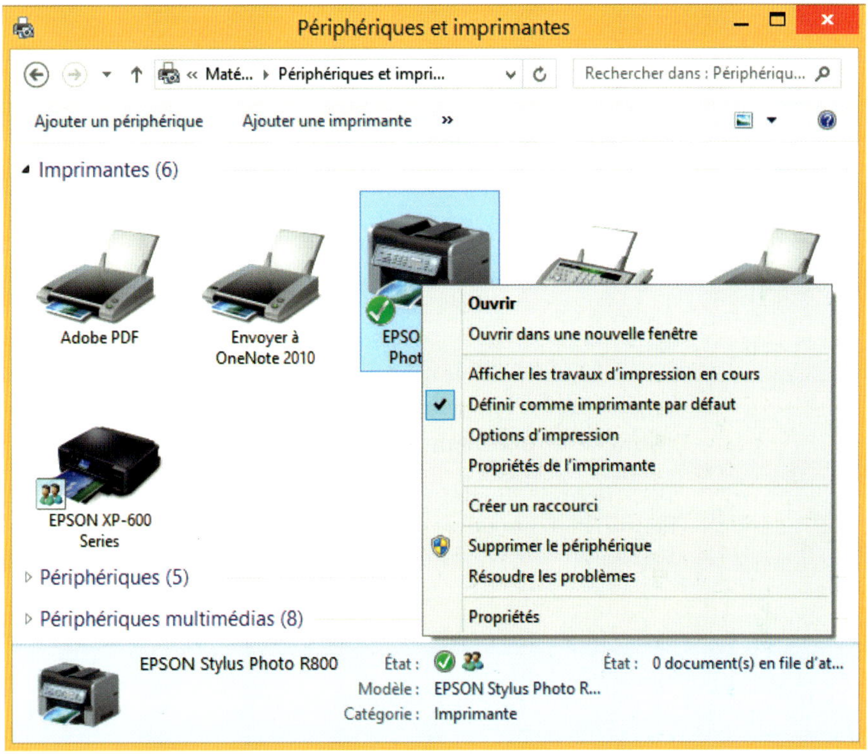

Figure 10.3 : Définir l'imprimante par défaut.

Imprimer quelque chose

Tant que vous n'avez rien à imprimer, une imprimante ne fait qu'embarrasser un ordinateur portable. Enfin, n'oubliez jamais qu'il n'est pas nécessaire d'être à proximité d'une imprimante sans fil pour imprimer.

De plus, avec Windows 8.1, vous travaillerez soit avec un programme du Bureau, soit avec une application de l'écran d'accueil. Le paramétrage de l'impression n'est pas du tout le même dans ces deux environnements.

Imprimer depuis un programme du Bureau

Il est fort probable que vous imprimiez vos documents les plus importants depuis un programme du Bureau comme Microsoft Word, le programme WordPad, Adobe Reader, ou bien encore un logiciel affichant vos images.

Voici la procédure générique d'impression d'un document depuis un programme de traitement de texte que vous trouverez en standard sur Windows 8.1, je veux parler de WordPad :

1. **Exécutez le programme WordPad.**

   La technique la plus simple consiste à appuyer sur Windows + Q, puis à saisir WordPad dans le champ du panneau Rechercher qui apparaît. Ensuite, cliquez sur la vignette de ce programme.

2. **Tapez quelques lignes de texte.**

3. **Cliquez sur l'onglet Fichier.**

4. **Pointez sur la commande Imprimer. Dans le menu local qui s'affiche, cliquez sur Imprimer.**

5. **Dans la boîte de dialogue Imprimer qui apparaît, comme à la Figure 10.4, choisissez l'imprimante sur laquelle vous souhaitez imprimer votre document.**

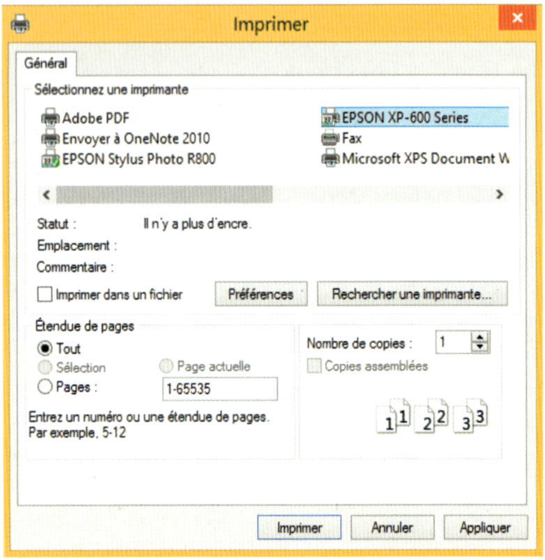

Figure 10.4 : La boîte de dialogue Imprimer.

6. **Vérifiez que l'imprimante est bien configurée en cliquant sur le bouton Préférences. Apportez les modifications nécessaires.**

   Cette action ouvre une boîte de dialogue que nous appelons *pilote d'impression* dans le jargon informatique. C'est ici que vous indiquerez le type de document que vous imprimez, la qualité du papier utilisé, et le format de vos feuilles.

   Les options varient en fonction de la marque et du modèle de votre imprimante.

7. **Une fois l'impression correctement configurée, cliquez sur OK.**
8. **De retour dans la boîte de dialogue Imprimer, cliquez sur le bouton Imprimer.**

Vous envoyez des informations à l'imprimante, qui commence l'impression au bout de quelques secondes. Vous pouvez indiquer le nombre de copies à imprimer, ainsi que la plage de pages si vous ne désirez pas imprimer tout le document.

Cliquer sur le bouton Imprimer de la barre d'outils lance immédiatement l'impression sans ouvrir de boîte de dialogue. On parle alors d'*impression rapide*.

Imprimer depuis une application de l'écran d'accueil

L'interface tactile de l'écran d'accueil gère l'impression d'une toute autre manière car les applications que vous utilisez ne présentent aucun menu ni barre d'outils. Découvrir par soi-même comment imprimer depuis ces applications peut devenir un véritable cauchemar. Voici la procédure générique d'impression depuis ces applications :

1. **Exécutez une application de l'écran d'accueil en cliquant ou en tapotant sur sa vignette.**

   Par exemple, lancez Internet Explorer.

2. **Une fois que le document (en l'occurrence une page Web) que vous souhaitez imprimer est affiché dans l'application, affichez la barre des charmes en exécutant le raccourci clavier Windows + C.**
3. **Dans la barre des charmes, cliquez sur Périphériques, puis sur Imprimer, comme le montre la Figure 10.5.**

Figure 10.5 : Imprimer depuis une application de l'écran d'accueil.

4. **Dans le panneau qui apparaît, sélectionnez l'imprimante sur laquelle vous souhaitez imprimer.**

5. **Définissez vos options d'impression dans le panneau suivant, et cliquez sur le bouton Imprimer, comme à la Figure 10.6.**

Arrêter une imprimante

Un des principaux problèmes rencontrés avec les imprimantes survient lorsque vous lancez une impression sans vraiment en mesurer l'importance quantitative. Cela arrive souvent avec le contenu des pages Internet. Vous avez alors l'impression que tout le bac à papier va y passer. Pour éviter cela, interrompez l'impression ! Faites un clic droit sur l'icône de l'imprimante dans le panneau Périphériques et imprimantes. Dans le menu contextuel qui apparaît, choisissez Afficher les travaux d'impression. Dans la boîte de dialogue qui s'affiche, cliquez sur le menu Document et exécutez la commande Annuler.

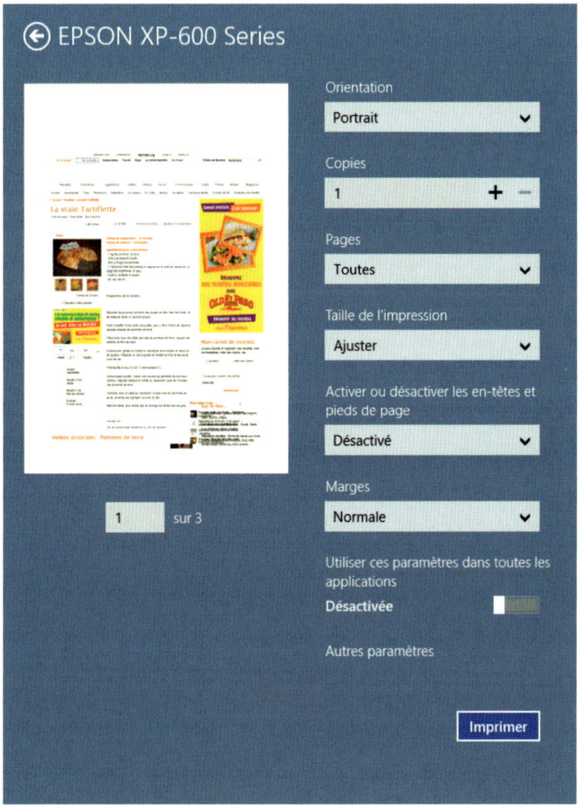

Figure 10.6 : Imprimez !

Pour arrêter une impression lancée depuis une application de l'écran d'accueil, vous devez basculer vers le Bureau.

Une autre technique, plus radicale, consiste à éteindre l'imprimante. Il se peut alors que le bouton Marche/Arrêt se mette à clignoter, et que l'imprimante éjecte la page en cours sans en finir l'impression.

- Pour ouvrir la boîte de dialogue de l'imprimante, cliquez sur son icône affichée dans la zone de notification de Windows. Vous accédez alors à la fenêtre des travaux en cours dont vous pouvez gérer le contenu à l'aide de ses différents menus.
- Après avoir annulé une impression en cours, il n'est pas rare que l'imprimante termine d'imprimer les quelques données qu'elle avait encore en mémoire.

NOTE TECHNIQUE

- Les impressions sont appelées des *travaux d'impression*. Vous pouvez en lancer plusieurs simultanément. Windows les répertorie dans une *file d'attente*.

Imprimer sans imprimante

Quel tour de force ! Pourquoi faire le jour même une impression qui peut attendre le lendemain ? Dans ce cas, enregistrez tout simplement votre document. Vous l'ouvrirez lorsqu'une imprimante sera à portée de votre portable.

N'OUBLIEZ PAS

- Dans certains hôtels et aéroports, vous pourrez temporairement vous connecter à une imprimante et ainsi sortir vos documents sur papier.
- Certains fournisseurs en bureautique offrent des services d'impression.
- Les télécopieurs sont des imprimantes. Ainsi, si un télécopieur se situe non loin de votre ordinateur portable, vous pouvez lui adresser votre document. N'oubliez pas que les fax impriment en noir et blanc.
- Vous pouvez créer des fichiers PDF (Adobe Acrobat) qui pourront être affichés et imprimés à partir de n'importe quel ordinateur. Pour cela, et en fonction de l'application à partir de laquelle vous souhaitez imprimer, sélectionnez l'imprimante Microsoft XPS Document Writer. Certes, il ne s'agit pas d'un vrai document PDF, mais il en présente toutes les caractéristiques. Toutefois, si le programme Adobe Acrobat est installé sur votre PC portable, vous disposerez d'une imprimante supplémentaire : Adobe PDF. Qu'il s'agisse d'un fichier XPS ou d'un fichier PDF, le document n'est pas envoyé à l'imprimante. Il est simplement enregistré sous un fichier que vous pourrez afficher puis Imprimer ultérieurement.

L'imprimante fax

Un télécopieur est une espèce d'imprimante. La grande différence est que l'ordinateur y accède par l'intermédiaire d'un modem et non pas par une connexion directe à un port USB ou sur un réseau sans fil. En général, les télécopieurs proposent beaucoup moins d'options d'impression que les imprimantes. Cette section explique comment utiliser un télécopieur pour imprimer vos documents.

- Votre ordinateur portable ne peut pas être considéré comme un télécopieur. Il le devient grâce un modem connecté à votre PC et à un logiciel spécialisé. Pour plus d'informations sur l'utilisation d'un modem, consultez le Chapitre 17.

- Techniquement parlant, le modem de votre portable est un *modem/fax*.
- Lorsque votre portable n'est pas équipé d'un modem, vous ne pouvez pas envoyer ou recevoir des fax.
- Les prochaines sections décrivent l'utilisation d'un télécopieur sous Windows. Il existe un logiciel tierce partie qui gère beaucoup mieux la télécopie que ne le fait Windows.
- Vous pouvez également utiliser des services de télécopie basés sur Internet.

- Le principe même de la télécopie peut paraître ancestral. Aujourd'hui, le courrier électronique a plus ou moins supplanté le fax. Pourtant, il existe encore certaines sociétés et associations qui utilisent le télécopieur, notamment pour valider des bons de commande.

Envoyer un fax

La télécopie fonctionne comme une imprimante. Voici la procédure à suivre pour envoyer correctement un fax depuis votre ordinateur portable :

1. **Raccordez le modem de votre portable à une ligne téléphonique analogique.**

   Appréciation personnelle : avec les lignes numériques à haut débit, il ne va pas être simple de trouver une ligne téléphonique analogique vous permettant d'expédier des fax.

2. **Préparez le document que vous souhaitez envoyer.**

   Vous pouvez envoyer une télécopie à partir de n'importe quelle application en exécutant la commande Imprimer du menu Fichier.

3. **Cliquez sur Fichier/Imprimer, ou bien exécutez n'importe quelle commande d'impression d'un document de l'application dans laquelle vous travaillez.**

   Ne cliquez pas sur le bouton Imprimer de la barre d'outils ! En effet, il lance le travail d'impression sans ouvrir de boîte de dialogue. Par conséquent, vous ne pourrez pas spécifier à votre application que vous voulez faxer le document. Je rappelle que, sous Windows, la télécopie est traitée comme une impression. *De facto*, la fonction de création d'un fax doit être sélectionnée dans le menu local des imprimantes disponibles sur votre ordinateur portable.

4. **Dans le menu local de sélection des imprimantes, choisissez Fax.**

5. **Si nécessaire, configurez d'autres paramètres de la boîte de dialogue d'impression.**

   Par exemple, vous indiquerez les pages à télécopier, le nombre d'exemplaires que vous souhaitez, et bien d'autres options présentes dans cette boîte de dialogue.

6. **Cliquez sur le bouton Imprimer.**

   Avant de traiter la télécopie, Windows effectuera probablement quelques réglages. Ainsi, il vous demandera de vous connecter à un modem de télécopie ou à un serveur de télécopie sur votre réseau.

7. **Indiquez le destinataire de votre télécopie en le choisissant dans le dossier Contacts de Windows, ou bien, tapez directement son numéro de fax.**

8. **(Facultatif) Remplissez les autres champs affichés par la boîte de dialogue.**

9. **Enfin, cliquez sur le bouton Envoyer.**

La télécopie rejoint la file d'attente des travaux d'impression. Elle en disparaîtra dès que Windows aura traité le fax et l'aura envoyé à son destinataire. Pour connaître l'état d'avancement de la télécopie et la réussite de son expédition, vous devez ouvrir la fenêtre Télécopie et numérisation Windows, comme expliqué à la prochaine section.

Visiter le centre de traitement des télécopies

Pour gérer vos télécopies, vous devez ouvrir la fenêtre télécopie et numérisation Windows. Pour cela, affichez le Panneau de configuration Windows, et cliquez sur la catégorie Matériel et audio. Une fois le contenu de cette catégorie affiché, choisissez Périphériques et imprimantes. Dans la section Imprimantes du panneau qui apparaît, double-cliquez sur l'icône Fax. La boîte de dialogue Télécopie et numérisation Windows apparaît, comme à la Figure 10.7.

Vous disposez alors d'une interface de gestion complète qui permet d'effectuer de nouvelles télécopies, de consulter les télécopies reçues et expédiées. Les boutons de la barre d'outils permettent également de transférer vos télécopies par message électronique, mais aussi d'en garder une trace en les imprimant.

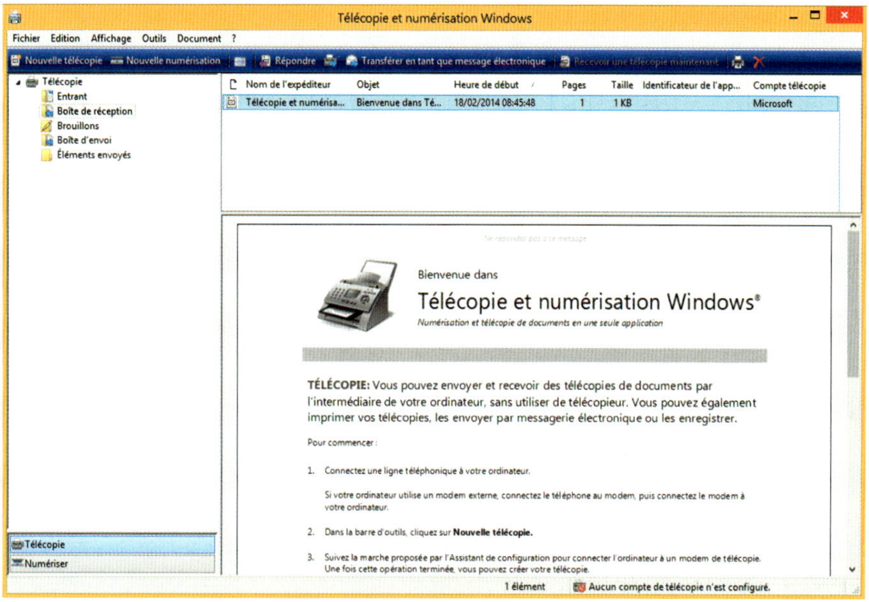

Figure 10.7 : La boîte de dialogue Télécopie et numérisation Windows.

Recevoir un fax

Pour recevoir un fax, affichez la fenêtre Télécopie et numérisation Windows, comme expliqué dans la précédente section. Conformez-vous alors aux étapes suivantes :

1. **Vérifiez que le modem de l'ordinateur portable est raccordé à une ligne téléphonique analogique.**

2. **Attendez la tonalité.**

3. **Dans la barre d'outils de la fenêtre, cliquez sur le bouton Recevoir une télécopie maintenant.**

4. **Attendez.**

Une info-bulle vous avertira de la réception du fax.

Tous les fax reçus sont stockés dans le dossier Entrant. Pour lire le contenu d'une télécopie, cliquez simplement sur son icône. Elle s'affiche alors dans la vaste zone située dans la partie inférieure de la fenêtre. En revanche, pour gérer cette télécopie, double-cliquez sur son icône. Elle s'affiche alors dans la fenêtre Bienvenue dans télécopie et numérisation Windows. Vous pourrez alors répondre à ce fax, ou le transférer en tant que télécopie. Vous pourrez également l'envoyer par courrier électronique, voire l'imprimer.

11

Augmenter les possibilités d'un portable

Dans ce chapitre

- Comprendre l'USB
- Connecter un périphérique USB
- Utiliser des périphériques de stockage USB
- Étendre les possibilités USB
- Ajouter un clavier ou une souris
- Connecter un écran externe
- Utiliser le portable avec le capot fermé

Un ordinateur portable a sensiblement les mêmes possibilités d'extension qu'un ordinateur de bureau. Pourtant, l'essence même d'un ordinateur portable est de pouvoir rester nomade. Or, dès que vous branchez des périphériques à votre PC portable, sa mobilité s'en trouve *de facto* fortement altérée.

Toutefois, comme la majorité des utilisateurs sédentarisent leur PC portable, les multiples connecteurs qui équipent votre ordinateur permettront d'étendre ses fonctionnalités.

Les options d'extension USB

Pour étendre facilement les possibilités d'un ordinateur portable, il suffit de connecter des périphériques externes à ses ports USB. Cette section vous explique comment procéder.

Cette norme étrange appelée USB

Les PC portables modernes sont équipés de plusieurs ports USB localisés sur les côtés et/ou à l'arrière de l'appareil.

Un *port* USB est une prise androgyne, c'est-à-dire à la fois mâle et femelle dans laquelle vous insérez une prise USB affichant les mêmes caractéristiques.

Un périphérique USB peut être directement connecté au port USB de votre ordinateur portable. Il s'agit généralement d'un disque dur externe, d'un scanner, d'une imprimante, d'un clavier, et d'une souris.

Le grand intérêt de la norme USB est que vous pouvez connecter des équipements sans éteindre l'ordinateur. En général, la configuration d'un périphérique USB est très rapide. De même, lorsque vous avez fini d'utiliser un tel périphérique, vous pouvez le déconnecter alors que l'ordinateur est encore allumé. Pour toutes ces raisons, la norme USB est très populaire auprès des utilisateurs d'ordinateurs.

- USB signifie ***Universal Serial Bus***. Universal est le mot-clé de ce sigle. En effet, les périphériques USB peuvent s'adapter à tous les ordinateurs portables.

- USTous les périphériques USB peuvent être identifiés grâce à l'icône représentée ci-contre.
- La dernière évolution de la norme USB s'appelle USB 3.0. Elle transmet les données cinq fois plus rapidement que la norme USB 2.0. Windows 8.1 est compatible avec l'USB 3.0.

Le câble USB

La plupart des périphériques USB se connectent à votre PC portable par l'intermédiaire d'un câble spécifique. Il se compose de deux extrémités A et B, comme le montre la Figure 11.1. L'extrémité A, rectangulaire, s'insère dans l'ordinateur.

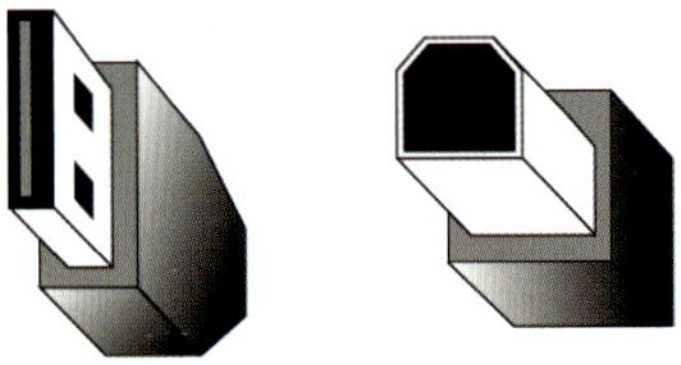

Figure 11.1 : Les extrémités A et B d'un câble USB.

Le connecteur B, plus gros et carré, s'insère dans le périphérique USB.

Par exemple, pour brancher une imprimante USB, vous devez insérer l'extrémité B dans l'imprimante, et l'extrémité A dans le portable.

- Certains périphériques USB, comme les clés du même nom, se branchent directement sur l'ordinateur portable ne nécessitant aucun câble supplémentaire.
- Aussi surprenant que cela puisse paraître, tous les périphériques USB ne sont pas livrés avec un câble. C'est le cas de la majorité des imprimantes. Vous devez donc acheter un câble auprès de votre fournisseur de matériel informatique. Vous trouverez généralement ces câbles au rayon bureautique ou papeterie d'une grande surface.
- Les câbles USB sont de longueur variable. Choisissez une longueur de câble adaptée à la distance qui sépare votre ordinateur portable de votre périphérique USB.
- Lorsque vous achetez un câble USB, investissez dans un câble de type A–B.
- De rares périphériques exigeront l'utilisation d'un câble USB A–A.
- Il existe également des câbles USB équipés d'un connecteur A standard et d'un connecteur B de type micro ou mini USB. C'est le cas des câbles USB permettant de connecter un appareil photo numérique à un ordinateur. Les téléphones cellulaires sont également équipés de ce type de connecteurs USB.

NOTE TECHNIQUE

Connecter un périphérique USB

La connexion d'un périphérique USB est instantanée. En effet, il n'est pas nécessaire d'éteindre l'ordinateur portable, d'exécuter un programme spécial, ou de proférer quelques incantations latines. Non ! Branchez simplement le câble USB qui permet de relier votre périphérique à votre ordinateur.

Consultez malgré tout les instructions d'installation fournies avec votre périphérique USB. Il est vrai que certains matériels s'installent et se configurent automatiquement, tandis que d'autres nécessitent un pilote généralement livré sur un CD-ROM.

- Si le périphérique USB est équipé d'un bouton Marche/Arrêt, appuyez dessus pour que ce matériel soit identifié par votre ordinateur portable.
- Lisez le manuel livré avec votre périphérique USB pour savoir si son pilote doit être installé avant sa connexion au portable.

- Les périphériques USB se ***branchent et se débranchent à chaud***, c'est-à-dire sans éteindre l'ordinateur portable.

Utiliser des périphériques USB autoalimentés

Certains périphériques USB sont alimentés par le port de votre ordinateur. Ils ne nécessitent pas de câbles supplémentaires. Le problème est qu'ils vont considérablement réduire l'autonomie de la batterie.

Personnellement, je préfère ce type de périphérique USB, car je suis sûr de ne jamais oublier leur câble d'alimentation ou leur batterie. Comme j'aime voyager léger, les périphériques USB autoalimentés sont tout indiqués pour mon activité informatique nomade.

- La plupart des périphériques USB à mémoire flash (comme les clés USB et les cartes mémoire) sont alimentés par le port du PC portable.
- Les surfaces refroidissantes qui ventilent les ordinateurs portables sont généralement alimentées par leur port USB.

TRUC

- Les ports USB de certains ordinateurs sont incapables d'alimenter des périphériques USB externes. Vérifiez dans les Options d'alimentation de votre ordinateur s'il ne s'agit pas d'un paramètre que vous devez activer.

Ajouter des ports USB à votre portable

Les possibilités d'expansion ont rendu le port USB particulièrement populaire. Ainsi, un seul port USB peut chaîner jusqu'à 127 périphériques USB. Imaginez l'espace que vous allez occuper lors de votre prochaine escale à l'aéroport de Francfort (je dis Francfort comme j'aurais pu dire Orly).

Ce tour de force est rendu possible grâce à des concentrateurs ou *hubs* USB qui se connectent sur un seul port USB du portable pour offrir de 2 à plus de 10 ports. Cela représente autant de possibilités de connexion de périphériques à cette norme.

- Certains périphériques ne sont pas identifiés par un ordinateur lorsqu'ils sont connectés à un hub. Vous devez les connecter directement dans un des ports USB du portable.
- Certains périphériques, comme des claviers, possèdent des ports USB supplémentaires auxquels vous raccorderez le plus souvent une souris USB.

- Il existe deux types de concentrateurs : alimentés et non alimentés. Les hubs alimentés n'affectent pas l'autonomie de la batterie, mais doivent être branchés sur une prise secteur murale.
- Il existe des hubs USB de petite taille parfaitement bien adaptés aux ordinateurs portables.
- Une des meilleures méthodes d'ajout de port USB à un portable consiste à choisir une carte PC.
- Chaque port USB de votre ordinateur portable est référencé comme ***port racine***. Ainsi, chaque port racine peut contrôler jusqu'à 127 périphériques. Par conséquent, avec deux ports racines et deux hubs, vous pouvez brancher jusqu'à 254 périphériques USB.

L'armada USB

Il existe des dizaines de milliers de périphériques USB ! J'ai décidé de lister les plus utilisés dans le Tableau 11.1. Par ailleurs, le Tableau 11.2 dresse une liste de périphériques beaucoup moins employés et assez exotiques.

Tableau 11.1 : Des périphériques USB banals et ennuyeux.

Périphérique	*Utilisation*
Appareil photo numérique	Pour récupérer les photos stockées dans la carte mémoire de l'appareil.
Stockage externe	Disques durs externes, lecteurs de disques optiques, clés USB, et lecteurs de cartes. Reportez-vous au Chapitre 8 pour plus d'informations sur le stockage externe.
Casques	Écouter intimement les murmures de votre portable. Avec un micro-casque, vous pourrez dicter votre prose dans des logiciels de traitement de texte, voire contrôler Windows 8.1 à la voix.
Adaptateur réseau	Ajoute le réseau à votre portable. Consultez le Chapitre 10.

Tableau 11.2 : De l'usage moins conventionnel de l'USB.

Périphérique	***Usage***
Adaptateur hérité	Connexion d'anciens périphériques série, parallèles, manettes de jeu, *etc.* Permet d'utiliser vos vieux périphériques.
Pavé numérique	Permet d'entrer rapidement des valeurs numériques sans être obligé de basculer sans cesse entre le mode numérique et alpha de votre clavier interne.
Matériel audio	Permet d'ajouter une interface audio de grande qualité à votre portable pour profiter, par exemple, d'un son 5.1.
Haut-parleurs	Complément de l'interface audio USB pour diffuser le son en haute définition.
Caméra vidéo ou webcam	Permet de réaliser des vidéoconférences en voyage. N'est utile qu'aux portables non équipés d'une webcam interne.
Scanner	Permet de numériser vos documents papier.
Lampe	Permet d'éclairer le clavier lorsque vous travaillez dans le noir.
Manette de jeu	Pour piloter une voiture, un avion, ou combattre des aliens très belliqueux.
Surface refroidissante	Pour refroidir votre portable grâce à des ventilateurs supplémentaires. Cette surface s'alimente généralement au port USB du PC.
Chargeur de téléphone mobile	Recharge le téléphone, mais permet aussi d'en transférer les données sur votre PC portable.
Périphérique de sécurité	Utilise le port USB pour alimenter une alarme ou pour verrouiller l'accès aux données.

Et le portable se sédentarisa

Si vous pensez ne jamais changer votre PC portable de place, vous l'utiliserez probablement comme la tour d'un ordinateur de bureau. La grande différence est que votre unité centrale occupera beaucoup moins de place.

Ainsi, cette sédentarité vous permettra d'adjoindre à votre PC portable un clavier de grande taille, un écran externe, et une souris. Vous voyez qu'il ne faut pas grand-chose pour convertir un PC portable en une unité de bureau.

Utiliser un clavier et une souris

Si travailler dans les conditions d'un PC de bureau vous manque cruellement, connectez un clavier et une souris aux ports USB de votre ordinateur portable.

Pour récupérer la mobilité de votre PC, débranchez simplement ces deux périphériques.

- Ajouter un clavier externe ne désactive pas le clavier interne. Une souris permet toujours d'utiliser le pavé tactile. Toutefois, l'utilisation simultanée de ces deux périphériques peut entraîner des comportements étranges du pointeur de la souris.
- Vous pouvez vous contenter d'un pavé numérique que vous connecterez à un des ports USB de votre PC portable.

Utiliser un second écran

Votre PC portable est équipé pour accueillir un second écran. Il s'agira d'un écran LCD ou d'un vidéoprojecteur si vous souhaitez diffuser des présentations, des films, ou des performances sur grand écran. Bien entendu, un second écran peut être utile à toute forme de travail afin de profiter d'une surface de diffusion plus importante.

Pour ajouter un moniteur externe, localisez la prise VGA située généralement sur un des deux côtés du PC. Branchez alors la prise VGA du moniteur sur celle du portable, et *a priori* le tour est joué.

Toutefois, vous disposez de trois options d'affichage :

- Utiliser un second écran qui affichera le même contenu que celui du portable.

- Utiliser un second écran pour y étendre le bureau du premier et ainsi bénéficier d'une sorte de super grand écran.
- Utiliser uniquement le second moniteur en désactivant celui du portable.

Certains portables peuvent afficher un écran de configuration lorsque vous branchez le second moniteur. Parfois, vous devez appuyer sur Fn et sur une touche spéciale qui active l'affichage sur le deuxième écran. Sous Windows 8.1, gérez rapidement vos différents affichages en exécutant le raccourci clavier Windows + P. Voici quelques explications sur les options du panneau Projeter qui apparaît comme à la Figure 11.2…

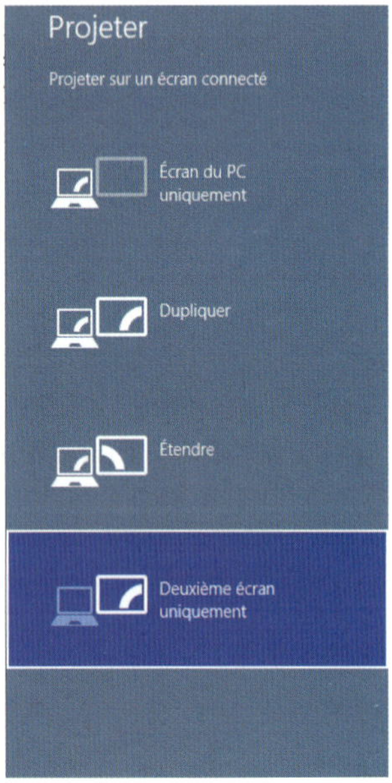

Figure 11.2 : Gérez la manière dont Windows s'affichera sur les deux écrans.

- **Écran PC uniquement :** Windows ne s'affiche que sur l'écran du portable, plaçant ainsi en veille le second moniteur.
- **Dupliquer :** Windows s'affiche de la même manière sur les deux écrans. Dans ce cas, Windows harmonise les résolutions en appliquant celle de l'écran le plus petit. Il y a alors de fortes probabilités pour que l'affichage du moniteur externe soit légèrement dégradé à cause d'une résolution qui ne correspond pas à sa résolution maximale recommandée.
- **Étendre :** Permet d'afficher des éléments différents sur l'un et sur l'autre. Par exemple, vous afficherez l'écran d'accueil sur votre portable et le Bureau sur votre moniteur externe.

- **Deuxième uniquement :** Windows ne s'affiche que sur l'écran externe, mettant en veille l'écran de l'ordinateur.

Il est également possible de définir l'écran principal et l'écran secondaire pour que les options d'affichage ci-dessus s'appliquent inversement. En d'autres termes, l'écran externe peut devenir l'écran principal et l'écran du PC l'écran secondaire. Pour cela :

1. **Affichez le Bureau de Windows 8.1.**

   La méthode la plus rapide consiste à appuyer sur Windows + D.

2. **Faites un clic droit sur l'arrière-plan du Bureau.**
3. **Dans le menu contextuel qui apparaît, choisissez Résolution d'écran.**
4. **Cliquez sur l'icône d'un des écrans affichés dans la boîte de dialogue Résolution d'écran qui apparaît.**
5. **Cochez l'option Faire de cet affichage l'affichage principal.**
6. **Si la configuration est correcte, cliquez sur OK pour la valider définitivement.**

Vous n'êtes pas obligé d'utiliser l'écran du portable lorsque vous connectez un écran externe. En effet, vous pouvez paramétrer votre ordinateur pour qu'il reste en activité lorsque vous fermez son capot.

Faire fonctionner le portable en fermant son capot

Lorsque vous avez connecté un clavier, une souris, et un écran externe, votre ordinateur portable ressemble plus à une unité centrale qu'à un PC autonome. *De facto*, vous pouvez fermer son capot, car l'écran incorporé peut ne plus être d'une grande utilité.

Toutefois, vous devez veiller à ce que le portable ne s'éteigne pas ou ne se mette pas en veille prolongée lorsque vous refermez ainsi son écran. Pour savoir comment configurer la fermeture du capot, reportez-vous au Chapitre 5. Sachez simplement que vous devez choisir l'option Ne rien faire du paramètre Lorsque je referme le capot.

Bien entendu, vous devrez ouvrir le capot pour allumer le portable. Une fois l'ordinateur en route et les périphériques reconnus, fermez le capot et utilisez le portable comme s'il s'agissait d'un PC de bureau.

Quatrième partie

Communiquer avec un portable

Dans cette partie...

L'informatique adore utiliser des termes abscons, intimidants, et effrayants. Comme si le terme *réseau* n'était pas suffisamment incompréhensible pour le profane, il a fallu que les informaticiens y ajoutent un mot comme *Ethernet* suivi d'un chiffre aussi complexe et frustrant que 802.11. Et puis il y a aussi le fameux LAN. Ah et aussi la Box ou le Modem. Et puis j'allais oublier l'adresse IP.

Ce jargon technique déroutant pourrait faire penser que la communication en réseau informatique est le privilège d'informaticiens prétentieux qui sont les seuls à comprendre de quoi il retourne.

Cette partie lève le voile sur le mystère de la communication avec un ordinateur portable.

12

Les bases du réseau

Dans ce chapitre

- Comprendre le matériel réseau
- Utiliser un programme réseau
- Spécifier le nom du réseau
- Localiser les ressources du réseau
- Créer un groupe résidentiel
- Partager les informations d'un groupe résidentiel
- Utiliser un dossier partagé
- Partager des dossiers depuis un ordinateur portable

En général, lorsque nous parlons de réseau dans la vie quotidienne, nous pensons à des relations qui permettent d'obtenir certains avantages. Bien entendu, il existe toutes sortes de réseaux. Par conséquent, il n'est pas très étonnant qu'il puisse exister des réseaux en informatique. Toutefois, ces réseaux informatiques ne sont pas destinés à avantager certains professionnels en leur octroyant des postes très bien rémunérés. Il s'agit en réalité de réseaux de communication. Ainsi, grâce à un réseau informatique, vous pourrez échanger et partager des informations.

Ce chapitre explique les termes employés en matière de communication informatique, et vous aide à comprendre les bases d'un réseau que vous pourrez développer à domicile.

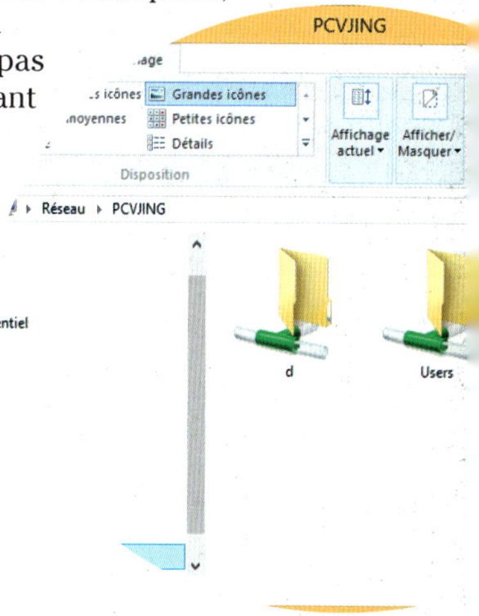

- Un réseau sans fil est le type de réseau le plus utilisé en matière d'informatique nomade. Il est traité au Chapitre 13. Toutefois, je vous conseille de lire le présent chapitre consacré aux réseaux câblés pour bien en comprendre les tenants et les aboutissants.
- Vous utiliserez votre réseau pour vous connecter à Internet, comme cela est expliqué au Chapitre 14.
- Au bureau, demandez à votre administrateur réseau de configurer votre ordinateur portable pour accéder au réseau de l'entreprise.

Tour d'horizon d'un réseau câblé

Un réseau informatique se compose d'éléments matériels et logiciels. Ils sont indispensables à une bonne utilisation du réseau.

L'aspect matériel d'un réseau

Matériellement parlant, un réseau se compose de trois parties :

- une interface réseau (NIC) ;
- des câbles pour transporter le signal ;
- un hub, un commutateur, ou un routeur.

Tous les ordinateurs portables sont livrés avec une interface réseau. Il s'agit de composants électroniques internes auxquels vous accédez grâce au port RJ-45 situé sur un des côtés de votre ordinateur. De même, tous les périphériques conçus pour le réseau, comme des imprimantes, des modems, des disques durs, et j'en passe, disposent d'une telle interface.

Les câbles sont nécessaires à l'échange d'informations entre les différents périphériques du réseau en les connectant les uns aux autres.

Enfin, les câbles sont raccordés à un hub, un commutateur, ou un routeur. Ces matériels gèrent et surveillent l'ensemble des activités du réseau.

La Figure 12.1 montre un réseau typique où chaque matériel du réseau est raccordé à un routeur qui va permettre aux deux ordinateurs du réseau d'utiliser la même imprimante.

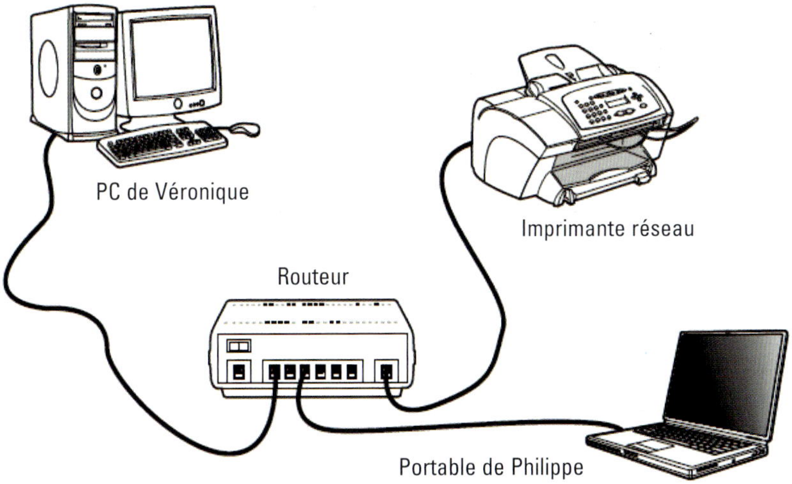

Figure 12.1 : Configuration réseau typique.

- Le câble que vous utilisez pour raccorder votre ordinateur portable au réseau s'appelle un câble Ethernet. Il en existe de différentes longueurs, couleurs, et hauteurs. Vous en trouverez dans n'importe quelle boutique informatique et aux rayons idoines d'une grande surface.
- Un hub est un périphérique qui regroupe tous les câbles Ethernet des différents périphériques du réseau. Il s'agit de la technique la plus facile pour mettre en réseau plusieurs ordinateurs et matériels. On emploie parfois le terme de ***commutateur réseau***.
- Le routeur est une version plus aboutie d'un commutateur. En effet, les routeurs peuvent gérer un très gros trafic réseau et prendre en charge des connexions entre plusieurs réseaux. Pour cette raison, les routeurs sont souvent utilisés avec des connexions Internet à haut débit.
- Un réseau domestique n'a pas besoin d'un routeur. Il utilise en fait une passerelle. Vous rencontrerez régulièrement ce mot dans Windows.
- Une configuration réseau classique peut inclure un réseau sans fil et un réseau câblé. Le réseau sans fil est traité au Chapitre 13.

Le logiciel réseau

Depuis Windows 7 la configuration d'un réseau domestique est quasiment à la portée du premier venu.

Une fois que vous avez connecté votre ordinateur portable au réseau, il suffit de le mettre sous tension. Windows est alors suffisamment intelligent pour identifier le réseau auquel peut se connecter votre ordinateur portable et ainsi le rendre disponible aux autres périphériques qui y sont installés.

La connexion à un réseau câblé est plus facile qu'à un réseau sans fil. En effet, les problèmes de sécurité étant moindres, Windows propose immédiatement à votre ordinateur portable d'indiquer le type de réseau auquel il est connecté : un réseau privé, professionnel, ou public. Choisissez l'option correspondant à votre situation. Ainsi, si vous configurez votre ordinateur portable à la maison, choisissez Réseau privé.

TRUC

Si vous utilisez votre ordinateur portable dans un lieu public, choisissez l'option Réseau public, car elle est extrêmement sécurisée.

Pour savoir si vous êtes correctement connecté au réseau, ouvrez le Centre Réseau et partage de Windows, comme illustré à la Figure 12.2. Pour afficher cette fenêtre, accédez au Panneau de configuration, et cliquez sur la rubrique Réseau et Internet. Ensuite, cliquez sur Centre Réseau et partage.

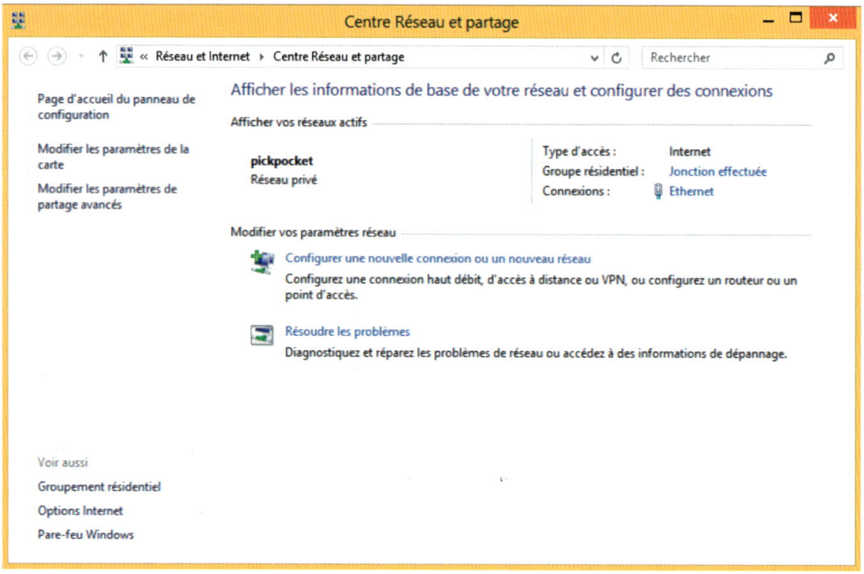

Figure 12.2 : Le Centre Réseau et partage de Windows 8.1.

La fenêtre Centre Réseau et partage est la partie de Windows où vous réglez votre réseau et en corrigez les problèmes. En général, la connexion réseau fonctionne parfaitement bien une fois la première configuration effectuée.

- Pour plus d'informations sur le Panneau de configuration, consultez le Chapitre 7.
- Une fois que vous avez réalisé la configuration initiale, vous pouvez vous connecter à n'importe quel réseau en branchant tout simplement un câble Ethernet à votre ordinateur portable.
- Pour vous déconnecter d'un réseau, débranchez le câble Ethernet lorsque votre PC portable est éteint ou en veille.

Votre portable s'amuse sur le réseau

Une fois les connexions matérielle et logicielle effectuées, votre ordinateur portable fait partie intégrante du réseau. Il peut y envoyer et y recevoir des informations. Le réseau induit une notion de partage.

Assigner un nom à votre portable

Tous les périphériques attachés à un réseau informatique portent un nom. Votre ordinateur portable ne fera pas exception à cette règle.

Pour connaître le nom de votre portable sur le réseau, affichez la fenêtre Système, comme à la Figure 12.3, en exécutant le raccourci clavier Windows + Pause.

La fenêtre Système distille de nombreuses informations techniques qui dépasseront la compréhension de la majorité des lecteurs. Quatre rubriques identifient votre ordinateur sur le réseau :

Nom de l'ordinateur : Le nom de l'ordinateur tel qu'il apparaît sur le réseau. Il permettra aux autres utilisateurs du réseau d'identifier votre PC portable.

Nom complet : Le nom que vous avez donné à votre ordinateur lors de sa première configuration. Il s'agit probablement du nom de votre société ou de votre nom de famille, et pourquoi pas votre sobriquet. Vous ne pouvez pas le modifier.

Description de l'ordinateur : Texte facultatif qui décrit votre ordinateur ou sa fonction.

Groupe de travail : Le nom du réseau local *peer-to-peer* auquel appartient votre ordinateur. Pour changer ce nom, cliquez sur le lien Modifier les paramètres. Vous ouvrez ainsi la boîte de dialogue Propriétés système. Cliquez alors sur le bouton Modifier. Changez le nom de l'ordinateur et/ou celui du Groupe de travail.

- La touche Pause s'appelle parfois Break.
- Windows + Pause est mon raccourci clavier préféré.

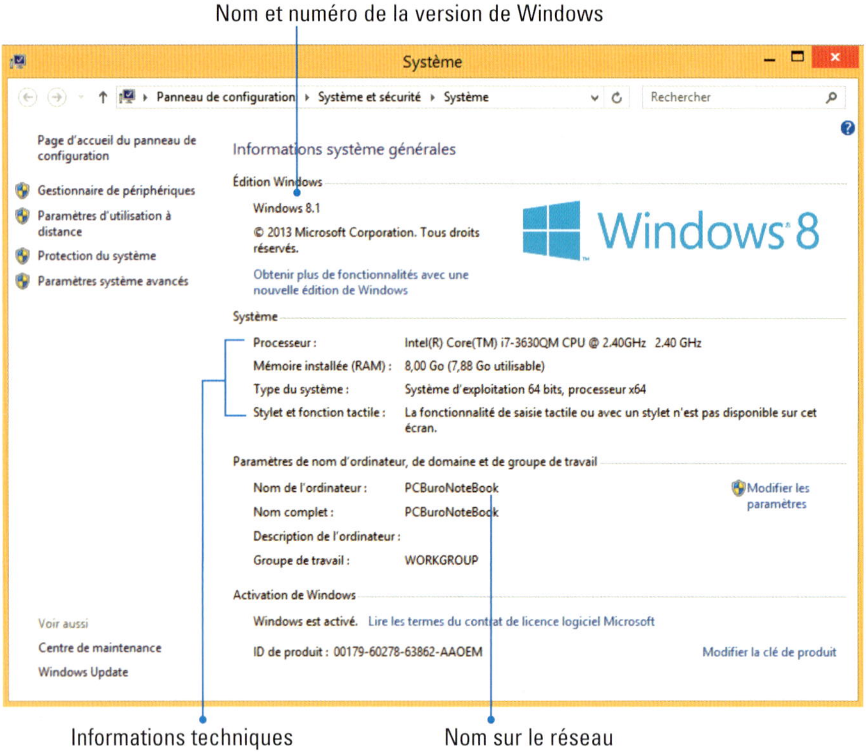

Figure 12.3 : Le nom de votre portable sur le réseau.

Trouver les autres ordinateurs du réseau

Tous les ordinateurs d'un réseau local peuvent se voir, c'est-à-dire s'identifier les uns et les autres afin de communiquer. Cette communication s'exprime sous la forme d'échange de données entre les différents matériels qui composent la structure du réseau.

Sous Windows, vous pouvez afficher les ordinateurs et les ressources du réseau en ouvrant la fenêtre Réseau, comme le montre la Figure 12.4. Elle liste tous les ordinateurs identifiés sur le réseau ainsi que les imprimantes, les périphériques médias, les disques durs, et parfois le routeur ou la passerelle.

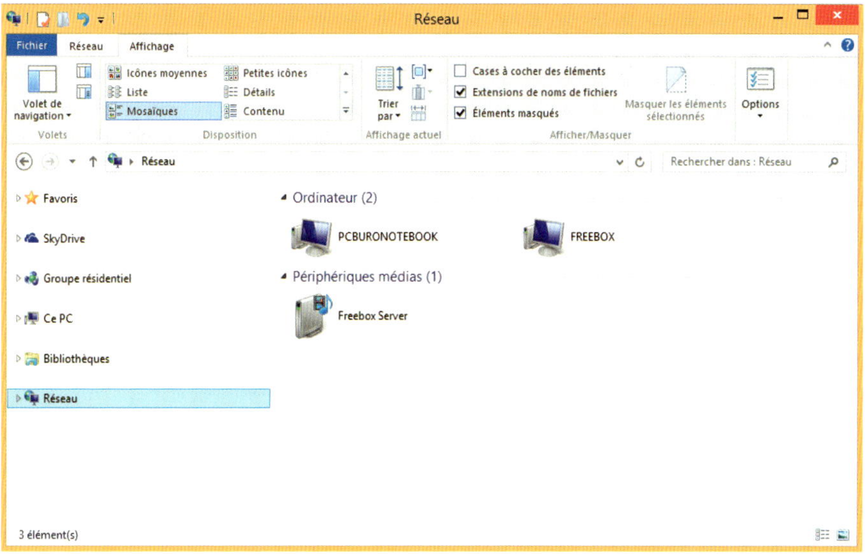

Figure 12.4 : Les ordinateurs qui partagent le même réseau.

Pour accéder au contenu de la fenêtre Réseau, cliquez sur cette rubrique dans le volet de navigation (gauche) de l'Explorateur de fichiers. Pour ouvrir rapidement cet explorateur, exécutez le raccourci clavier Windows + E.

- Les icônes affichées par la fenêtre Réseau représentent les ressources que vous pouvez partager sur le réseau local. Il s'agit des ordinateurs, des imprimantes, des modems, des périphériques médias, des disques durs, et bien d'autres choses encore.
- Les ordinateurs en veille et en veille prolongée, ou qui ont été éteints, n'apparaissent pas dans la fenêtre Réseau.
- Pour actualiser le contenu de la fenêtre Réseau, appuyez sur la touche F5 de votre clavier. Ainsi, les ordinateurs qui viennent de rejoindre le réseau apparaîtront dans la liste des matériels connectés au réseau, tandis que ceux qui en auront été déconnectés disparaîtront.
- Voir les ordinateurs présents sur le réseau est signe d'une parfaite configuration, donc d'une utilisation du réseau sans restriction.

Groupe résidentiel

L'intérêt d'un réseau est de pouvoir en partager les ressources. La plus importante est probablement le modem haut débit que vous utilisez pour vous connecter à Internet. Ce sujet est traité au Chapitre 14, et le partage des imprimantes au Chapitre 10. Ici, nous allons étudier le partage des fichiers entre les ordinateurs connectés au réseau.

Sous Windows 8.1, le partage de fichiers directement sur le réseau se fait par l'intermédiaire d'un *groupe résidentiel.*

Découvrir le groupe résidentiel

Sur le réseau, un seul des ordinateurs dispose d'un groupe résidentiel auquel les autres ordinateurs peuvent se joindre. Grâce à lui, des fichiers et du contenu multimédia pourront être partagés entre les ordinateurs du réseau.

Pour savoir si un groupe résidentiel est présent sur le réseau :

1. **Ouvrez le Panneau de configuration.**

2. **Cliquez sur Réseau et Internet.**

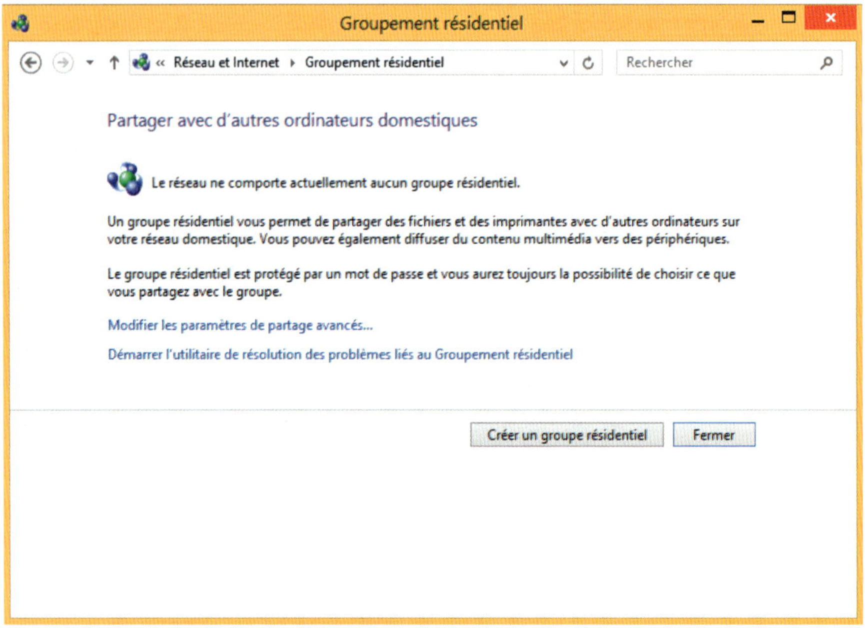

Figure 12.5 : Aucun ordinateur du réseau local ne dispose d'un groupe résidentiel.

3. **Choisissez Groupement résidentiel.**

   Si aucun groupe résidentiel n'a été créé, un bouton situé dans la partie inférieure droite de la fenêtre permet d'en créer un, comme cela est expliqué dans la prochaine section, et comme le montre la Figure 12.5.

Si un groupe résidentiel est disponible, ou si vous avez été invité à en rejoindre un, un message apparaît dans la partie supérieure de la fenêtre. Pour le rejoindre, cliquez sur le bouton Joindre.

Si un message indique que votre ordinateur appartient à un groupe résidentiel, vous n'avez alors aucune action particulière à effectuer. Vous utiliserez cette fenêtre pour éventuellement modifier les paramètres de partage, comme cela est expliqué un peu plus loin dans ce chapitre.

Créer un groupe résidentiel

Lorsqu'aucun groupe résidentiel n'existe sur le réseau, vous pouvez en créer un en vous conformant à la procédure précédente :

1. **Cliquez sur le bouton Créer un groupe résidentiel.**

2. **Cliquez sur le bouton Suivant.**

3. **Indiquez les différents types de fichiers à partager.**

   Vous pouvez partager les dossiers Images, Vidéos, Musique, Documents, ainsi que les imprimantes et les périphériques.

   Dans chacun des menus locaux de la section Autorisations, choisissez Partagé ou Non partagé.

4. **Une fois vos choix effectués, cliquez sur Suivant.**

   Windows crée alors un groupe résidentiel dont il vous communique le mot de passe très complexe à mémoriser, comme le montre la Figure 12.6. Il sera exigé pour chaque ordinateur cherchant à rejoindre ce groupe résidentiel.

   TRUC

   Pour ne pas oublier ce mot de passe, cliquez sur le lien Imprimer le mot de passe et les instructions.

5. **Cliquez sur le bouton Terminer.**

   La création du groupe résidentiel est finie.

Pour utiliser immédiatement un groupe résidentiel, consultez la section « Utiliser le groupe résidentiel » plus loin dans ce chapitre.

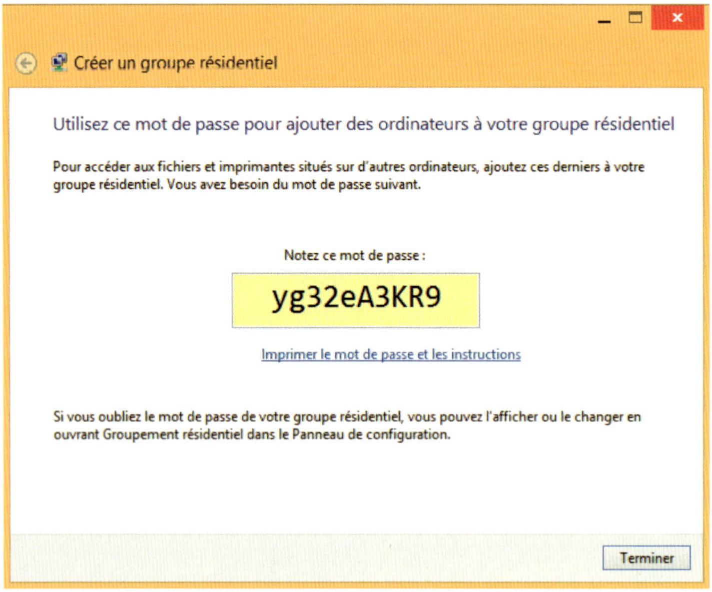

Figure 12.6 : Le mot de passe initial doit être mémorisé pour accéder au groupe résidentiel créé sur cet ordinateur.

- Un seul groupe résidentiel est nécessaire pour la totalité du réseau. Ainsi, vous ne pourrez pas en créer d'autres.
- Pour annuler la création d'un groupe résidentiel, cliquez sur le lien Quitter le groupe résidentiel de l'ordinateur avec lequel vous l'avez créé.

Rejoindre un groupe résidentiel

Lorsqu'un groupe résidentiel existe sur un réseau, n'importe quel ordinateur qui y est connecté peut rejoindre ce groupe. Pour cela, reprenez la première procédure et poursuivez à l'Étape 4 ci-après :

1. **Cliquez sur le bouton Joindre, comme le montre la Figure 12.7.**
2. **Cliquez sur le bouton Suivant.**
3. **Indiquez les éléments que vous acceptez de partager *via* ce groupe résidentiel.**

   Les différents menus locaux permettent de partager ou de ne pas partager.

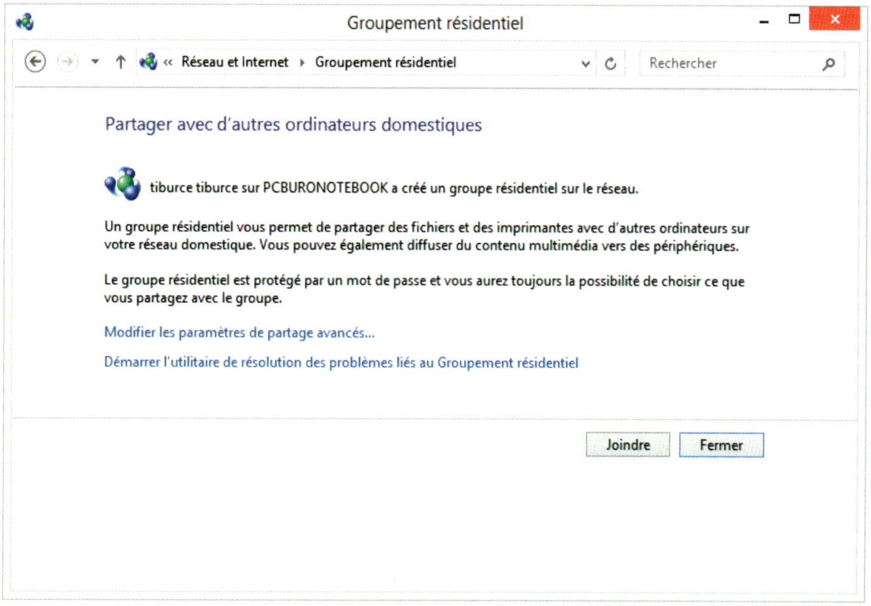

Figure 12.7 : Un ordinateur du réseau cherche à rejoindre un groupe résidentiel.

4. **Cliquez sur le bouton Suivant.**
5. **Tapez le mot de passe du groupe résidentiel.**

   Il s'agit du mot de passe qui a été communiqué à l'ordinateur à partir duquel le groupe résidentiel a été créé. Vous devez donc le demander au propriétaire de ce PC.

6. **Cliquez sur le bouton Suivant.**

   Bravo ! Vous venez de vous joindre à un groupe résidentiel.

7. **Cliquez sur le bouton Terminer.**

Vous pouvez abandonner un groupe résidentiel en cliquant sur le lien Quitter le groupe résidentiel et suivre la procédure décrite dans la section « Créer un groupe résidentiel ».

- L'utilisation d'un groupe résidentiel est décrite à la prochaine section.
- Les autres ordinateurs du groupe résidentiel doivent être allumés et actifs pour pouvoir accéder à leurs ressources.

Utiliser le groupe résidentiel

Toutes les ressources partagées par des ordinateurs qui utilisent le même groupe résidentiel seront accessibles *via* la rubrique Groupe résidentiel de l'Explorateur de fichiers :

1. **Appuyez sur Windows + E pour ouvrir l'Explorateur de fichiers.**
2. **Dans le volet gauche de cette fenêtre, cliquez sur Groupe résidentiel.**
3. **Cliquez ensuite sur le nom du groupe.**

   Vous accédez alors à tous les dossiers et périphériques que l'ordinateur accepte de partager sur le réseau. Il s'agit généralement de Documents, Images, Musique, Vidéos, et Téléchargements.

4. **Double-cliquez sur une icône pour en afficher le contenu.**
5. **Ouvrez des fichiers, copiez-les, c'est-à-dire faites ce que bon vous semble.**

   Les dossiers ainsi partagés transforment l'ordinateur distant en une sorte de disque dur externe connecté à votre PC portable.

Vous pouvez également parcourir le groupe résidentiel, et accéder aux fichiers du réseau depuis n'importe quelle boîte de dialogue Ouvrir ou Enregistrer sous.

Partager un dossier ou une Bibliothèque du groupe résidentiel

La méthode la plus simple pour partager des données dans un groupe résidentiel consiste à partager un dossier ou une bibliothèque spécifique :

1. **Faites un clic droit sur l'icône du dossier ou de la bibliothèque.**
2. **Dans le menu contextuel qui apparaît, ouvrez le sous-menu Partager avec.**

   Pour que les fichiers du dossier ou de la bibliothèque ne puissent pas être modifiés par celui qui les consulte, optez pour Groupe résidentiel (affichage).

   Pour autoriser la modification de contenu du dossier ou de la bibliothèque, choisissez Groupe résidentiel (affichage et modification).

Pour interrompre le partage, suivez cette procédure. Dans le menu contextuel qui s'affiche, choisissez Cesser de partager.

N'OUBLIEZ PAS

- Vous ne pouvez que lire le contenu d'un dossier en mode ***affichage***. Il ne vous est pas possible de créer de nouveaux fichiers, ni de modifier ou de supprimer des fichiers existants.
- Les bibliothèques permettent de grouper des fichiers et des dossiers communs en une seule collection.
- Pour afficher les bibliothèques disponibles sur votre portable afin de les partager sur le groupe résidentiel, cliquez sur Bibliothèques dans le volet gauche de l'Explorateur de fichiers.
- Les bibliothèques partagées sont immédiatement disponibles à tous les autres utilisateurs du groupe résidentiel.
- Les bibliothèques standard (Documents, Musique, Images, et Vidéos) sont partagées lors de la première configuration du groupe résidentiel.

Partager un dossier

La méthode la plus traditionnelle pour partager des données stockées sur votre ordinateur consiste à *partager un dossier*. Ainsi, il apparaît comme partagé pour les autres ordinateurs qui se connectent au réseau.

Localiser un dossier partagé

Pour accéder à un dossier partagé par un autre ordinateur du réseau, ouvrez cet ordinateur depuis la catégorie Réseau affichée dans le volet gauche de l'Explorateur de fichiers. Les dossiers partagés apparaissent comme à la Figure 12.8. Avant de pouvoir accéder aux éléments partagés, une boîte de dialogue peut exiger un mot de passe.

Pour accéder à un dossier partagé, double-cliquez dessus. Si le dossier n'est pas protégé par un mot de passe, vous accédez instantanément à son contenu. En revanche, si un mot de passe est exigé, vous devez taper le nom d'utilisateur et le mot de passe en question.

Utiliser un dossier du réseau revient à utiliser un dossier sous Windows : vous pouvez ouvrir des fichiers, les copier, les renommer, et les modifier. Toutefois, certaines restrictions du réseau peuvent vous empêcher d'apporter des modifications.

Une fois que vous avez fini de consulter le contenu du dossier, fermez-le.

- Les dossiers ne sont accessibles sur le réseau que si leur propriétaire les y a partagés.
- Lorsqu'un ordinateur ou un dossier est protégé par un mot de passe, vous devez le saisir pour accéder au contenu partagé.
- Le mot de passe peut vous permettre d'afficher le contenu du dossier et d'agir sur les fichiers en fonction des restrictions définies par son propriétaire (lecture, écriture, modifier, et supprimer).
- Respectez l'étiquette du réseau : fermez le dossier du réseau lorsque vous avez fini d'y travailler. Si vous ne le fermez pas, les autres ordinateurs risquent d'être confrontés à des dénis d'accès.

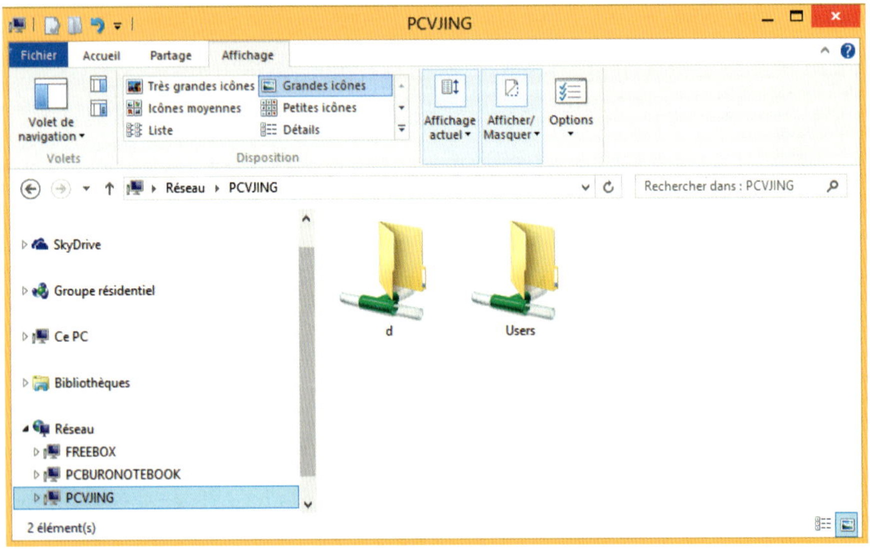

Figure 12.8 : Les ressources partagées par un ordinateur du réseau.

Partager un dossier de votre portable

Vous pouvez consacrer un dossier au réseau. Vous y placerez alors toutes les données que vous acceptez de partager. Voici comment procéder :

1. **Faites un clic droit sur l'icône du dossier à partager.**
2. **Dans le menu contextuel qui apparaît, choisissez Propriétés.**
3. **Dans la boîte de dialogue qui s'affiche, cliquez sur l'onglet Partage.**
4. **Cliquez sur le bouton Partage avancé.**

5. **Cochez l'option Partager ce dossier.**

6. **Validez par un clic sur le bouton OK.**

7. **Cliquez sur le bouton Fermer.**

   Vous pouvez alors fermer la fenêtre du dossier.

Le dossier est maintenant accessible aux autres utilisateurs du réseau.

- Sous Windows 8, il est plus facile de partager des données avec un groupe résidentiel qu'avec un dossier partagé.
- Pour plus d'informations sur le partage des fichiers entre votre ordinateur portable et votre PC de bureau, consultez le Chapitre 18.

Arrêter de partager un dossier

Pour interrompre le partage d'un dossier, il suffit de répéter la procédure ci-dessus. Cette fois, à l'Étape 5, décochez l'option Partager ce dossier.

13

Les réseaux sans fil… quelle époque !

Dans ce chapitre

- Configurer le matériel d'un réseau sans fil
- Comprendre les protocoles
- Rejoindre un réseau sans fil
- Localiser les réseaux sans fil masqués
- Se déconnecter d'un réseau sans fil
- Utiliser des périphériques Bluetooth

Il y a quelques décennies, les câbles étaient signes de progrès. Ainsi, la maison moderne par excellence devait être câblée dans tous les sens. Les matériels électriques étaient équipés d'interminables cordons, témoins d'une très grande modernité. Dans le même ordre d'idées, la télévision hertzienne fut rapidement dépassée par la télévision câblée. Pourtant, le développement des périphériques numériques semble marquer la fin progressive du câble sous toutes ses formes.

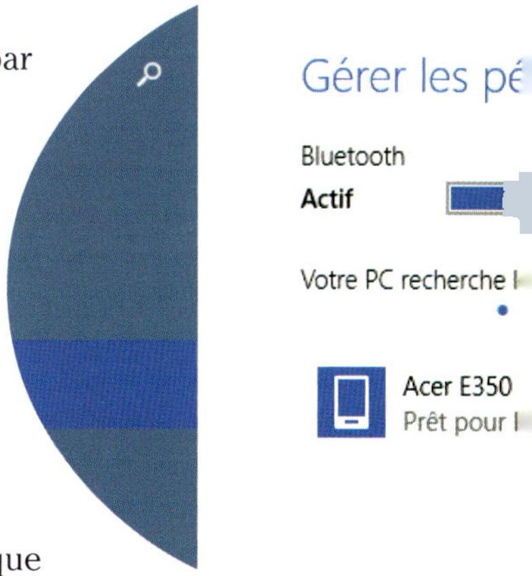

Aujourd'hui, l'absence de câble est le vrai signe de modernité. Vous communiquez sans fil par l'intermédiaire de toutes les petites machines qui passent entre vos mains agiles : vos télécommandes, votre téléphone mobile, vos PC portables, vos tablettes, vos systèmes audio, sans oublier le sacro-saint téléphone fixe.

Il va sans dire, mais cela va beaucoup mieux en le disant, que le réseau devait lui aussi un jour ou l'autre apparaître sans fil.

Cette section explique tout ce que vous devez savoir sur la création et la configuration d'un réseau sans fil.

- Les principes du réseau câblé sont traités au Chapitre 12.
- Reportez-vous au Chapitre 12 pour apprendre à partager des ressources sur le réseau. En effet, ses explications valent également pour un réseau sans fil.
- Le Chapitre 15 traite également des réseaux sans fil cellulaires qui permettent à votre ordinateur de surfer sur Internet sans connexion Wi-Fi.

Couper le cordon !

Aussi surprenant que cela puisse paraître, le réseau sans fil fonctionne exactement comme un réseau câblé sans utiliser de câbles. Dans ce cas, vous devez avoir conscience que quelques aménagements matériels et logiciels sont nécessaires. Je vous propose de les découvrir dans cette nouvelle section.

Le matériel d'un réseau sans fil

Contrairement au réseau câblé, le réseau sans fil exige un matériel spécifique pour fonctionner. Toutefois, l'absence de câbles réduit l'équipement nécessaire :

- un adaptateur réseau sans fil, ou NIC ;
- une station sans fil qui servira de hub ou de routeur.

Une configuration sans fil standard est illustrée à la Figure 13.1.

Votre ordinateur portable intègre un composant matériel pour réseau sans fil. Vous ne pouvez pas le voir en regardant votre PC puisqu'il ne comporte pas d'antenne.

Un réseau sans fil nécessite une station de base pour recevoir, relayer, et transmettre des signaux sans fil de et vers tous les périphériques du réseau.

- Consultez le Chapitre 12 pour plus d'informations sur le matériel nécessaire aux réseaux câblés.

- Les ordinateurs portables sont équipés de dispositifs matériels et/ou logiciels qui permettent de désactiver leurs antennes sans fil. Ainsi, vous pouvez activer le réseau sans fil lorsque vous en avez besoin. L'activation et la désactivation du réseau sans fil s'effectuent généralement à l'aide de la touche Fn.
- Vous serez obligé de désactiver le réseau sans fil en avion et à l'hôpital. Pour plus d'informations sur l'utilisation d'un portable en avion, consultez le Chapitre 19.

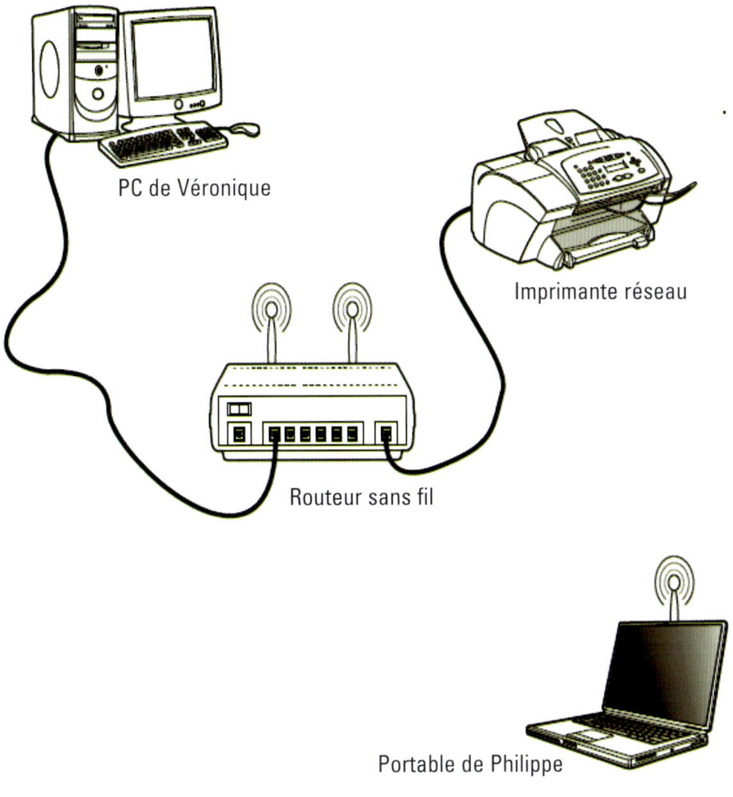

Figure 13.1 : Configuration sans fil standard.

Le logiciel de réseau sans fil

Windows est livré avec tous les logiciels nécessaires à l'utilisation d'un réseau sans fil. En réalité, il s'agit du même programme que pour les réseaux câblés.

Les protocoles du réseau sans fil

Le protocole réseau est l'aspect technique le plus difficile à comprendre. Il détermine des règles et des méthodes permettant à votre ordinateur portable et à votre réseau sans fil de communiquer l'un avec l'autre.

Le protocole réseau sans fil principalement utilisé sur les ordinateurs portables est connu sous l'appellation 802.11.

Comme si l'interprétation du protocole n'était pas assez compliquée comme cela, le nombre 802.11 est suivi de *g*, *n*, ou *ac*. Voici de quoi il retourne :

802.11g : Protocole réseau le plus rencontré sur la majorité des portables. Lorsque votre adaptateur réseau est estampillé 802.11a/b/g, cela signifie qu'il est compatible avec l'ancien protocole 802.11a et 802.11b.

802.11n : Standard réseau très populaire, compatible avec les anciens protocoles. Ce standard est également identifié par le libellé 802.11a/b/g/n.

802.11ac : Un nouveau protocole plus rapide et plus puissant que les anciens. Il sera implémenté dans les portables du futur.

Il y a de fortes probabilités pour que l'adaptateur réseau sans fil de votre portable soit de type 802.11g ou 802.11n.

- Les protocoles les plus récents offrent davantage de fonctionnalités et de vitesse que les anciens.
- Un ordinateur fonctionnant avec un ancien protocole ne peut pas accéder aux réseaux sans fil tournant avec un protocole récent. Retenez simplement que vous ne rencontrerez aucun problème de fonctionnement de votre réseau tant que les périphériques qui y sont connectés utilisent le même protocole.
- Si votre portable est équipé d'une ancienne norme 802.11, vous pouvez acheter un adaptateur réseau sans fil qui utilise un standard plus récent.
- La norme originale 802.11 se nommait 802.11a. Elle fut logiquement suivie par la norme 802.11b. Plus la lettre est élevée dans l'alphabet, et plus le protocole est récent et performant. En revanche, n'oubliez jamais que si les protocoles les plus récents peuvent communiquer avec les anciens, l'inverse est impossible. Par exemple, un portable équipé d'un adaptateur réseau 802.11b ne pourra pas communiquer sur un réseau sans fil fonctionnant en 802.11g ou 802.11n.

Hello, réseau sans fil !

Contrairement au réseau câblé, vous ne pouvez pas rejoindre un réseau sans fil en branchant simplement un câble. Non, puisqu'il est sans câble ! (Que cela est pénible de devoir sans cesse se répéter.)

Se connecter à un réseau sans fil

Rejoindre un réseau sans fil n'a pas grand-chose en commun avec la procédure d'utilisation d'un réseau câblé. Ainsi, sous Windows 8.1, vous devez vous conformer aux étapes suivantes :

1. **Affichez la barre des charmes en appuyant sur Windows + C.**

   Une autre technique consiste à placer le pointeur de la souris dans l'angle supérieur droit de votre écran.

2. **Cliquez sur Paramètres.**

3. **Dans la partie inférieure du volet Paramètres, cliquez sur Disponible, comme à la Figure 13.2.**

4. **Dans la liste des réseaux sans fil détectés par votre PC portable, cliquez sur celui que vous souhaitez rejoindre.**

5. **Cochez la case Connexion automatique (Figure 13.3) si vous souhaitez que votre PC portable établisse une connexion réseau dès que vous accédez à Windows 8.1.**

   Ne cochez pas cette case lorsque vous utilisez le réseau sans fil d'un hôtel ou d'un lieu de voyage que vous ne pensez pas visiter de nouveau.

6. **Cliquez sur le bouton Connecter.**

7. **Si Windows 8.1 vous demande un mot de passe réseau, tapez-le.**

   Sans cette clé de sécurité, vous ne pourrez pas vous connecter à ce réseau.

L'icône de détection des réseaux sans fil indique qu'aucun réseau n'est disponible ? Cela tient au fait que la fonctionnalité Wi-Fi est désactivée. Cliquez sur l'icône du réseau sans fil indisponible affichée dans la zone de notification. Dans le panneau Réseaux qui apparaît, basculez le commutateur Wi-Fi de la position Désactivé à Activé en cliquant sur sa partie droite.

Une fois la connexion établie, Windows peut vous demander d'indiquer si vous travaillez dans un réseau public ou privé. La réponse que vous allez donner est cruciale. En effet, un réseau *public* est ouvert au public, surprenant non ?! *De facto*, d'autres personnes peuvent l'utiliser en même temps que vous. Vous devez donc faire attention à l'environnement où vous utilisez votre portable. Ne le laissez jamais seul, et verrouillez-le dès que vous ne l'utilisez pas. Un « accident » est si vite arrivé. Un réseau privé est un réseau d'entreprise ou domestique dans lequel les ordinateurs sont clairement identifiés. Ici, le réseau est beaucoup plus sûr que dans un lieu public.

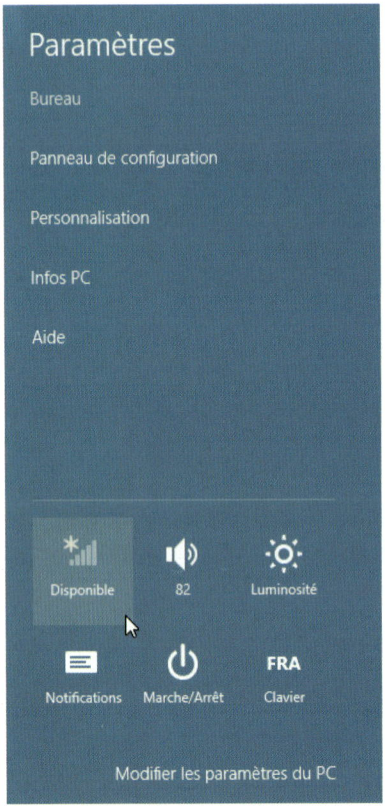

Figure 13.2 : Pour accéder à la liste Figure 13.3 : Se connecter (automatiquement)
à un réseau sans fil. des réseaux Wi-Fi accessibles.

- Parfois, la connexion au réseau demande un peu de temps afin de synchroniser toutes les ressources qui y sont disponibles. Par conséquent, soyez patient. N'interrompez pas inutilement la connexion pour la relancer.

- Si vous avez le choix, optez pour le réseau sans fil le plus puissant. Les barrettes de la petite icône indiquent la puissance du signal de chacun des réseaux sans fil disponibles.
- Évitez toute connexion à des réseaux inconnus. Vous risquez d'exposer votre PC portable à des intrusions malveillantes.
- Pour trouver des réseaux sans fil, utilisez un logiciel tierce partie qui fonctionne comme un navigateur/analyseur. Un tel programme est souvent livré avec l'ordinateur portable.
- Il peut exister des problèmes de distance entre le routeur sans fil et votre PC portable. La connexion est parfois impossible ou instable. Par conséquent, pour profiter pleinement du réseau, il est conseillé de travailler dans la même pièce ou la même maison que le routeur, en évitant les murs trop épais.
- Quelques emplacements Internet sans fil communiquent le mot de passe et les instructions de configuration sur une clé USB. Insérez cette clé dans le port USB du portable pour vous connecter au réseau, ou bien suivez les instructions d'installation qui vous sont indiquées.

Se connecter lorsque vous ignorez le nom du réseau

Pour des raisons de sécurité, certains réseaux sans fil n'affichent pas leur nom (SSID). Impossible de vous y connecter ! Il faut donc qu'une personne habilitée vous communique ce nom. Dès que vous le connaissez, procédez comme ceci :

1. **Ouvrez le Panneau de configuration.**
2. **Dans la section Réseau et Internet, cliquez sur Afficher l'état et la gestion du réseau.**

   Vous accédez à la fenêtre Centre Réseau et partage.

3. **Dans la section Modifier vos paramètres réseau, cliquez sur le lien Configurer une nouvelle connexion ou un nouveau réseau.**
4. **Dans la boîte de dialogue qui apparaît, choisissez Se connecter manuellement à un réseau sans fil.**
5. **Cliquez sur le bouton Suivant.**

   Dans la nouvelle fenêtre qui apparaît, comme à la Figure 13.4, vous allez spécifier toutes les informations du réseau.

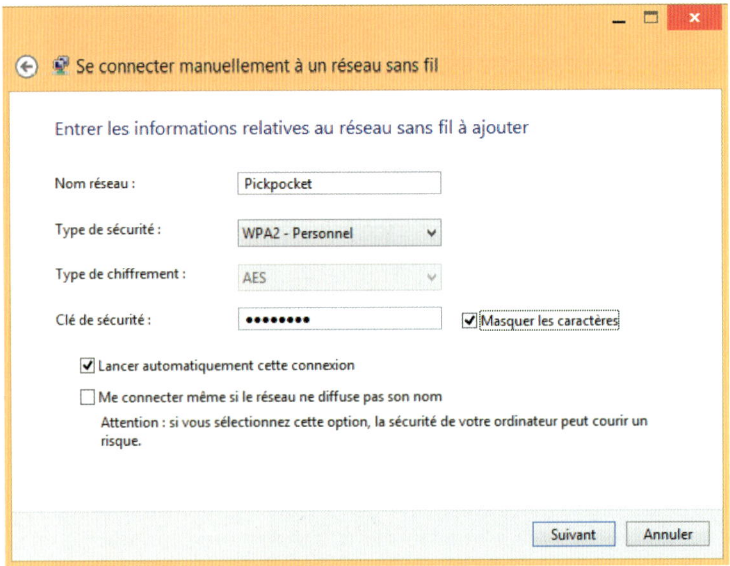

Figure 13.4 : Les informations relatives au réseau sans fil.

6. **Tapez le nom du réseau**

En jargon informatique, le nom du réseau est appelé SSID. (*Service Set Identifier*). Il ne s'agit ni plus ni moins que du nom du réseau que vous avez créé ou auquel vous souhaitez vous connecter.

7. **Si nécessaire, remplissez les autres champs de la boîte de dialogue.**

Il serait étonnant que ce réseau sans fil ne soit pas sécurisé par une clé. Par conséquent, choisissez le type de cryptage de cette clé dans le menu local Type de sécurité. Généralement, il s'agit d'une clé WAP dont le mot de passe est aussi complexe que **F?*=HZ!**.

8. **Mon meilleur conseil : cochez l'option Lancer automatiquement cette connexion.**

   Elle vous fera gagner du temps en vous évitant de reproduire cette procédure chaque fois que vous souhaiterez accéder à ce réseau sans fil.

9. **Cliquez sur le bouton Suivant.**

   Windows accomplit un travail formidable en localisant le réseau caché. En cas d'échec, consultez votre administrateur réseau ou vérifiez bien les paramètres de votre hub sans fil (routeur).

10. **Cliquez sur le bouton Se connecter.**

Vous voici connecté au réseau. Toutefois, vous devez encore configurer certaines petites choses, comme cela est expliqué dans la précédente section de ce chapitre.

Obtenir l'adresse MAC du portable

Certains réseaux sans fil limitent leur accès aux ordinateurs dont ils connaissent l'identité grâce à une adresse matérielle appelée MAC.

L'*adresse MAC* est un numéro unique assigné à chaque adaptateur réseau de la planète (et même à ceux situés aux confins de l'espace). Il n'existe pas deux adresses identiques, et chacune d'elles est très difficile à simuler. Grâce à l'adresse MAC, un réseau sans fil peut limiter son accès aux ordinateurs qu'il connaît et qu'il a enregistrés comme tels.

Pour connaître l'adresse MAC de votre PC portable, suivez ces instructions :

1. **Ouvrez le Panneau de configuration.**
2. **Dans la catégorie Réseau et Internet, cliquez sur Afficher l'état et la gestion du réseau.**
3. **Dans la fenêtre Centre Réseau et partage qui apparaît, cliquez sur le lien situé à droite de la mention Connexions.**

   Il s'agit normalement du terme Wi-Fi avec le nom du réseau entre parenthèses.

4. **Dans la boîte de dialogue État de Wi-Fi qui s'affiche, cliquez sur le bouton Détails.**

   Dans la colonne Propriétés, vous trouverez l'adresse MAC de votre ordinateur portable à droite de la mention Adresse physique.

5. **Fermez la boîte de dialogue et les autres fenêtres ouvertes.**

Vous pouvez maintenant utiliser cette adresse ou la communiquer à un administrateur réseau qui vous aidera alors à configurer l'accès au réseau sans fil.

NOTE TECHNIQUE

- MAC est l'acronyme de ***Media Access Control***. (N'hésitez pas à sortir votre science au prochain dîner entre amis.)
- L'adresse MAC se compose de 12 caractères groupés en paires comme ceci : 12:34:56:78:9A:BC
- L'adresse MAC est une valeur *hexadécimale* qui contient *de facto* des lettres de *A* à *F* et des chiffres.

Renouveler votre bail

Certains réseaux limitent la durée d'accès à leurs services. Cette durée est appelée *bail*.

Par conséquent, ce bail peut expirer, notamment quand vous utilisez un réseau sans fil pendant un très long moment. Pour le renouveler, vous devez vous déconnecter du réseau puis vous reconnecter.

Les instructions de déconnexion sont traitées plus loin dans ce chapitre. Une technique plus radicale et plus rapide consiste à redémarrer Windows, comme cela est expliqué au Chapitre 5.

Accéder à un réseau sans fil payant

Dans notre société très évoluée, rien n'est jamais gratuit. Certains réseaux sans fil sont payants en plus de l'abonnement que vous réglez mensuellement à votre FAI (fournisseur d'accès à Internet), c'est-à-dire la société auprès de laquelle vous avez obtenu votre box.

Les réseaux payants existent sous plusieurs formes :

- Vous payez à une caisse. L'employé vous remet une feuille de papier contenant le nom du réseau et un mot de passe. Suivez les instructions précédemment communiquées dans ce chapitre pour vous connecter à ce réseau sans fil.
- Parfois, la connexion au réseau est immédiate. Le problème est que vous vous retrouvez sur une page d'accueil sans aucune possibilité de la quitter. Vous devez alors vous inscrire et payer pour utiliser Internet et les autres services de ce réseau sans fil, comme le contrôle de votre boîte mail.
- Certains sites Web publics demandent votre adresse e-mail pour que vous puissiez les utiliser. L'avantage est qu'ils ne vous demandent pas d'argent.

Se déconnecter d'un réseau sans fil

Pour vous déconnecter d'un réseau sans fil, il suffit de quitter Windows et d'éteindre votre PC portable. En fonction des configurations, basculer en mode Veille ou Veille prolongée déconnecte automatiquement l'ordinateur du réseau. Il suffit alors d'ouvrir le capot pour rétablir cette connexion.

Pour se déconnecter sans éteindre ou mettre en veille votre PC :

1. **Affichez la barre des charmes en appuyant sur Win + C.**
2. **Choisissez Paramètres.**
3. **Dans la partie inférieure du panneau Paramètres qui s'affiche, cliquez sur l'icône du réseau actif.**

   La liste des réseaux apparaît.
4. **Cliquez sur votre réseau (il apparaît normalement en haut de la liste).**
5. **Cliquez alors sur le bouton Déconnecter.**

La connexion à ce réseau est immédiatement interrompue. Si vous avez paramétré une connexion automatique, il suffit de redémarrer votre PC pour que la connexion soit rétablie. Vous pouvez également répéter la précédente procédure et cliquer sur le bouton Connecter qui s'est substitué au bouton Déconnecter.

- Certains portables permettent d'activer et de désactiver la connexion réseau en exécutant le raccourci clavier Fn + <touche d'activation/ désactivation réseau>.
- Lorsque vous vous éloignez du hub ou du routeur, la connexion sera désactivée dès que vous ne serez plus à portée du signal.

Le Bluetooth

Bluetooth se réfère à un standard de communication sans fil entre périphériques informatiques et non informatiques. Ainsi, quand un PC portable est doté de fonctionnalités Bluetooth, il peut échanger des informations avec d'autres équipements embarquant la même technologie. Il s'agit généralement d'imprimantes, de claviers, de haut-parleurs, et de périphériques d'entrée.

- Le Bluetooth permet des connexions sans fil de chaque périphérique sans recourir à un adaptateur réseau séparé.
- Le Bluetooth a été conçu pour remplacer l'ancienne interface série RS-232 très populaire sur les ordinateurs des années 80 et 90.

Vérifier l'existence d'une fonctionnalité Bluetooth

Avant de vous réjouir des possibilités offertes par le Bluetooth, vérifiez que votre ordinateur portable est capable de prendre en charge ce type de communication radio. Il doit arborer l'icône représentée ci-contre à l'instar de tous les équipements utilisant ce mode de communication sans fil.

Si votre ordinateur portable ne dispose pas du Bluetooth, il est très facile de lui ajouter cette fonctionnalité : ajoutez-lui un périphérique Bluetooth USB. Ce type de matériel est relativement bon marché. Il suffit de le brancher pour qu'il s'installe sans aucune intervention de votre part.

Lorsque le Bluetooth est disponible et configuré, une icône est présente dans la zone de notification de Windows. Utilisez son menu local pour contrôler les périphériques Bluetooth accessibles depuis votre PC.

Appariement d'un périphérique Bluetooth

Voici la procédure générique de connexion de votre PC portable avec un périphérique Bluetooth :

1. **Allumez le périphérique Bluetooth afin qu'il soit détecté par votre PC portable.**

   Le périphérique est équipé d'un bouton physique ou tactile qui permet d'activer sa fonctionnalité Bluetooth.

2. **Dans la zone de notification de Windows 8.1, cliquez sur l'icône Bluetooth de votre portable, et exécutez la commande Ajouter un périphérique Bluetooth, comme le montre la Figure 13.5.**

   Une autre technique consiste à cliquer sur l'icône Paramètres de la barre des charmes, puis sur Modifier les paramètres du PC. Dans le panneau qui apparaît, choisissez Périphériques, et cliquez sur Ajouter un périphérique.

   Dans les deux cas de figure, vous basculez vers l'écran Paramètres du PC. Si nécessaire, cliquez sur PC et périphériques, puis sur Bluetooth. Windows analyse votre environnement à la recherche des périphériques Bluetooth qui y sont accessibles. Dès qu'il localise le périphérique, il l'affiche dans la liste, comme à la Figure 13.6.

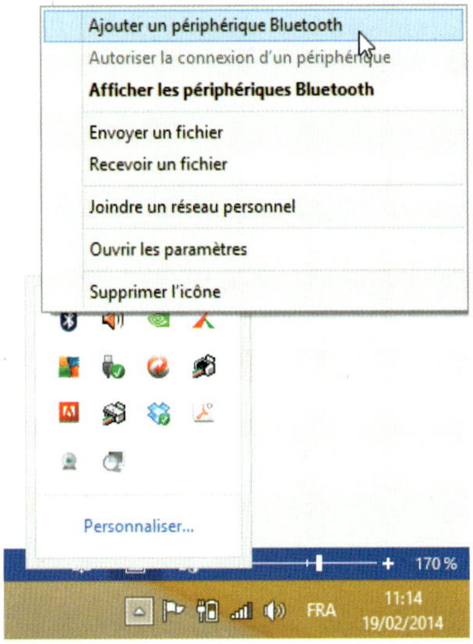

Figure 13.5 : Pour communiquer avec un périphérique Bluetooth.

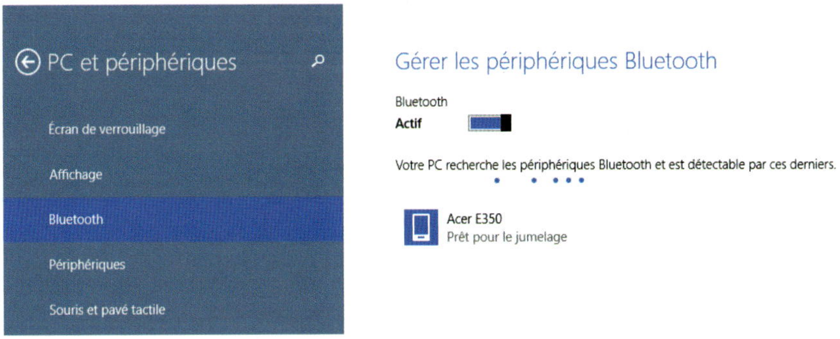

Figure 13.6 : Windows 8.1 a localisé un périphérique Bluetooth.

3. **Cliquez sur le périphérique Bluetooth avec lequel vous souhaitez établir une connexion.**

4. **Si nécessaire, tapez le code secret d'accès au périphérique que vous souhaitez ajouter.**

   Ce code empêche à d'autres périphériques d'accéder à celui avec lequel vous communiquez.

Une fois l'appariement réalisé, le périphérique Bluetooth peut être utilisé avec votre portable. Par exemple, j'utilise une souris Bluetooth avec mon ordinateur.

N'OUBLIEZ PAS

- Reportez-vous au manuel d'utilisation de votre périphérique Bluetooth pour savoir comment activer cette fonctionnalité.
- Les périphériques Bluetooth ne restent accessibles que deux minutes en moyenne. Si l'appariement échoue dans ce laps de temps, vous devez recommencer la procédure.
- Pour gérer les connexions Bluetooth, cliquez sur l'icône éponyme de la zone de notification de Windows 8.1. Dans le menu local qui apparaît, exécutez la commande Afficher les périphériques Bluetooth.

14

Hello, Internet

Dans ce chapitre

- S'armer pour l'Internet mobile
- Utiliser l'Internet haut débit
- Configurer un réseau public

L'ordinateur portable a connu un vif succès grâce à ses possibilités mobiles permettant, dans une certaine mesure, d'accéder à Internet partout où vous utilisez votre PC. (Disons plutôt partout où se trouve un point d'accès Wi-Fi.)

Malgré cette spécificité, l'utilisation d'Internet sur un ordinateur portable ne diffère pas de celle que vous avez peut-être l'habitude de réaliser sur un ordinateur de bureau. Ce chapitre explique comment profiter de la souplesse d'utilisation d'Internet avec un PC portable.

Les astuces de l'Internet mobile

L'Internet est de plus en plus disponible partout où vous avez la bonne idée d'installer votre PC portable. Ainsi, vous pouvez obtenir les informations dont vous avez besoin, quel que soit le lieu où vous séjournez. Par exemple, vous vérifierez vos e-mails en voyage, et pourrez même rechercher les hôtels au meilleur prix sans vous y prendre six mois à l'avance. Cela signifie que vous pouvez accéder aux services de votre FAI partout dans le monde… ou presque.

Demandons au professeur Dan ce qu'est Internet !

Billy : Alors professeur Dan, Internet qu'est-ce que c'est finalement ?

Prof. Dan : C'est une excellente question et je suis ravi que vous me la posiez. Internet n'est pas plus un programme informatique qu'il n'est un gigantesque ordinateur. De plus, Internet n'appartient pas à Google.

Billy : Ne dites jamais ça aux actionnaires de Google !

Prof. Dan : Ce qu'ils ignorent ne risque donc pas de les contrarier !

Billy : Alors, cela signifie qu'Internet n'est pas situé à Mountain View en Californie ?

Prof. Dan : Ne soyez pas ridicule. Internet n'est pas un seul ordinateur. C'est une immense toile de millions d'ordinateurs connectés les uns aux autres. Les informations sont stockées sur ces machines, et ce sont des protocoles et des méthodes qui permettent à votre ordinateur d'y accéder. *De facto*, tout ordinateur connecté à Internet est Internet lui-même.

Billy : C'est cosmique ! Cela me fait penser aux atomes de notre corps qui appartenaient aux étoiles de notre univers. Nous faisons partie de l'univers, car nous sommes l'univers. C'est bien ce que vous venez de m'expliquer non ?

Prof. Dan : Je voulais simplement voir vos pupilles se dilater.

TRUC

- ***FAI*** signifie ***fournisseur d'accès à Internet***. Votre FAI est donc la société auprès de laquelle vous avez souscrit votre abonnement Internet et qui, en général, vous fournit votre box.
- Utiliser un réseau sans fil permet d'accéder gratuitement à Internet lorsque vous vous situez dans un lieu proposant un point d'accès Wi-Fi libre. C'est le cas de certains restaurants rapides, hôtels, villages vacances, campings, cafés, ***etc***.
- L'accès gratuit à Internet est disponible dans les bibliothèques municipales et les médiathèques.
- Les FAI proposent parfois des connexions bas débit ***via*** un numéro de téléphone gratuit. Certains opérateurs facturent ce service.
- Certains FAI mettent à votre disposition un serveur de mail distant directement accessible depuis Internet. C'est le cas de l'opérateur Free avec son Webmail et Zimbra. Il suffit généralement de visiter la page Web du FAI et de cliquer sur un lien ou un bouton donnant accès à la messagerie en ligne. Tapez votre adresse mail et votre mot de passe, et consultez ainsi vos e-mails partout dans le monde.
- Pour plus d'informations sur Internet, la navigation Web, et les e-mails, consultez le Chapitre 16.

Accès Internet haut débit

Pour accéder à Internet en haut débit, connectez tout simplement votre ordinateur portable à un réseau câblé ou sans fil existant qui dispose lui-même d'une connexion directe au Web. *De facto*, votre PC portable est lui aussi en lien direct avec Internet.

Comprendre la notion de haut débit

Internet est basé sur le même type de réseau que celui utilisé à votre domicile ou à votre bureau, comme cela est expliqué aux Chapitres 12 et 13. Par conséquent, il suffit d'y connecter votre ordinateur portable pour profiter de sa large bande passante et naviguer sur Internet à la vitesse de la lumière (ou presque). La Figure 14.1 illustre une configuration Internet haut débit standard.

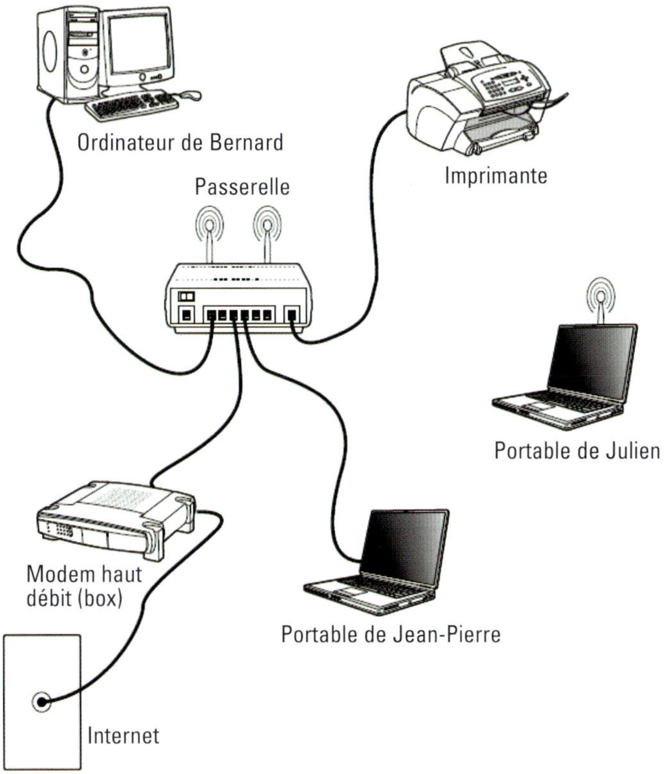

Figure 14.1 : Configuration Internet haut débit standard.

Une configuration Internet haut débit ressemble à une configuration réseau classique.

Le modem haut débit se connecte à Internet en utilisant le câble, DSL, le satellite, ou un modem cellulaire. Le modem se connecte à un routeur ou une passerelle. Cet équipement est le pont entre le réseau local et l'Internet. Il réalise tous les tours de magie à votre place.

La passerelle (routeur) peut être, ou non, câblée. Sur la Figure 14.1, Julien est connecté sans fil à Internet grâce à son portable. Jean-Pierre utilise une connexion câblée. Les portables accèdent donc à Internet grâce à la passerelle.

- On parle de ***haut débit*** ou de ***large bande passante***.
- Il s'agit d'une passerelle et non d'un routeur. Comment le savoir ? Si vous payez dans les 600 euros, c'est un routeur. Si vous déboursez dans les 100 euros, c'est une passerelle.
- Pour plus d'informations sur les modems cellulaires, consultez le Chapitre 15.
- L'accès Internet haut débit fonctionne de la même manière où que vous soyez, c'est-à-dire sur un réseau privé ou public, comme un hôtel ou encore un café.
- Lorsque votre ordinateur portable est connecté au réseau, vous êtes sur Internet. Démarrez votre navigateur Web, vérifiez vos e-mails, vous êtes comme à la maison !
- Le nombre d'ordinateurs qui peuvent se connecter au réseau est limité par les possibilités de la passerelle. En général, une dizaine d'ordinateurs peuvent être pris en charge. N'oubliez pas que vous devez posséder une copie de ce livre pour chaque ordinateur portable dont vous êtes le propriétaire légal ou illégal.
- Lorsque vous configurez un accès à haut débit pour vous-même, vous devez paramétrer la passerelle. Comme elle possède une adresse IP, vous devez utiliser votre navigateur Web pour la configurer.

Configurer l'emplacement du réseau

Après avoir configuré le réseau, Windows peut vous demander d'en paramétrer l'emplacement. Vous disposez de trois choix : Privé, Bureau, et Public.

Chaque fois que vous utilisez un réseau public, c'est-à-dire dans un hôtel, un cybercafé, une bibliothèque municipale, ou des lieux similaires, choisissez l'option Public. Windows met alors en place des protections supplémentaires.

Se déconnecter d'un accès à haut débit

Aucun équipement n'est requis pour se déconnecter d'Internet haut débit. Je dirais même que si vous vous connectez depuis la box de votre FAI, et non pas par une connexion téléphonique bas débit standard, vous n'avez jamais besoin de vous déconnecter d'Internet.

- Éteignez votre ordinateur portable pour le déconnecter du réseau, ou bien basculez-le en veille ou en veille prolongée.
- Pour plus d'informations sur la procédure de déconnexion à un réseau câblé, consultez le Chapitre 12.
- Pour plus d'informations sur la procédure de déconnexion à un réseau sans fil, consultez le Chapitre 13.

- Il n'est pas obligatoire de se déconnecter de l'Internet à haut débit. En effet, vous ne payez pas plus en restant continuellement connecté qu'en vous déconnectant dès que vous avez fini de naviguer sur le Web.

15

Sécuriser votre accès à Internet

Dans ce chapitre

- Utiliser le Centre de maintenance
- Protéger votre ordinateur contre les virus
- Éviter le risque viral
- Utiliser le pare-feu Windows
- Gérer les spywares
- Supprimer l'historique de navigation
- Mettre à jour Windows

Internet a été conçu dans les années 1960 pour résister à une attaque nucléaire. En revanche, personne n'avait pensé qu'il pourrait être la cible de programmeurs acnéiques et antisociaux aux intentions belliqueuses. Apparurent ainsi les virus, les escroqueries, les spywares, et d'épouvantables canailles. Votre ordinateur portable est une victime potentielle de ces agissements frauduleux. Par conséquent, ce chapitre explique comment s'en protéger.

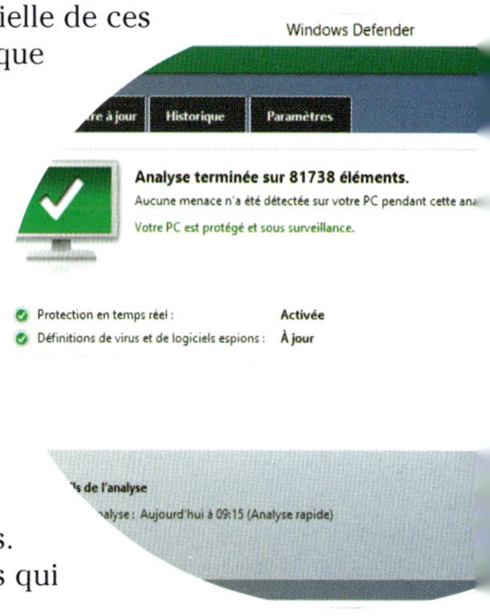

Le Chapitre 19 communique des informations sur la protection du matériel et des données.

Le Centre de maintenance Windows

Utiliser un portable sans aucune protection revient à s'enduire de miel et à courir tout nu dans la cage d'un ours. Heureusement, Windows est livré avec une armada d'outils qui agissent comme une armure.

Le Centre de maintenance de Windows, illustré à la Figure 15.1, est l'emplacement de mise en œuvre des moyens de défense de votre PC portable. Pour y accéder, ouvrez le Panneau de configuration et cliquez sur Système et sécurité, puis sur Centre de maintenance.

TRUC

Une autre technique consiste à cliquer sur l'icône du drapeau affichée dans la zone de notification. Dans le menu local qui apparaît, choisissez Ouvrir Centre de maintenance.

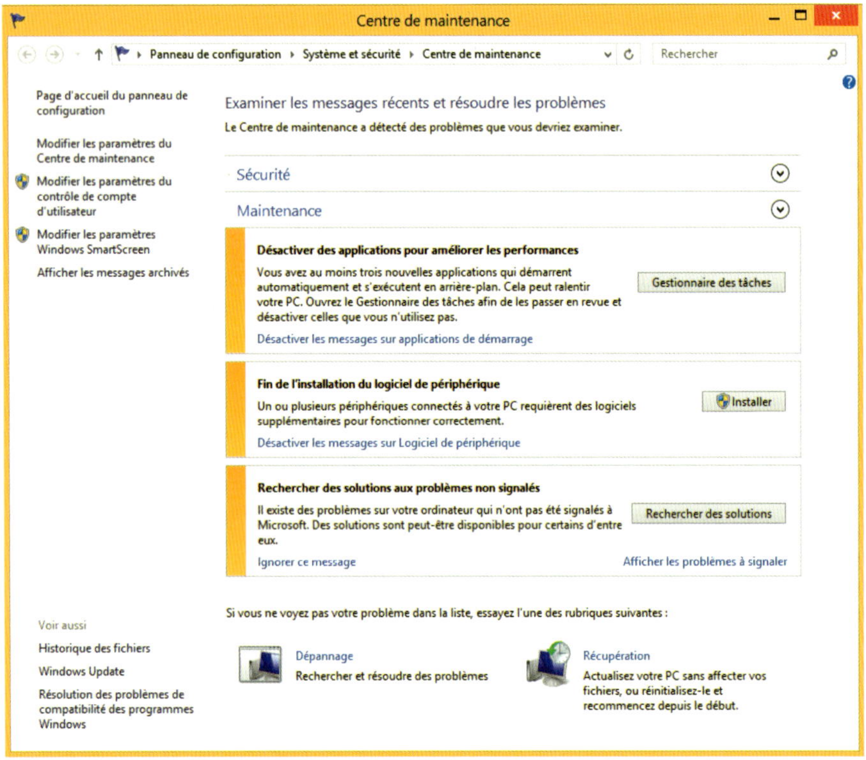

Figure 15.1 : Le Centre de maintenance.

Le Centre de maintenance montre les problèmes potentiels rencontrés sur votre ordinateur. Des liens vous aident à leur trouver une solution.

- Pour plus d'informations sur la sauvegarde du contenu de votre ordinateur portable, consultez le Chapitre 19.
- Vous pouvez développer les rubriques du Centre de maintenance pour accéder à des informations spécifiques sur l'état de la protection de votre portable.

Programme antivirus

Les virus représentent le plus grand danger des ordinateurs portables. Le courrier électronique est leur support de propagation préféré. Ils peuvent également provenir d'une page Web que vous visitez. Pour vous protéger contre ces méchantes petites bêtes, utilisez un programme antivirus.

- La meilleure technique pour empêcher les virus de pénétrer dans votre ordinateur consiste à être vigilant. Il suffit tout simplement de ne jamais ouvrir les pièces jointes dont vous ne connaissez pas l'expéditeur, ou de cliquer sur un lien figurant dans le message.
- Les virus portent des noms très différents. On parle de ***vers (worms)*** et de ***cheval de Troie***. Le terme ***malware*** décrit un logiciel malveillant ou malicieux. Tous sont conçus pour accomplir des tâches funestes. Pour vous protéger contre eux, installez un programme antivirus sur votre ordinateur portable.
- Le logiciel antivirus n'est qu'un des outils permettant d'assurer une certaine protection de l'ordinateur. Je conseille également la mise en œuvre d'un pare-feu et d'un antispyware dont l'utilisation est expliquée dans les prochaines sections.

Chercher un programme antivirus

Windows Defender est le programme antivirus livré avec Windows. Son interface est illustrée à la Figure 15.2. Il vous protège contre les malwares et les spywares. Il existe des logiciels plus sophistiqués développés par des sociétés comme Norton Antivirus, McAfee VirusScan, et AVG. Certains sont préinstallés sur les ordinateurs portables. Ils sont opérationnels pendant un certain temps au-delà duquel vous devez payer une licence pour continuer à bénéficier de leur protection.

Pour savoir si votre PC portable dispose de ce type de protection, ouvrez le Centre de maintenance et affichez tout le contenu de la section Sécurité. Ainsi, la Figure 15.3 montre que ce portable est protégé par la suite Internet Security d'AVG.

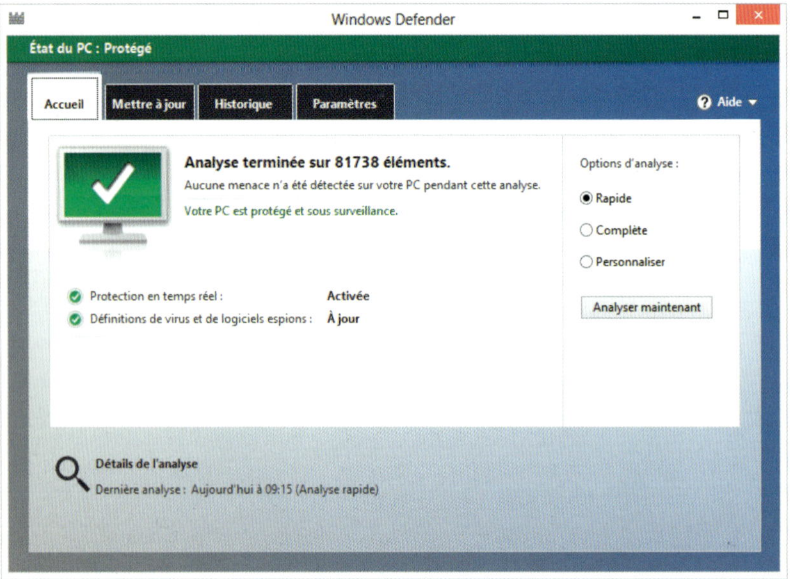

Figure 15.2 : La protection antivirus de base proposée par Windows 8.1.

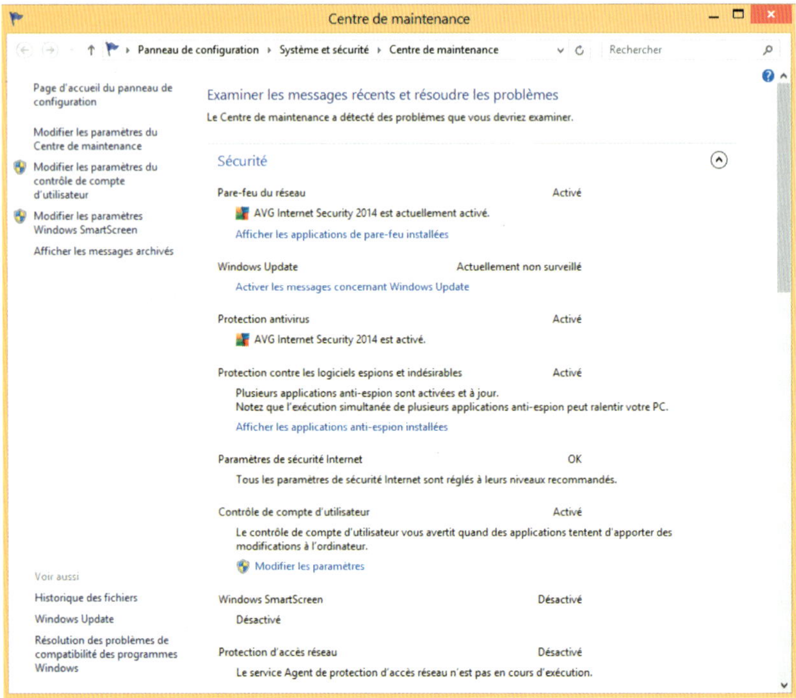

Figure 15.3 : Un PC portable protégé par la suite AVG.

Obtenir un programme antivirus gratuit

Lorsque vous ne disposez pas de protection antivirus ou que le logiciel fourni avec votre portable arrive à expiration, vous pouvez rechercher des solutions gratuites sur Internet, ou vous contenter de Windows Defender. Voici quelques suggestions :

- Avast! Antivirus : `www.avast.com`
- AVG Anti-Virus : `http://free.avg.com/fr-fr/homepage`
- Kaspersky antivirus : `http://www.kaspersky.com/fr/`

Détecter les virus

Vous pouvez analyser un ordinateur portable activement ou passivement. Une analyse *active* effectue une recherche complète dans la mémoire, le système de stockage, et les fichiers individuels. Tout le contenu de votre ordinateur est comparé à une base de données des virus connus. Une analyse *passive* est réalisée au fur et à mesure que vous recevez ou ouvrez des fichiers sur votre PC portable. Ils sont alors explorés individuellement puis comparés au contenu de la base de données des virus connus. La majorité des programmes antivirus sont configurés automatiquement. Par exemple, lorsque vous recevez un message électronique contenant une pièce jointe, votre logiciel antivirus vous avertira de la présence d'un virus et le détruira immédiatement ou bien le placera en quarantaine.

Objectivement, chaque programme antivirus réalise leurs analyses différemment. Consultez la documentation livrée avec votre logiciel pour savoir comment optimiser son utilisation.

Si vous préférez asservir Windows Defender à la protection de votre ordinateur portable contre les virus, conformez-vous à la procédure suivante :

1. **Depuis l'écran d'accueil ou le Bureau de Windows 8.1, exécutez le raccourci clavier Windows + Q.**

2. **Dans le panneau Rechercher qui apparaît, tapez Windows Defender.**

   TRUC : Une autre technique consiste à afficher l'écran d'accueil, et à taper directement Windows Defender sans afficher préalablement la barre des charmes.

3. **Cliquez sur la vignette de cet utilitaire, puis choisissez le type d'analyse à pratiquer – Rapide, Complète, ou Personnalisée.**

4. **Cliquez sur le bouton Analyser.**

Windows Defender est configuré pour effectuer des analyses passives. Pour confirmer ce statut, ouvrez le programme. Ensuite, cliquez sur son onglet Paramètres, et vérifiez que l'option Activer la protection en temps réel est bien cochée.

Windows Defender ne peut pas être utilisé lorsque vous avez installé un antivirus tiers. En effet, il se substitue à Windows Defender car, généralement, il est bien plus efficace.

L'analyse automatique permet de vaquer à vos occupations informatiques sans vous soucier de l'antivirus.

- Parfois, il peut être salutaire d'utiliser alternativement deux programmes antivirus. Lancez une analyse active avec le premier programme, puis fermez-le. Ensuite, effectuez la même opération avec le second logiciel. Il pourra peut-être détecter des virus ignorés lors de la première analyse.
- Si vous utilisez deux programmes antivirus, activez l'analyse passive pour l'un des deux. En effet, trop de logiciels effectuant une analyse passive risquent de ralentir votre ordinateur portable.
- Certains programmes antivirus nécessitent le paiement d'un abonnement pour mettre à jour la base de données antivirus. Le jeu en vaut vraiment la chandelle, car un antivirus dont la base de données n'est jamais mise à jour ne sert à rien.

Désactiver le programme antivirus

Il vous est parfois demandé de désactiver votre programme antivirus lorsque vous installez un nouveau logiciel. Par conséquent, vérifiez la provenance de ce programme pour ne pas risquer d'installer un virus au lieu d'une application.

Donc, ne désactivez l'antivirus que si le programme que vous souhaitez installer vous le demande.

Pour désactiver temporairement votre logiciel antivirus, faites un clic droit sur son icône dans la zone de notification. Dans le menu contextuel qui apparaît, choisissez Désactiver, Fermer, ou encore Quitter.

Quelques programmes antivirus vous demande de choisir la durée de son inactivité. Ainsi, une fois ce délai écoulé, l'antivirus se réactivera automatiquement.

Cette action ferme temporairement l'antivirus permettant ainsi au programme de s'installer correctement.

Pour désactiver Windows Defender, décochez l'option Activer la protection en temps réel.

Une fois le programme installé, réactivez-le.

Protéger votre ordinateur portable du fléau viral

Même les gens bien peuvent être victimes d'un malware. Pour les éviter, essayez les gestes qui sauvent suivants :

- N'ouvrez jamais les pièces jointes d'un courriel dont vous ignorez la provenance.
- Lorsque j'envoie quelque chose à un destinataire qui ne s'y attend pas, je commence par lui adresser un message qui l'avertit de l'arrivée prochaine d'un de mes courriels avec pièce jointe. Une fois que j'ai sa confirmation, je lui adresse l'e-mail en question avec le fichier joint.
- Évitez les fichiers joints qui exécutent un programme et qui portent l'extension BAT, COM, EXE, HTM, HTML, PIF, SCR, ou VBS.
- Évitez d'ouvrir les fichiers compressés, ou les dossiers compressés joints, notamment quand ils exigent un mot de passe pour être ouverts.
- Un message ne contenant que du texte ne peut pas contenir de virus.
- Les virus ne peuvent pas se cacher dans des images attachées au message.
- Si vous supprimez la pièce jointe sans l'ouvrir, votre ordinateur ne sera pas infecté.
- Désactivez la fonction qui enregistre automatiquement sur votre disque dur les fichiers joints. Effectuez cet enregistrement manuellement.

N'OUBLIEZ PAS

- La meilleure protection contre les programmes malveillants reste le sens commun et l'antivirus.

TRUC

Les réseaux sociaux

Malgré la popularité des réseaux sociaux comme Facebook et Twitter, vous devez avoir conscience qu'ils sont source d'infections pour votre ordinateur portable. Le problème ne réside pas dans le site lui-même, mais dans les liens de partage avec les autres membres du réseau.

Je conseille de rester sur vos gardes. Si vous ne connaissez pas l'origine du partage, c'est-à-dire s'il s'agit d'un lien qui a été plusieurs fois partagé avant qu'il ne le soit par un de vos amis, ne cliquez pas dessus. Méfiez-vous également des jeux qui contiennent parfois des virus ou des spywares. En effet, pour connaître votre classement dans un jeu, il n'est jamais nécessaire d'indiquer votre mot de passe ou votre numéro de téléphone mobile. Ce sont des pièges dans lesquels il est facile de tomber, et qui risquent de porter atteinte à l'intégrité de vos informations.

Derrière le pare-feu

En informatique, le pare-feu surveille les entrées et les sorties réseau en contrôlant l'activité de portes virtuelles appelées *ports*. Chaque port représente une connexion individuelle utilisée par un programme Internet. Le pare-feu surveille tout ce qui entre et sort de ces ports.

Le pare-feu est nécessaire, car de nombreux ports restent ouverts. Ils sont autant d'invitations à rentrer dans votre ordinateur en toute impunité.

Le pare-feu garde les ports fermés et vous alerte des tentatives d'intrusion ou de sortie.

- Sans pare-feu, votre ordinateur est exposé aux attaques en tout genre.
- La meilleure protection consiste dans la mise en œuvre d'un pare-feu ***matériel***. De nombreux routeurs sont fournis avec cette fonctionnalité pour défendre votre connexion Internet et les ordinateurs du réseau.
- Sans protection, la durée de vie d'un ordinateur est de quelques minutes en réseau. Au bout de ce laps de temps, votre PC portable sera infecté et exécutera des programmes malveillants à votre insu.
- Un pare-feu ne protège pas votre ordinateur contre les virus. En revanche, il peut éviter leur propagation aux autres ordinateurs du réseau. Vous devez donc posséder un antivirus et un pare-feu.

Localiser le pare-feu

Sous Windows 8.1, le pare-feu est configuré pour être constamment actif. Toutefois, voici comment vérifier son statut :

1. **Ouvrez le Panneau de configuration.**
2. **Cliquez sur Système et sécurité.**
3. **Choisissez Pare-feu Windows.**

   Vous accédez aux informations du pare-feu comme l'illustre la Figure 15.4.

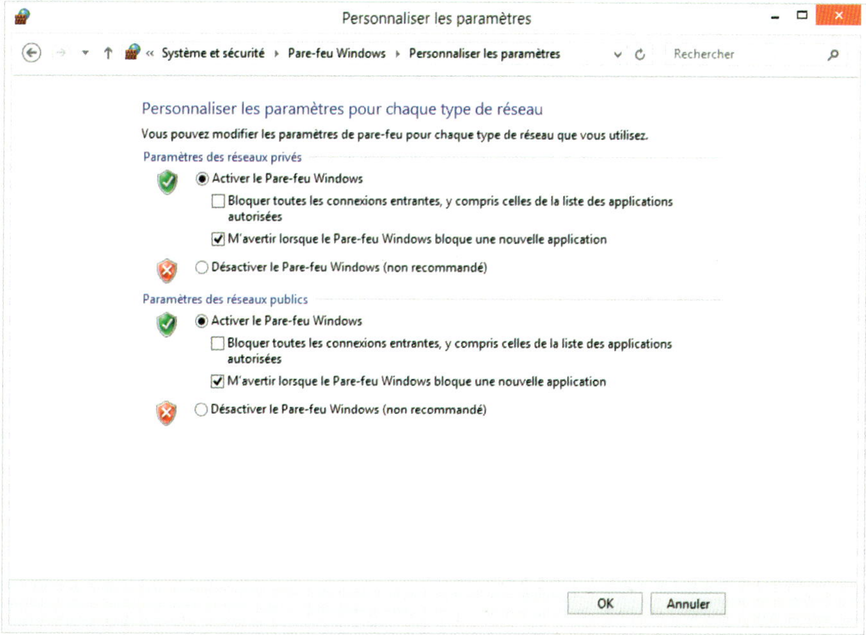

Figure 15.4 : Contrôle du pare-feu de Windows.

4. **Fermez cette fenêtre dès que vous en avez pris connaissance.**

TRUC

Pour définir le niveau de protection offert par le pare-feu Windows, configurez correctement le réseau de votre ordinateur portable. Pour plus de détails, consultez le Chapitre 12. Lorsque vous utilisez un réseau domestique, le pare-feu est à son niveau de protection le plus faible. En revanche, sur un réseau public, la protection offerte par ce pare-feu est maximale.

Afficher les avertissements du pare-feu

Le pare-feu de Windows affiche un message dès qu'un accès Internet suspect se produit, comme la tentative d'un programme d'accéder à votre ordinateur depuis Internet ou tente d'accéder à Internet depuis votre ordinateur.

Lisez le contenu du message. Bien entendu, si vous connaissez bien le programme, ou que vous êtes à l'origine de cette tentative d'accès, vous l'autorisez sans souci.

- Ne prenez pas le message du pare-feu à la légère. Il n'y a pas lieu de paniquer, mais simplement de prendre connaissance des informations communiquées. Ne cliquez pas sur le bouton Autoriser l'accès par simple réflexe.
- Vous devez apprendre à votre pare-feu à reconnaître les programmes qu'il peut ou non autoriser à sortir et à entrer. Au bout de quelques jours, le pare-feu gérera seul les entrées et les sorties. Vous ne serez sollicité que pour les programmes les plus récents.
- Les pare-feu n'ont pas tous le même vocabulaire. Vous lirez les termes Autoriser et Refuser, ainsi que Débloquer ou Bloquer.

Sournois spyware

Le spyware est une catégorie particulière de programme malveillant. Sous des airs innocents, il surveille vos activités sur Internet afin de bien cibler vos besoins et de vous afficher des publicités adaptées.

Le problème du spyware est qu'il s'installe sans votre permission, et bien souvent à votre insu. Il apparaît aussi sous des formes déguisées comme un utilitaire, ou bien encore un petit jeu. Ainsi, vous ne vous méfiez pas de sa réelle activité qui consiste à surveiller tous vos faits et gestes.

Windows Defender vous aidera à lutter efficacement contre les spywares. Inutile de le configurer puisqu'il est prêt à vous protéger contre ces programmes.

N'OUBLIEZ PAS

- Un programme antivirus n'est pas conçu pour lutter contre les spywares. Si vous utilisez un autre programme que Windows Defender, vous devrez activer ce dernier ou bien trouver un logiciel antispyware spécifique.
- Votre pare-feu ne vous protège pas contre les spywares, car vous « invitez » ces programmes à entrer dans votre ordinateur. En revanche, le pare-feu détectera les tentatives du spyware à télécharger vers son éditeur les informations vitales qu'il aura récupérées sur votre ordinateur.

Navigation sécurisée et privée

Internet Explorer 11 dispose d'outils qui permettent de naviguer sur le Web en toute sécurité et dans un espace totalement privé. Ainsi, vous ne vous préoccupez pas de savoir si l'on observe ou non vos faits et gestes.

Naviguer avec InPrivate

Lorsque vous naviguez avec une fenêtre InPrivate, Internet Explorer empêche toute surveillance traditionnelle des informations. Ainsi, des éléments comme les cookies, les historiques, et les barres de navigation sont désactivés lorsque vous naviguez avec ce système.

Pour naviguer dans une fenêtre InPrivate, exécutez le raccourci clavier Ctrl + Maj + P. Un nouvel onglet apparaît alors dans Internet Explorer 11. Utilisez-le comme vous le feriez avec un onglet ordinaire. Cette fois, vous naviguerez sans aucune surveillance de votre activité.

TRUC

Si les raccourcis clavier vous ennuient, ouvrez une session de navigation InPrivate en ouvrant le menu local Sécurité, puis en cliquant sur la commande Navigation InPrivate, comme à la Figure 15.5.

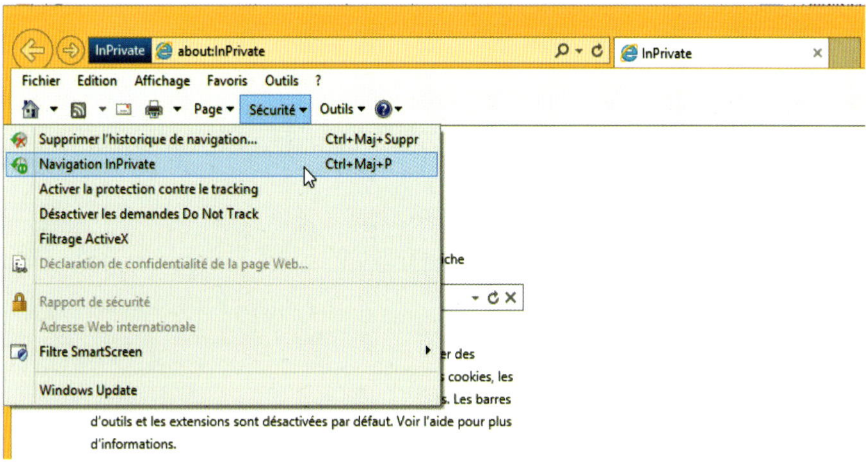

Figure 15.5 : Naviguer incognito avec Internet Explorer 11.

- La mention InPrivate figure sur le côté gauche de la barre d'adresses.
- Pour quitter une session de navigation InPrivate, fermez l'onglet éponyme d'Internet Explorer 11.

Vérifier une page Web suspecte

Un jour, j'ai reçu un e-mail que je pensais venir d'eBay. Il me demandait de cliquer sur un lien pour obtenir un bon de remboursement. Comme j'avais récemment acheté un produit sur ce site, je ne me suis pas méfié. Arrivé sur la page d'eBay, j'ai tapé mon mot de passe et j'ai soudain compris que je n'étais pas sur eBay. Je venais d'être victime d'un *phishing* ou *hameçonnage*.

C'est ainsi que fonctionne le *social engineering*! Pour vous éviter ce genre de désagrément, utilisez la fonction SmartScreen d'Internet Explorer qui va valider ou non la légitimité d'un site Web.

Pour l'utiliser avec Internet Explorer 11, ouvrez le menu local Sécurité, et pointez sur Filtre SmartScreen. Dans le sous-menu qui s'affiche, cliquez sur Activer le filtre SmartScreen, comme à la Figure 15.6. Une fois cette fonction activée, dès que vous affichez une page Web douteuse, suivez la même procédure que ci-dessus. Mais cette fois, choisissez Vérifier ce site Web. Microsoft compare la page avec celles contenues dans une vaste base de données de pages suspectes. Si la page que vous visitez est dangereuse, vous en êtes immédiatement averti.

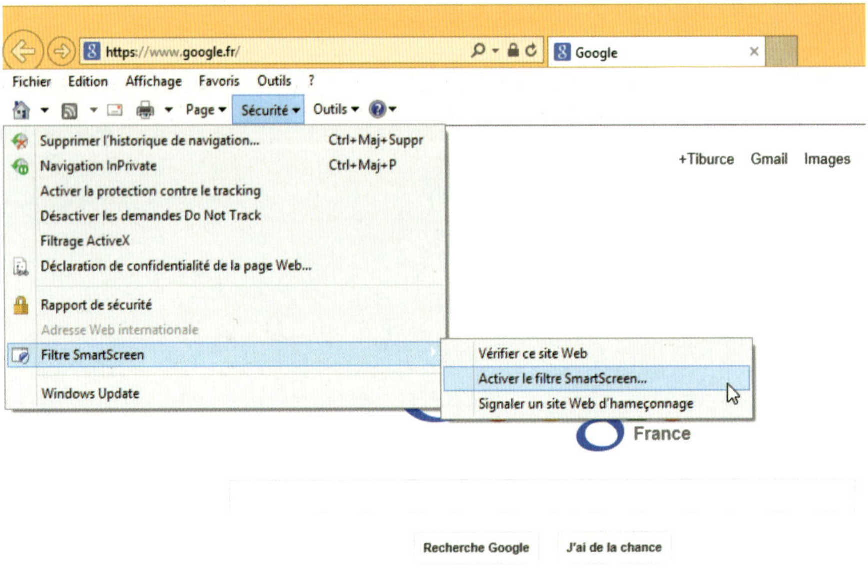

Figure 15.6 : Activer le filtre SmartScreen d'Internet Explorer 11.

Effacer l'historique de navigation

Internet Explorer 11 mémorise dans un historique tous les sites Web que vous visitez. Bien entendu, il ne s'agit pas d'une manœuvre pour vous prendre en défaut, mais pour faciliter votre navigation.

Le problème est que cet historique représente un risque lorsque vous ne souhaitez pas que d'autres personnes utilisant votre ordinateur puissent connaître votre vie privée. Pour éviter que l'historique ne surveille toutes les pages que vous visitez, préférez les navigations InPrivate aux autres.

Si vous n'avez pas navigué en mode InPrivate, voici comment effacer votre historique de navigation :

1. **Ouvrez Internet Explorer 11.**
2. **Cliquez sur Outils > Options Internet.**
3. **Dans la boîte de dialogue qui apparaît, veillez à afficher le contenu de l'onglet Général.**
4. **Dans la section Historique de navigation, cliquez sur le bouton Supprimer.**
5. **Dans la boîte de dialogue Supprimer l'Historique de navigation qui s'affiche (Figure 15.7), cochez la case Historique.**

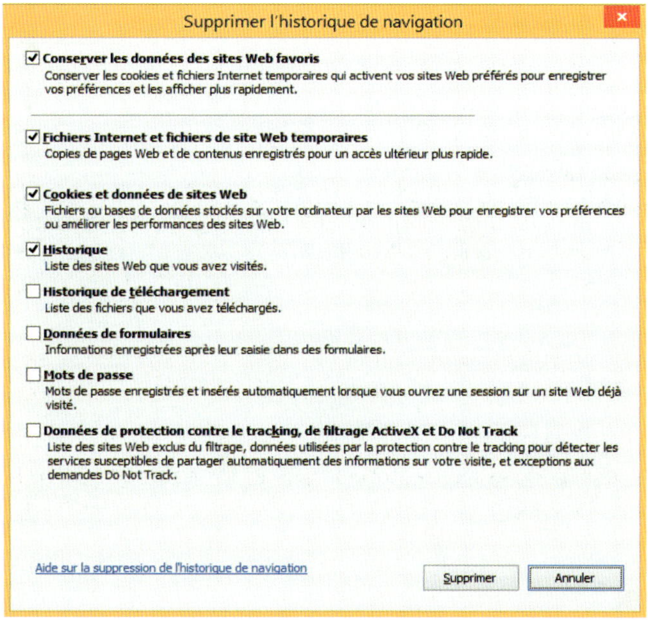

Figure 15.7 : Pour supprimer les traces de votre navigation Web.

6. **Cliquez sur le bouton Supprimer.**

Autant en emporte l'historique.

Windows Update

Pour garantir un niveau de sécurité élevé, vous devez régulièrement mettre Windows à jour. Cela signifie que vous téléchargerez des patchs de sécurité.

Voici comment utiliser Windows Update sous Windows 8.1 :

1. **Ouvrez le Panneau de configuration.**
2. **Cliquez sur la catégorie Système et sécurité, puis sur Windows Update.**
3. **Dans la partie supérieure gauche, cliquez sur le lien Modifier les paramètres.**

   Dans le menu local, illustré à la Figure 15.8, choisissez une des quatre options suivantes : Installer les mises à jour automatiquement, Télécharger les mises à jour mais me laisser choisir s'il convient de les installer, Rechercher les mises à jour mais me laisser choisir s'il convient de les télécharger et les installer, et Ne jamais rechercher des mises à jour.

   Je vous conseille l'option Télécharger les mises à jour mais me laisser choisir s'il convient de les installer. Vous pourrez ainsi sélectionner celles qui vous paraissent vraiment utiles.

4. **Cliquez sur OK pour appliquer vos modifications.**
5. **Fermez la fenêtre Windows Update.**

Téléchargez uniquement les mises à jour de sécurité. Refusez les mises à jour du système lui-même, car elles risquent de modifier vos configurations personnalisées.

Comme la durée de vie moyenne d'un ordinateur portable est de cinq ans, un nouveau système d'exploitation Windows sera installé sur le portable qui remplacera le vôtre.

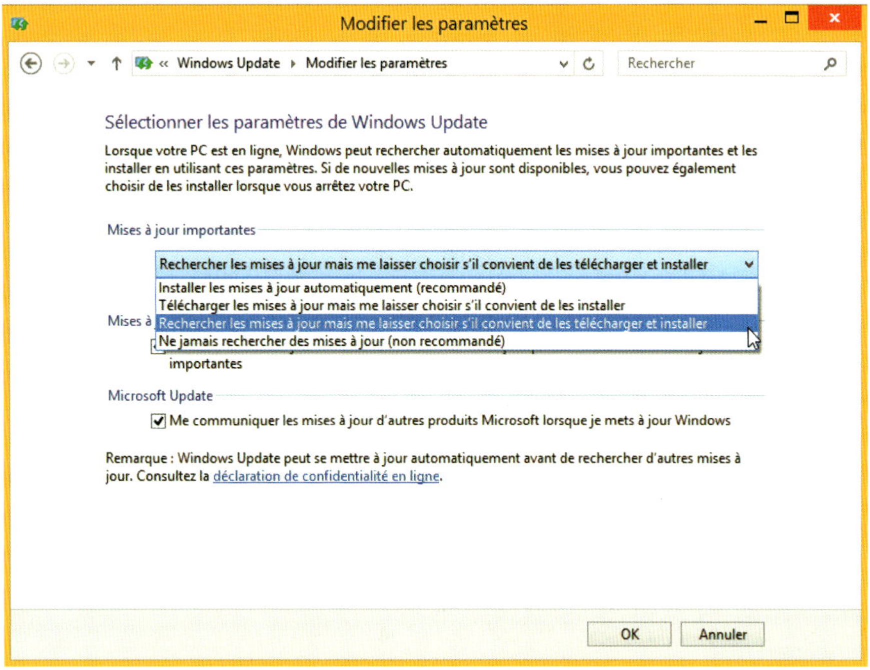

Figure 15.8 : Configurez le comportement de Windows Update.

16

Navigation Web et courrier électronique

Dans ce chapitre

- Sauvegarder des pages Web sur votre disque dur
- Lire vos e-mails en voyage
- Utiliser un service de messagerie sur Internet
- Transférer un e-mail vers un autre compte

Internet reste Internet, que vous utilisiez un PC portable ou un PC de bureau. La différence est que votre portable permet de vous connecter au Web dans n'importe quel lieu remplissant les conditions nécessaires. OK ! C'est parfait ! Mais qu'en est-il du courrier électronique ? Pouvez-vous consulter vos e-mails en voyage comme vous le feriez à la maison ? Est-ce que la procédure est identique ?

Ce chapitre présente les trucs et les astuces qui permettent d'accéder au Web et à vos e-mails lorsque votre ordinateur portable est loin… d'Internet.

Naviguer sur le Web loin de vos bases

Je n'ai qu'une seule suggestion à vous faire pour naviguer *sur la route* (comme disent les publicités Apple), et plus spécialement si vous êtes loin de toute connexion à Internet (en avion par exemple) : *Sauvegardez vos pages Web !*

Voici comment les choses vont se dérouler : avant de ne plus disposer d'une connexion Internet haut débit, parcourez quelques pages Web dont vous souhaitez consulter les informations en voyage. Sauvegardez chacune d'elles sur le disque dur de votre ordinateur portable. Ensuite, vous les afficherez hors connexion dans Internet Explorer 11 (version Bureau) de la manière suivante :

1. **Appuyez sur F10 pour afficher la barre des menus.**

   Pour afficher en permanence la barre des menus, cliquez sur Affichage > Barre d'outils, et cochez l'option Barre des menus.

2. **Ouvrez le menu Fichier, et cliquez sur Enregistrer sous.**

   La boîte de dialogue Enregistrer la page Web apparaît.

3. **Utilisez les différentes sections de la boîte de dialogue pour choisir l'emplacement de stockage de la page Web.**

   Si vous ne spécifiez pas de dossiers, la page Web sera sauvegardée par défaut dans le dossier Téléchargements.

   Conservez le nom de la page qui correspond à celui qui est affiché dans sa barre de titre.

4. **Dans le menu local Type, choisissez Page Web complète.**

   Cette option permet de préserver la structure et le contenu de la page. Elle occupera davantage d'espace sur votre disque dur, mais vous assurera un affichage complet de la page Web hors connexion.

5. **Cliquez sur le bouton Enregistrer.**

Poursuivez votre navigation vers les autres pages Web à consulter hors connexion. Personnellement, avant de partir en voyage, j'enregistre les pages Web de mes blogs favoris pour les lire tranquillement en avion.

Pour afficher les pages Web ainsi sauvegardées, ouvrez le dossier Téléchargements, et double-cliquez sur le fichier portant l'extension .htm ou .html. Si Windows 8.1 vous invite à choisir l'application devant afficher la page, optez pour un des navigateurs Web installés sur votre ordinateur portable, comme Internet Explorer, Firefox, ou bien encore Chrome pour ne citer qu'eux.

- Déclinez toute invitation de votre navigateur Web de vous connecter à Internet.
- Ne vous inquiétez pas si certaines images ne s'affichent pas. Elles correspondent généralement à un contenu qui est continuellement mis à jour sur le Net. De ce fait, l'option Page complète n'est pas véritablement *complète*.

Il existe deux versions d'Internet Explorer sous Windows 8.1, c'est-à-dire une pour l'écran d'accueil et l'autre pour le Bureau. Celle de l'écran d'accueil est idéale pour une consultation simple et tactile des pages Web, tandis que celle du Bureau, grâce à des barres d'outils et des menus, permet de mieux gérer l'ensemble des pages que vous visitez.

Les astuces du courrier électronique

Comme l'Internet est partout autour de nous, il est plus facile de consulter nos courriers électroniques en voyage que cela a pu l'être à une époque pas si lointaine que cela. Malgré cette facilité, voici quelques astuces et suggestions qui vous rendront bien des services en voyage.

La connexion haut débit qui vous sera proposée en voyage fonctionnera exactement comme celle de votre domicile. Pour plus de détails, reportez-vous au Chapitre 14.

Lire vos e-mails en voyage

Votre programme de messagerie électronique fonctionnera quel que soit le lieu où vous résiderez. Toutefois, il est possible que vous soyez confronté aux restrictions suivantes :

Parfois, vous pourrez envoyer des messages, mais pas en recevoir. Cela tient au fait que le serveur SMTP que vous utilisez est incapable d'accéder à un lieu distant. La solution est de demander le nom du serveur SMTP local et de reparamétrer vos messageries en conséquence. Cette opération est complexe pour les débutants.

La seconde restriction est liée à l'utilisation d'un accès à distance, c'est-à-dire par le biais d'une ligne téléphonique analogique classique. Dans ce cas, vous risquez de payer un appel longue distance qui vous sera facturé par votre FAI. La solution consiste à utiliser un service de messagerie basé sur le Web, comme cela est expliqué à la prochaine section.

Ouvrir un compte de messagerie sur un serveur de mail basé sur Internet

Un serveur de messagerie gratuit basé sur le Web permet de consulter vos messages où que vous vous trouviez dans le monde dès l'instant où une connexion à Internet est disponible. Dans ce cas, vous n'avez pas besoin de vous connecter au compte de messagerie de votre FAI. Il est donc très facile de consulter vos mails avec votre ordinateur portable, ou tout autre PC disponible.

Voici les serveurs de messagerie basés sur le Web les plus populaires :

- Gmail : http://gmail.google.com
- GMX Mail : http://www.gmx.fr/
- Outlook.com (ex Hotmail et Live) : http://www.outlook.com
- Yahoo! Mail : http://mail.yahoo.com

Ce n'est pas parce que vous créez un compte de messagerie basé sur le Web que vous devez abandonner le ou les comptes que vous avez ouverts gratuitement auprès de votre FAI. En effet, beaucoup de personnes utilisent plusieurs comptes de messagerie en fonction de leurs besoins : personnels, professionnels, divertissement, e-commerce *etc.* De ce fait, pourquoi ne pas réserver un compte de messagerie à vos déplacements ?

Accéder à vos mails depuis l'ordinateur d'un ami

Il est très facile de consulter ses courriels chez un ami qui dispose d'une connexion Internet haut débit. S'il est équipé en Wi-Fi, il suffit qu'il vous communique la clé de sécurité pour vous connecter à son réseau le temps de relever vos messages. Sinon, branchez un câble Ethernet à votre portable, et le tour est joué sans le moindre mot de passe ou clé de sécurité.

Mais, la consultation des mails sur un serveur distant basé sur le Web n'est aucunement liée à l'utilisation de votre ordinateur portable. Par conséquent, demandez à votre ami qu'il vous laisse accéder à son PC le temps que vous alliez sur ce serveur consulter vos courriers électroniques. Vous vous connectez au site Gmail, Yahoo! *etc.*, et vous lisez puis répondez à vos courriels comme si vous étiez à la maison.

- Ne configurez pas votre compte de messagerie chez un ami ou un membre de votre famille. C'est une question de sécurité.
- La meilleure option est d'utiliser la connexion avec ou sans fil de votre ami ou du membre de votre famille avec votre propre ordinateur portable.
- Vous avez toujours la possibilité de consulter vos mails dans un cybercafé et des points d'accès sans fil disponibles dans certains restaurants rapides, hôtels, ***etc.***

Faire suivre vos messages

Il est possible de faire suivre vos messages entrants vers une autre adresse mail. Par exemple, si vous êtes en voyage pendant trois semaines, vous pouvez faire suivre les messages de votre compte de messagerie professionnelle vers votre compte « nomade », afin de ne manquer aucune information importante.

Lorsque vous activez cette option, veillez à indiquer une adresse mail valide pour éviter que vos messages ne se perdent dans la quatrième dimension de l'Internet. Évitez également de créer une boucle en faisant suivre les courriers entre deux comptes. En effet, ils ne cesseront de se faire suivre le même courriel indéfiniment risquant alors de fortement encombrer votre boîte de réception.

Enfin, n'oubliez pas d'interrompre ce service une fois de retour à la maison.

Configurer un répondeur automatique

Un *répondeur automatique* permet de répondre à vos e-mails lorsque vous n'êtes pas à votre bureau pendant un certain temps, notamment pendant vos vacances. Le répondeur envoie aux personnes qui vous écrivent un message du type : « Je suis absent de mon bureau jusqu'au xx/xx/xx, merci de me contacter à mon retour. »

Vérifiez auprès de votre FAI si ce service est disponible. En général, la configuration du répondeur automatique se déroule sur le site de votre fournisseur d'accès. Suite à cette configuration, vous recevrez un mail automatique de confirmation attestant du bon fonctionnement du service.

17

Ordinateur de bureau et PC portable

Dans ce chapitre

- Connecter votre ordinateur portable et votre ordinateur de bureau
- Échanger des fichiers
- Utiliser le Centre de synchronisation
- Configurer un partenariat de synchronisation
- Synchroniser des fichiers
- Accéder à distance à votre ordinateur de bureau

Beaucoup de personnes n'utilisent que leur ordinateur portable, tandis que d'autres se servent à la fois d'un PC de bureau et d'un portable.

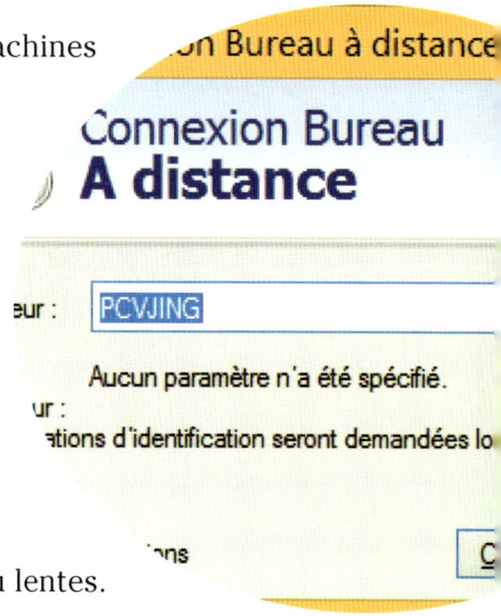

Cette combinaison peut être très utile lorsque les deux machines peuvent échanger et partager facilement des données. Ce chapitre traite de la liaison que vous pouvez établir entre votre ordinateur de bureau et votre PC portable, ainsi que des problèmes que cela peut générer.

Des données ici et là

À la grande époque de l'informatique incompatible, l'échange de données entre deux ordinateurs était un très gros problème. Pourtant, le but poursuivi est simple : transférer des informations d'une machine à une autre. Il existait diverses solutions simples, complexes, rapides, ou lentes.

Le réseau basket

La méthode la plus traditionnelle pour déplacer des informations d'un ordinateur à un autre consistait à utiliser un support de stockage amovible qui passait ainsi d'une machine à une autre. On utilisait des supports magnétiques comme des disquettes. Vinrent ensuite les disques optiques, et aujourd'hui les cartes mémoire.

L'échange d'informations se faisait, et peut toujours se faire, de la manière suivante :

1. **Enregistrez ou copiez l'information d'un des ordinateurs sur le support amovible.**
2. **Déplacez-vous jusqu'à l'autre ordinateur.**
3. **Insérez ce support dans le port idoine du second ordinateur.**
4. **Ouvrez le support.**

Cette technique de réseau basket est encore utilisée de nos jours. Ce n'est pourtant pas le meilleur moyen d'échanger des informations entre deux ordinateurs.

La hideuse connexion directe par câble

Avant la mise en œuvre des technologies réseau comme nous les connaissons aujourd'hui, les ordinateurs portables et de bureau pouvaient être connectés les uns aux autres par l'intermédiaire de leurs ports série (ou ports imprimante).

Figure 17.1 : Les horribles câbles série.

Les utilisateurs devaient se procurer des câbles *octopus* aussi laids que ceux illustrés à la Figure 17.1.

Les horribles câbles octopus établissaient une connexion entre les deux PC. Un logiciel dédié permettait alors d'établir la communication entre ces machines. La configuration matérielle et les exigences logicielles rendaient cette procédure très complexe.

Ethernet

La technique la plus simple pour échanger des fichiers entre un ordinateur portable et un ordinateur de bureau consiste à placer les deux ordinateurs sur le même réseau câblé. Une fois la configuration et la connexion établies, chacun des ordinateurs apparaît comme une sorte de disque dur externe pour l'autre. Il est alors très facile de partager et d'accéder à leurs dossiers.

Windows fournit un utilitaire appelé Centre de synchronisation qui facilite ce partage, comme vous le découvrirez dans la prochaine section.

- Le réseau est la technique la plus facile pour connecter deux ordinateurs. Même si vous possédez un ordinateur de bureau et un portable, je conseille de passer par un matériel réseau.
- Pour plus d'informations sur la mise en réseau des PC portables et de bureau, consultez le Chapitre 12.

Le partage avec OneDrive de Microsoft

Comme vous utilisez Windows 8.1, pourquoi ne pas utiliser le Cloud de Microsoft ? Comment ? Vous ignorez tout du Cloud, ou le *nuage informatique* en bon vieux Français qui se respecte.

L'idée de cette technologie est la suivante : des serveurs informatiques, c'est-à-dire de gros ordinateurs disposant d'un espace de stockage gigantesque, permettent aux utilisateurs de stocker des données à distance. *De facto*, ces données sont accessibles où que vous soyez dès lors que vous disposez d'une connexion à Internet.

Le Cloud de Microsoft se nommait SkyDrive sous Windows 8. Ayant récemment perdu un procès qui l'opposait au géant britannique de l'audiovisuel British Sky Broadcasting, Microsoft a été récemment contraint de changer le nom de son système de stockage en ligne.

Par défaut, OneDrive (ou tout au moins SkyDrive) est installé sur votre ordinateur. Toutefois, il est fort possible que la version disponible ne soit accessible que depuis l'écran d'accueil. Pour pouvoir profiter de OneDrive sur toutes les interfaces de Windows et de vos périphériques connectés, voici comment installer cette fonctionnalité :

1. **Ouvrez Internet Explorer depuis le Bureau et connectez-vous au site http://onedrive.com.**

2. **Si vous possédez un compte SkyDrive, connectez-vous à OneDrive en utilisant votre nom d'utilisateur et votre mot de passe.**

   Sinon, créez un compte, puis connectez-vous à OneDrive.

   Si vous possédiez un compte SkyDrive, faites-le migrer en compte OneDrive en cliquant sur le bouton Commencer de votre espace de stockage, comme le montre la Figure 17.2.

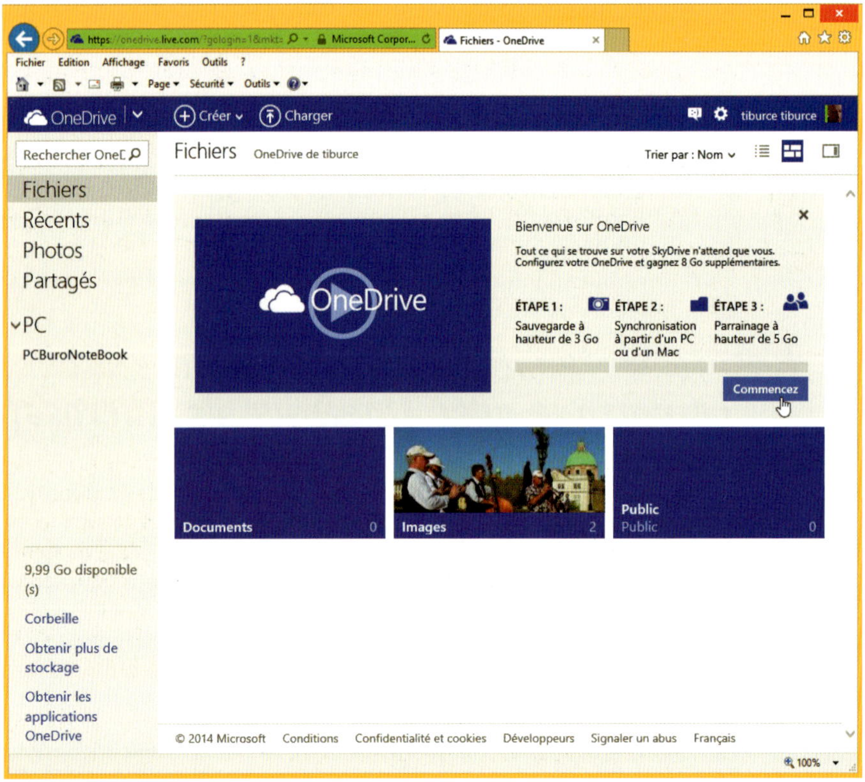

Figure 17.2 : Faire migrer SkyDrive vers OneDrive.

Une fois OneDrive opérationnel, il fonctionne comme un disque dur local d'une capacité de stockage gratuite limitée à 10 Go. L'Explorateur de fichiers contient une icône OneDrive qui rend transparent l'accès aux serveurs distants. Bien entendu, pour que OneDrive fonctionne correctement, vous devez être connecté à Internet même si votre navigateur Web n'est pas ouvert.

N'OUBLIEZ PAS

- Les fichiers stockés dans votre dossier OneDrive sont immédiatement accessibles entre vos divers ordinateurs.
- OneDrive est une excellente solution pour synchroniser des données entre ordinateur portable, de bureau, et un smartphone.
- Vos fichiers OneDrive sont également accessibles depuis le site Web OneDrive.
- Vous pouvez accéder à OneDrive avec une tablette ou un téléphone cellulaire. Dans ce cas, téléchargez préalablement l'application OneDrive.
- Tant que vous n'avez pas une grosse masse de données à échanger, vous pouvez utiliser gratuitement OneDrive.
- OneDrive est également disponible sous la forme d'une application de l'écran d'accueil.

TRUC

Il existe aussi une autre solution de stockage distant tout à fait performante nommée DropBox. Vous la trouverez à l'adresse www.dropbox.com. Dans sa version gratuite, vous êtes limité à un espace de stockage de 2 Go de données.

Au bonheur de la synchronisation

Coordonner des fichiers entre un ordinateur portable et de bureau devrait être très simple. Les ordinateurs ne sont-ils pas faits pour nous faciliter la vie ? (Oui je sais, on est en droit de se le demander.) Ils raffolent des tâches répétitives avec une préférence marquée pour la synchronisation des données entre deux machines. Sous Windows, l'utilitaire qui prend en charge cet aspect de l'informatique se nomme Centre de synchronisation.

Le problème est que cette application est bien moins facile à mettre en œuvre que OneDrive ou Dropbox.

- Le Centre de synchronisation ne fonctionne qu'entre des ordinateurs situés sur le même réseau (câblé ou non).
- Pour plus d'informations sur le partage des fichiers et des dossiers en réseau, consultez le Chapitre 12.
- La synchronisation des fichiers en réseau n'est pas possible sur toutes les versions de Windows.

- Le Centre de synchronisation est conçu pour les périphériques mobiles comme les lecteurs MP3, les assistants personnels, les smartphones, et autres accessoires mobiles. Cet utilitaire peut être utilisé pour gérer des fichiers entre l'ordinateur portable et de bureau.

Visiter le Centre de synchronisation

Pour accéder et utiliser le Centre de synchronisation de Windows 8.1 :

1. **Ouvrez le Panneau de configuration.**
2. **Dans le menu local Afficher par, choisissez Petites icônes.**
3. **Double-cliquez sur l'icône Centre de synchronisation.**

La fenêtre Centre de synchronisation s'ouvre. Comme vous la visitez pour la première fois, elle ne contient aucun partenariat de synchronisation, comme le montre la Figure 17.3.

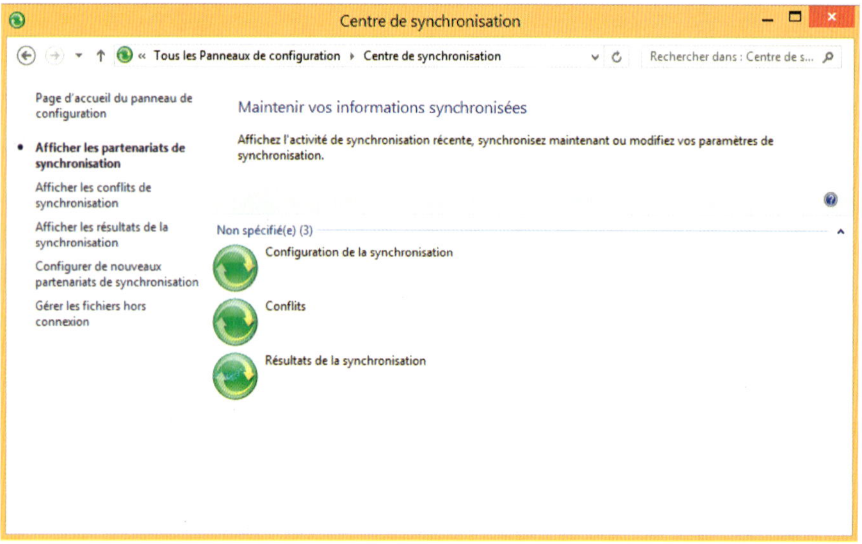

Figure 17.3 : Le centre de synchronisation.

- Lorsque des synchronisations ont été configurées dans le Centre de synchronisation, une icône spécifique apparaît dans la zone de notification.
- Double-cliquez sur l'icône Centre de synchronisation de la zone de notification pour ouvrir la fenêtre Centre de synchronisation.

- Vous pouvez accéder au Centre de synchronisation depuis le Centre de mobilité Windows.
- Sous Windows 8.1, faites un clic droit sur le bouton Démarrer et, dans le menu contextuel qui apparaît, choisissez Centre de mobilité.

Utiliser le Centre de synchronisation

Le Centre de synchronisation compare les fichiers des deux emplacements. Il s'agira en l'occurrence de comparer le contenu d'un dossier de votre portable avec son *alter ego* sur le PC de bureau. La synchronisation va harmoniser le contenu des deux dossiers.

Par exemple, lorsque vous partez en voyage, vous pouvez synchroniser votre ordinateur portable et de bureau pour que les fichiers les plus importants du dossier Travail du PC de bureau soient mis à jour sur le dossier idoine du portable. Une fois ce voyage terminé, vous resynchroniserez les deux machines pour que le contenu de ce dossier du portable actualise celui du bureau.

Synchroniser des fichiers

Pour synchroniser des fichiers, coordonnez-les entre votre PC portable et de bureau, en suivant ces étapes :

1. **Ouvrez la fenêtre Centre de synchronisation.**
2. **Dans le volet gauche de la fenêtre, cliquez sur Afficher les partenariats de synchronisation.**
3. **Cliquez sur le bouton Synchroniser ou Tout synchroniser.**

   Vous pouvez attendre et regarder le déroulement de l'opération. Je vous conseille de vaquer à d'autres occupations en attendant que cette tâche soit terminée.
4. **Fermez la fenêtre Centre de synchronisation.**

Cliquez sur Afficher les résultats de la synchronisation. Pour que la synchronisation opère, votre portable doit être connecté au réseau, et les dossiers partagés doivent être accessibles.

Accéder aux fichiers synchronisés

Vous voici en voyage d'affaires ! Vous êtes sur la route. Vous devez maintenant accéder aux fichiers que vous avez synchronisés avec votre ordinateur de bureau. Voici comment procéder :

1. **Ouvrez le Centre de synchronisation.**
2. **Dans le volet gauche, cliquez sur Afficher les partenariats de synchronisation.**
3. **Ouvrez le dossier Fichiers hors connexion.**
4. **Ouvrez le dossier contenant les fichiers auxquels vous souhaitez accéder.**
5. **Ouvrez un des fichiers.**

   Le fichier s'ouvre sur votre ordinateur, prêt à être utilisé.

Si le fichier est indisponible, cela signifie que les ordinateurs n'ont pas été complètement synchronisés. Reportez-vous alors à la précédente section pour corriger ce problème.

- Les fichiers indisponibles sont grisés.
- Il est possible de copier le fichier d'un dossier synchronisé vers un autre dossier de votre disque dur. Toutefois, le fichier ne restera synchronisé que si vous le recopiez ensuite dans son dossier d'origine.

Synchroniser un nouveau fichier

Si vous êtes en voyage et que vous créez un nouveau fichier, voici comment le synchroniser à votre retour sur votre ordinateur de bureau :

1. **Enregistrez le fichier comme vous le feriez pour un fichier non synchronisé.**

   Par exemple, effectuez cette sauvegarde vers le dossier Documents.
2. **Ouvrez le dossier dans lequel vous avez enregistré le fichier.**
3. **Cliquez dessus pour le sélectionner.**
4. **Appuyez sur Ctrl + C pour le copier.**
5. **Ouvrez le Centre de synchronisation.**

6. **Ouvrez le dossier Fichiers hors connexion.**
7. **Ouvrez le dossier de partenariat de synchronisation dans lequel vous voulez sauvegarder le fichier.**
8. **Appuyez sur Ctrl + V pour y coller le fichier.**

Seul le fichier présent dans le dossier de partenariat est synchronisé avec l'ordinateur de bureau.

TRUC

Frustré ? Reportez-vous à la section « Le partage Internet avec OneDrive de Microsoft » pour utiliser un système de synchronisation bien plus simple.

Mettre fin à un partenariat de synchronisation

Si vous souhaitez interrompre un partenariat de synchronisation, conformez-vous aux étapes suivantes :

1. **Ouvrez l'Explorateur de fichiers, et cliquez sur Réseau.**
2. **Naviguez jusqu'à l'emplacement réseau où vous avez des partenariats de synchronisation.**
3. **Faites un clic droit sur un dossier de partenariat.**
4. **Choisissez Toujours disponible hors connexion pour décocher l'icône.**
5. **Cliquez sur le bouton Fermer pour quitter la boîte de dialogue.**

   Il est possible que Windows ferme automatiquement la fenêtre pour vous.

6. **Fermez le Centre de synchronisation une fois vos opérations terminées.**

Loin des yeux, loin du cœur

Une des choses les plus incroyables que vous puissiez accomplir avec votre PC portable est de pouvoir accéder à votre ordinateur de bureau depuis n'importe quel emplacement où Internet est disponible.

Malgré la fascination que nous puissions avoir pour cette fonctionnalité, elle présente des risques de sécurité. Ainsi, souhaitez-vous que n'importe quelle personne accédant à Internet puisse utiliser votre PC de bureau à distance ? Pourtant, cela peut arriver !

Par conséquent, il est fortement conseillé d'essayer les astuces de cette section si votre pare-feu est bien configuré.

Configurer une Connexion Bureau à distance

L'outil qui permet d'accéder à un ordinateur se nomme Connexion Bureau à distance. Voici comment configurer cette connexion pour que votre ordinateur portable puisse accéder à votre PC de bureau à distance sous Windows 8.1 :

1. **Exécutez le raccourci clavier Windows + Pause pour accéder à la fenêtre Système.**
2. **Notez sur une feuille de papier le nom de votre ordinateur.**

   Vous utiliserez ce nom lorsque vous connecterez votre ordinateur sur le réseau.
3. **Dans le volet gauche, cliquez sur le lien Paramètres d'utilisation à distance.**

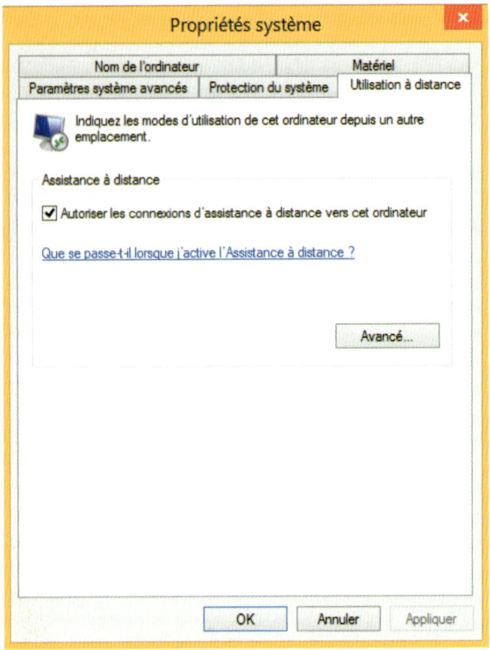

Figure 17.4 : Autoriser les connexions d'assistance.

4. **Dans la boîte de dialogue Propriétés système qui apparaît, cochez l'option Autoriser les connexions d'assistance à distance vers cet ordinateur, comme à la Figure 17.4.**

5. **Cliquez sur OK pour fermer la boîte de dialogue Propriétés système.**

6. **Fermer le Panneau de configuration.**

L'ordinateur est maintenant ouvert au partage avec votre PC portable et tout autre ordinateur du réseau.

Effectuer une connexion à distance sur le réseau

Une fois le principe de la connexion Bureau à distance établi, vous devriez accéder et ainsi utiliser l'ordinateur ciblé sur le réseau. D'une certaine manière, vous allez en prendre le contrôle.

Voici comment accéder à l'ordinateur distant :

1. **Appuyez sur Windows + R pour ouvrir la boîte de dialogue Exécuter.**

2. **Dans le champ Ouvrir, tapez** mstsc**, et cliquez sur le bouton OK.**

   Il s'agit là d'une alternative à la commande Rechercher de la barre des charmes.

3. **Ouvrez le menu local Ordinateur, et choisissez le PC auquel vous souhaitez accéder à distance. S'il est absent de la liste, tapez directement son nom dans le champ Ordinateur, comme le montre la Figure 17.5.**

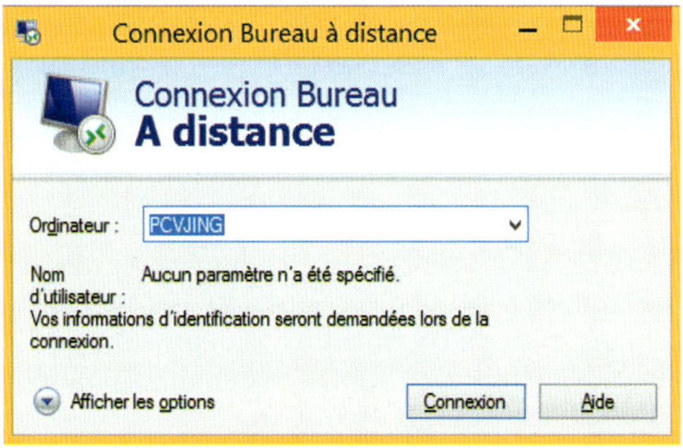

Figure 17.5 : Établir une connexion avec un ordinateur distant.

N'OUBLIEZ PAS

L'accès à distance ne sera possible que si l'ordinateur distant autorise cette fonction. (Si nécessaire, reportez-vous à la précédente section.)

4. **Cliquez sur le bouton Connexion.**

   Vous vous connecterez à l'ordinateur distant en utilisant son nom d'utilisateur et son mot de passe.

5. **Dans la fenêtre de sécurité qui apparaît, tapez votre nom d'utilisateur et votre mot de passe, comme si vous vous connectiez directement depuis l'ordinateur distant.**

   En d'autres termes, tapez le nom d'utilisateur et le mot de passe de votre PC de bureau puisque nous l'utilisons comme ordinateur distant accessible ***via*** votre PC portable.

6. **Cliquez sur OK.**

   Patientez quelques secondes !

7. **Si un message de sécurité apparaît, cliquez sur le bouton Oui.**

   L'écran de votre ordinateur portable affiche le Bureau de votre ordinateur distant.

8. **Utilisez l'ordinateur distant comme si vous utilisiez votre ordinateur portable.**

9. **Pour arrêter la connexion, cliquez sur le bouton X situé dans la barre de titre de l'écran.**

10. **Cliquez sur OK pour confirmer la déconnexion.**

    La connexion est interrompue. Vous récupérez le Bureau de votre ordinateur portable.

Tous les programmes en cours d'exécution sur l'ordinateur distant continuent de fonctionner après la déconnexion.

- Une fois la connexion établie, l'ordinateur distant peut déconnecter l'utilisateur et afficher l'écran d'accueil.
- Le Bureau à distance peut s'afficher en mode plein écran ou dans une fenêtre indépendante. En mode plein écran, une barre de titre s'affiche dans la partie supérieure de l'écran et agit comme une sorte de fenêtre de contrôle. En mode fenêtre, le Bureau à distance apparaît dans une fenêtre sur le Bureau de votre PC portable.

- Malheureusement, vous ne pouvez pas copier de fichiers ni de dossiers entre le système distant et votre ordinateur par la technique du glisser-déposer.
- La Connexion Bureau à distance fonctionne mieux sur des réseaux locaux. Lorsque vous avez besoin d'accéder à votre PC de bureau depuis Internet, utilisez de préférence le programme Real Virtual Network Computing (VNC). (Si vous savez pourquoi le ***R*** est absent, écrivez-moi !). Ce produit, gratuit à l'origine, est désormais payant. Pour plus d'informations, visitez le site www.realvnc.com.

Cinquième partie

Jamais sans mon portable

Dans cette partie...

Un PC portable est conçu pour vous permettre de travailler ou de vous divertir partout. Ainsi, en vacances dans le Sud de la France, vous pourrez envoyer une photo de vous à la terrasse d'un café à 6 h 30 du matin. Pourquoi ne pas vérifier vos mails quand vous prenez votre petit déjeuner aux States ? Avez-vous une seule fois réfléchi au potentiel de votre machine ?! Non je ne crois pas ! Pourtant, grâce aux réseaux sans fil, votre PC portable vous sera utile absolument partout. Alors, sortez, voyagez, déambulez, naviguez, volez où que vous vouliez, mais jamais sans votre portable.

18

Un fidèle compagnon de route

Dans ce chapitre

- Choisir une sacoche pour votre portable
- Préparer votre portable pour l'aéroport
- Gérer les problèmes de sécurité dans les aéroports
- Utiliser un PC portable en avion
- Désactiver l'adaptateur réseau sans fil
- S'alimenter en électricité en avion
- Configurer un portable pour les cafés
- Utiliser votre portable à l'hôtel
- Éviter de faire chauffer le portable

Avez-vous déjà remarqué que dans *transportable* il y a *portable*. Vous m'avez donc compris ! Un PC portable peut se transporter partout. À l'aéroport, au café, chez la cousine Bette, le cousin Pons, Ferdinand Bardamu, Eugénie Grandet, et pourquoi pas Marguerite Gautier, la Dame aux Camélias.

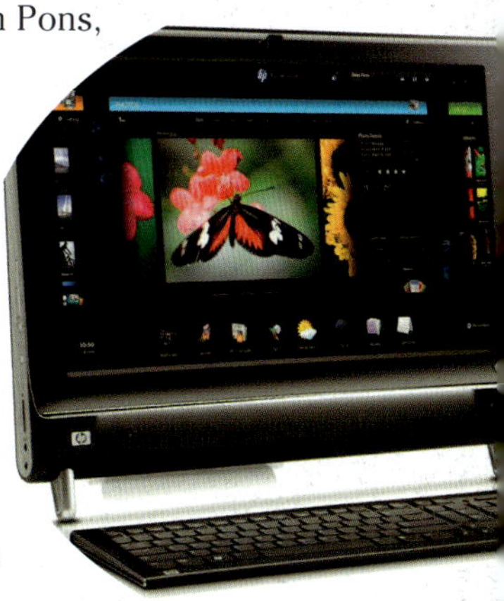

Entre nous soit dit, je pense que vous l'utiliserez principalement dans les cafés, les aéroports, et les hôtels.

La sacoche

Pour transporter un PC portable en toute sécurité, vous avez besoin d'une sacoche ou d'une mallette. En effet, ce type d'ordinateur reste fragile, et doit pouvoir résister à tous les chocs.

Les principales caractéristiques d'une sacoche

Je balade mes ordinateurs portables depuis plus de 30 ans. Voici ce que l'expérience m'a appris sur les sacoches et autres mallettes de transport :

- Vérifiez que votre ordinateur portable pourra être convenablement accueilli par la sacoche. En effet, il ne faut pas que le PC soit trop ou insuffisamment compressé. La sacoche ou la mallette doit pouvoir se fermer sans effort.
- Évitez une sacoche faite sur mesure pour votre ordinateur portable. En effet, vous ne le garderez pas toute votre vie. Une sacoche plus universelle accueillera tous vos futurs portables.
- Optez pour une sacoche plutôt souple. Les mallettes rigides absorbent moins bien les chocs.
- Vous aurez besoins de pochettes pour y stocker vos accessoires, vos fournitures de bureau, des disques, des manuels, et tout ce qui est nécessaire à votre activité hors de vos bases.
- Je conseille une sacoche équipée de deux grandes zones séparées. Vous glissez le portable dans l'une d'elles, et placez vos papiers, votre bloc-notes, et vos accessoires dans l'autre.

  Préférez une fermeture Éclair à des sangles.
- Une pochette extérieure permet de ranger des documents importants accessibles immédiatement comme des billets d'avion.
- Choisissez une sacoche avec bandoulière.

TRUC

- Un sac à dos présente l'avantage de libérer vos deux mains, et s'avère donc très pratique pour présenter votre carte d'embarquement tout en buvant un café.
- Si vous pensez emporter beaucoup de matériels comme un vidéoprojecteur, ou une imprimante, envisagez une sacoche à roulettes.
- Optez pour une sacoche que vous pourrez prendre en bagage à main.
- Évitez des sacoches trop petites et trop fines. Votre PC portable n'y sera pas bien protégé. Vous serez en effet surpris du nombre d'accessoires que vous ajouterez à votre ordinateur.
- Évitez les sacoches à dix mille pochettes. Cela prend de la place et vous n'en aurez jamais besoin d'autant.
- Évitez les sacoches ou les mallettes sur lesquelles figurent le nom du constructeur de votre PC portable. C'est le meilleur moyen d'attirer l'attention des voleurs.

N'OUBLIEZ PAS

- La sacoche est destinée à transporter et à protéger votre portable et ses accessoires. Recherchez celle qui permettra d'emporter tous vos matériels sans aucun souci de place et de sécurité.

Les marques conseillées

J'utilise des sacoches Eddie Bauer depuis plus de 20 ans. La Figure 18.1 montre le sac en nylon que j'apprécie tout particulièrement. Il dispose de nombreuses poches et compartiments de stockage dont une pochette extérieure qui me permet de ranger des magazines et des livres. (Parfois même une tablette de chocolat, car je suis très gourmand.)

Figure 18.1 : Cette sacoche Eddie Bauer emporte toute ma confiance.

Pour les longs voyages, j'utilise un sac à dos, car les voleurs suspectent rarement qu'il puisse contenir un ordinateur portable. Le sac à dos me permet également de transporter des équipements plus lourds qu'il serait pénible de tenir à la main.

Voici une liste de sites où vous trouverez d'excellentes sacoches.

- `http://www.sacochestore.com/index.cfm`
- `http://www.sakapuce.fr/shop/`
- `http://www.eddiebauer.com`
- `http://accessories.euro.dell.com/sna/default.aspx`
- `http://www.bagee.fr/`

La check-list du parfait petit portable voyageur

Quelle que soit la durée de votre voyage, de Paris à Dublin ou de chez vous au café du coin, procédez aux vérifications suggérées dans cette section.

Avant de partir

Avant de faire prendre l'air à votre ordinateur portable, voici les points à vérifier :

- Rechargez la batterie! Notamment la veille de partir en voyage.
- Si vous le pouvez, emportez une seconde batterie, elle aussi parfaitement rechargée.
- Synchronisez votre ordinateur portable et de bureau. Consultez le Chapitre 17 pour plus d'informations à ce sujet.
- Sauvegardez vos fichiers les plus importants. Consultez le Chapitre 19.
- Retirez tous les disques du lecteur de disque optique. Cela évitera de solliciter le lecteur de disque au démarrage de votre ordinateur et ainsi préservera l'autonomie de votre batterie. Placez ce disque avec d'autres CD ou DVD que vous souhaitez emporter en voyage, cela afin de ne pas les oublier bêtement.
- Connectez-vous à Internet et enregistrez quelques pages Web sur votre disque dur afin de les lire pendant le voyage ou à votre hôtel (reportez-vous au Chapitre 16).

Les équipements à insérer dans la sacoche de votre portable

Une sacoche ou une mallette digne de ce nom permet d'emporter autre chose que votre ordinateur portable. Ainsi, il est important d'opter pour une sacoche permettant de transporter les matériels suivants :

- Des fournitures bureautiques : stylos, papier, mémos, trombones, ruban adhésif.
- L'adaptateur secteur et son cordon d'alimentation.
- Une ou plusieurs batteries supplémentaires.

- Lorsque vous voyagez à l'étranger, n'oubliez pas d'emporter avec vous un adaptateur pour prise secteur mural.
- Un câble Ethernet d'au moins deux mètres si vous pensez utiliser un réseau câblé.
- Des écouteurs si vous envisagez d'écouter de la musique ou de regarder un DVD. Il serait en effet assez déplaisant de déranger les autres passagers de votre vol.
- Si votre voyage d'affaires repose principalement sur la projection d'une présentation, n'oubliez surtout pas votre vidéoprojecteur.
- Emportez tous les périphériques nécessaires : souris, clavier, carte PC, unité de stockage externe, ***etc***.
- Des chiffonnettes pour essuyer votre écran.
- Un jeu de cartes, pour vous occuper lorsque les batteries de votre ordinateur portable seront vides.
- Les câbles de votre appareil photo numérique ou un lecteur de cartes mémoire. Cela permettra d'effectuer une copie de sauvegarde de vos photos numériques directement sur votre portable.

Consultez le Chapitre 25 pour plus de détails sur les accessoires que vous pouvez emporter en voyage.

L'angoisse de l'aéroport

Embarquer dans un avion avec un portable est une chose tout à fait habituelle de nos jours. Par conséquent, votre angoisse naîtra pour d'autres raisons que je vous propose de découvrir dans les sections suivantes.

La sacoche de votre portable peut-elle passer pour un bagage à main ?

Tout dépend de l'encombrement de la sacoche. En général, les compagnies aériennes permettent de garder sur vous l'ordinateur portable, votre sac à main, et/ou un petit sac de voyage. Cependant, d'autres compagnies sont beaucoup plus restrictives.

ATTENTION

N'enregistrez jamais votre ordinateur portable en tant que bagage! Votre PC ne doit jamais voyager en soute. Il risque d'être endommagé et volé. Je le répète, n'enregistrez jamais votre ordinateur portable!

Si vous devez sacrifier un de vos bagages à main, ne choisissez pas votre ordinateur portable. Il ne doit jamais vous quitter!

L'inspection de votre ordinateur portable

Généralement, lorsque vous passez la douane ou la zone de sécurité, voici ce que vous devez faire :

1. **Retirez votre portable de sa sacoche.**
2. **Placez l'ordinateur portable dans le bac puis sur le tapis roulant qui va le passer aux rayons X.**

   Profitez-en pour placer d'autres équipements dans le même bac que votre portable : téléphone mobile, tablette, clés de voiture, et j'en passe.

3. **Surveillez votre portable passant dans la machine à rayons X.**
4. **Récupérez votre portable à la sortie de cette machine.**

Vous pouvez alors ranger l'ordinateur portable dans sa sacoche ainsi que les accessoires qui l'accompagnent et passer en salle d'embarquement.

- Vous pouvez acheter un ordinateur portable approuvé pour le passage aux rayons X. Entre nous soit dit, il serait étonnant que votre portable standard soit endommagé par ce contrôle.
- Ne perdez jamais de vue votre portable! En effet, la machine à rayons X est très surveillée par les voleurs. Consultez le Chapitre 19.
- Les rayons X ne peuvent pas endommager votre ordinateur portable.
- Il pourra vous être demandé d'allumer votre portable. Vous comprenez alors qu'il est très important de recharger sa batterie avant de partir en voyage. Si ce n'est pas le cas, utilisez le bloc d'alimentation pour raccorder votre ordinateur portable à une prise secteur murale.

À l'abordage

Une fois à bord, cherchez votre place. Essayez de ranger votre ordinateur portable sous le siège situé devant vous. Vous pouvez également le placer dans les rangements placés au-dessus des têtes des passagers. Je conseille de ranger votre ordinateur portable dans ces containers lorsque tous les passagers sont à bord. Cela évitera qu'une personne peu consciencieuse jette indélicatement son sac sur votre sacoche.

N'allumez votre ordinateur portable que si une annonce en donne l'autorisation.

- Je préfère les sièges situés à proximité d'un hublot. Je peux ainsi contrôler le volet de fermeture pour éviter que mon écran subisse l'action directe du soleil. Par là même, j'évite que tous les passagers situés à côté de moi puissent regarder mon écran.
- Si possible, réservez une place dans une classe offrant des sièges qui permettent d'étendre les jambes. En effet, cela induit que vous disposerez d'un espace plus volumineux pour travailler avec votre ordinateur portable.

- Vous pouvez équiper votre moniteur d'un filtre de confidentialité qui réduit l'angle de vision de l'écran. Par conséquent, seules les personnes, c'est-à-dire vous-même, situées face à l'écran peuvent en lire le contenu.

Le mode Avion

Avant le décollage de l'avion, le personnel à bord exigera que vous éteigniez tous vos appareils électroniques. Bien entendu, votre ordinateur portable en fait partie. Il vous sera également demandé de désactiver les émetteurs sans fil.

Heureusement, votre ordinateur portable et Windows 8 sont équipés de fonctionnalités qui permettent de basculer très rapidement l'ordinateur portable en mode Avion. Voici la procédure à suivre :

1. **Exécutez le raccourci clavier Windows + C pour afficher la barre des charmes.**

   Une autre méthode consiste à placer le pointeur de la souris dans l'angle supérieur droit de votre écran.

2. **Cliquez sur l'icône Paramètres.**
3. **Dans la partie inférieure du panneau Paramètres, cliquez sur l'icône de votre connexion réseau sans fil.**
4. **Dans la partie supérieure droite du panneau réseau qui apparaît, basculez l'interrupteur du mode Avion sur Activé.**

   Toutes les connexions réseau disponibles disparaissent, cédant la place à l'indication Wi-Fi (Inactive).

La Figure 18.2 montre le panneau réseau avec le mode Avion désactivé et le mode Avion activé.

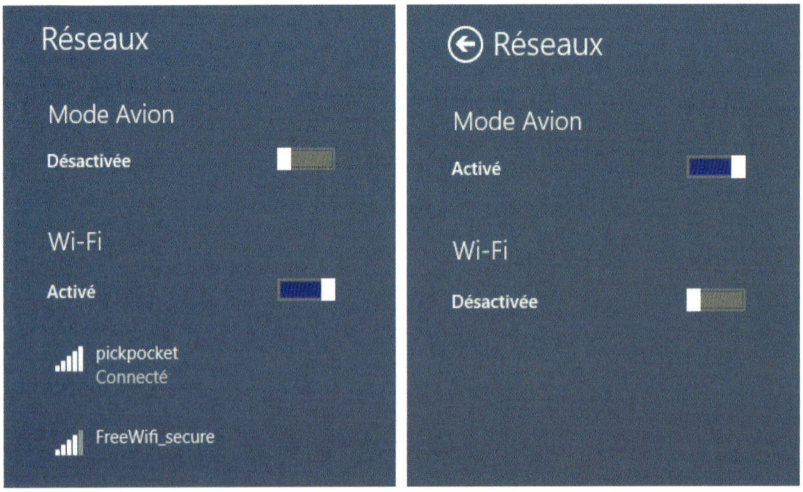

Figure 18.2 : Le panneau réseau en Mode Avion désactivé et activé.

Vous pouvez désormais utiliser votre ordinateur portable dans l'avion sans craindre de créer des interférences avec les instruments de navigation et d'entraîner ainsi le crash de l'appareil.

- N'oubliez pas de réactiver l'adaptateur réseau sans fil dès que vous aurez débarqué. Il suffit de répéter la même procédure, mais en désactivant le mode Avion à l'Étape 4.
- Certains portables utilisent une combinaison de touches pour désactiver la connexion réseau sans fil. Il s'agit généralement de Fn + <touche de fonction>. Sur mon PC portable Asus, j'appuie sur Fn + F2.

Dans les airs

Une fois que la charmante hôtesse de l'air a annoncé que l'usage des appareils électroniques était de nouveau possible, allumez votre portable et basculez-le en mode Avion. Effectuez-y toutes les tâches de votre choix.

Le plus compliqué dans un avion est de disposer d'un espace suffisant pour ouvrir complètement l'écran et travailler dans le meilleur confort possible. La chose n'est pas toujours aisée, surtout quand le passager qui est devant vous rabat son dossier.

Une fois que vous avez tant bien que mal réussi à ouvrir votre portable, une question cruciale se pose : Vais-je travailler sur Excel ou bien regarder un DVD ? J'avoue que cette décision n'est jamais facile à prendre.

La durée d'utilisation du portable dépend de deux choses : l'autonomie de la batterie et la durée du vol. Dès que l'hôtesse annonce d'éteindre les appareils électroniques, quittez Windows et arrêtez le PC portable ou basculez-le en veille prolongée.

Alimentation électrique en vol

Certaines compagnies aériennes proposent à leurs passagers la possibilité de se brancher à des prises de courant pour préserver l'autonomie de leur batterie. Trois solutions se proposent à vous :

Prise classique pour bloc d'alimentation : Prise de courant identique à celle de votre domicile, avec ou sans prise de terre.

Prise type allume-cigare : Identique à celle qui équipe votre voiture. Vous devez emporter un adaptateur idoine.

Prise EmPower : Très répandue dans les avions. Elle nécessite un adaptateur EmPower pour prise standard ou allume-cigare.

N'OUBLIEZ PAS

Les adaptateurs ne sont pas universels. Renseignez-vous auprès de la compagnie aérienne sur laquelle vous allez voyager. De même, demandez quels sont les sièges qui sont équipés de prises secteur. En général, ces places sont un peu plus chères que les autres.

Profitez des prises secteur des avions pour économiser votre batterie.

- Vous trouverez des adaptateurs allume-cigare et EmPower dans les boutiques informatiques et les rayons spécialisés des grandes surfaces.
- AC signifie ***courant alternatif***. Choisissez toujours un adaptateur de ce type pour retrouver le confort de charge de votre domicile qui utilise ce type d'énergie électrique.
- DC signifie ***courant direct***. C'est le mode utilisé par les batteries pour délivrer de l'électricité.

Wi-Fi en vol

De récentes recherches démontrent que tous les signaux sans fil ne sont pas dangereux pour l'aéronautique. De ce fait, certains vols mettent une connexion Internet Wi-Fi à la disposition de leurs passagers. Bien entendu, ce service n'est pas gratuit et n'est généralement proposé qu'en première classe.

Mon conseil est de payer pour ce service si vous ne pouvez vraiment pas vous passer d'Internet le temps de votre voyage.

- Les instructions permettant d'accéder au Wi-Fi en vol sont généralement rangées dans la pochette située devant vous.
- Comme pour les autres services payants, vous ne pourrez allumer votre PC portable qu'une fois en vol. Ensuite, conformez-vous aux instructions de la page Web expliquant comment profiter du service Wi-Fi en vol.
- Les fournisseurs de connexions Wi-Fi en vol n'apprécient guère l'utilisation de programmes comme Skype ou d'autres applications identiques pour passer des coups de fil. Pourtant, j'ai pu constater que cela ne semblait pas perturber certains voyageurs.
- Ce n'est pas parce qu'une connexion Wi-Fi est disponible dans un avion qu'elle fonctionne. Parfois, le signal chute, notamment quand vous survolez l'océan. Par conséquent, lorsque vous voyagez vers les USA, ne payez pas un service qui ne fonctionnera que quelques heures.

L'informatique au café

Avant, vous alliez au café prendre un verre et discuter avec un ami ou un(e) inconnu(e). Aujourd'hui, lorsque vous commandez votre cappuccino, vous ne regardez même plus le serveur, bien trop occupé que vous êtes à répondre à vos mails, ou à changer la photo de votre profil Facebook.

Désormais, un café risque de perdre des clients s'il ne propose pas une connexion Wi-Fi. Souvent, aucun identifiant n'est nécessaire ou, quand il est requis, il suffit de le demander à la caisse ou en passant commande.

Cette section fait état des quelques observations que j'ai pu faire sur l'informatique au café.

Où s'asseoir ?

Avant de commander, choisissez avec soin votre place. En effet, n'oubliez pas que le café est un lieu public et que vous devez vous protéger des regards indiscrets. Vous devez également opter pour une table suffisamment grande pour accueillir votre portable et votre boisson sans risquer de la renverser sur le clavier.

Évitez les tables à proximité d'une fenêtre ou faisant face à une fenêtre. Vous éloignez ainsi les regards indiscrets, et améliorez le confort visuel en empêchant l'action directe de la lumière sur votre écran.

Chasseur de prise

La possibilité de vous connecter à une prise secteur murale est un facteur important. Vous économisez ainsi votre batterie, et pouvez alors prolonger votre moment de détente ou de travail.

Sautez sur la table située à proximité d'une telle prise de courant.

Restez poli ! Demandez au comptoir si vous pouvez vous brancher sur cette prise, et surtout consommez !

Toutes les prises de courant ne délivrent pas forcément de l'électricité. Certaines ont besoin d'être activées par le patron du bar. Par conséquent, si vous vous branchez sans succès à l'une de ces prises, vous êtes obligé d'en demander l'activation. Soyez vigilant, car si vous vous branchez et que le courant ne passe pas, votre batterie ne vous alertera pas de cet état de fait. Vous risquez donc de consommer toute l'autonomie de votre portable.

Lorsque vous vous branchez au secteur, ne laissez pas votre câble électrique dans le passage. Quelqu'un risquerait de se prendre les pieds dedans.

Autres conseils et diverses choses

Il est de bon aloi de boire quelque chose dans un cybercafé. Néanmoins, attention ! Liquides et ordinateurs ne font pas bon ménage. C'est pire pour le portable, où clavier et ordinateur sont dans le même boîtier. Mais qui suis-je pour vous refuser une agréable tasse de café ? Lorsque vous buvez en pianotant sur l'ordinateur, faites-vous servir dans une vraie tasse, pas un gobelet ! Munissez-vous aussi d'un bon paquet de serviettes en papier, au cas où…

Ne laissez *jamais* votre portable sans surveillance ! Si vous allez aux toilettes, fermez le portable et rangez-le, ou emmenez-le avec vous. Mais ne le laissez jamais tout seul, au risque d'être dérobé ! (Consultez le Chapitre 19).

N'oubliez pas de glisser une souris sans fil dans la sacoche de votre portable. Quand je suis en déplacement, et particulièrement lorsque je me pose quelques heures au même endroit, la souris externe est une bénédiction.

Le portable à l'hôtel

L'industrie de l'hôtellerie sait pertinemment que vous voyagez avec un ordinateur portable. De ce fait, il est rare qu'un hôtel ne propose pas une connexion sans fil gratuite pour fidéliser ses clients. Voici quelques astuces lorsque vous utilisez Internet à l'hôtel :

- De nombreux hôtels disposent d'un accès Internet à haut débit. Un câble Ethernet est habituellement fourni, mais il est préférable d'en emporter un avec soi. Branchez le câble, ouvrez votre navigateur Web, puis suivez les instructions affichées pour configurer l'accès.
- L'accès à Internet est disponible le temps d'utilisation de la chambre, en général, de 15 à 17 heures jusqu'à 10 ou 11 heures le lendemain matin.
- o L'imprimante bon marché : envoyez un fax sur le numéro du télécopieur de l'hôtel.
- Il est risqué de laisser votre portable dans la chambre d'hôtel. Non pas que le personnel de ménage le volerait, mais quelqu'un peut l'allumer et récupérer des informations telles que mots de passe et numéros de cartes bancaires.
- Le réseau sans fil (Wi-Fi) de l'hôtel constitue un autre risque de sécurité. Attention lors de l'envoi de données sensibles sur un réseau sans fil (et même câblé). Qui sait si le niveau de protection de ce réseau est bon ou si des pirates ne sont pas tapis dans l'ombre ? Rappelons que cet accès est soit gratuit pour les clients de l'hôtel, soit facturé à l'heure de connexion ou à la discrétion de l'établissement et/ou de l'opérateur qui sévit dans la région ou le pays de résidence.
- Le réseau sans fil d'un hôtel est un réseau public. Reportez-vous au Chapitre 13.
- On tombe rarement dans une chambre d'hôtel qui n'est pas dotée de suffisamment de prises de courant à côté du bureau. Sachez que, dans certains hôtels, lorsque vous débranchez une lampe ou la télévision, cela déclenche le système d'alarme.

Attention à la température du portable !

Si vous êtes un peu malin, vous aurez compris qu'il n'y a pas de trou à thermomètre dans votre portable. Cela dit, il est important de surveiller sa température.

Les portables actuels sont équipés de ventilateurs, principalement pour empêcher l'électronique interne de chauffer. Pour fonctionner correctement, un microprocesseur ordinaire réclame un système de refroidissement. (L'électronique aime la fraîcheur, mais pas l'humidité.) Sachez que la batterie, au fur et à mesure qu'elle se vide, dégage de la chaleur. Il est important de ne pas laisser trop chauffer le portable.

N'OUBLIEZ PAS

- Évitez de placer le portable dans la lumière directe du soleil.
- Ne laissez pas votre PC portable sur la plage arrière de votre voiture.
- Ne laissez pas un portable allumé dans un placard ou tout environnement clos où l'air ne circule pas.
- N'obstruez jamais les zones de ventilation du portable.
- Lorsque votre portable est si chaud que vous ne pouvez pas poser le doigt dessus, appelez le support technique de votre revendeur ou du fabricant.
- Suggestion : envisagez l'achat d'une tablette de refroidissement (voir le Chapitre 25.)

19

Sécurité des portables

Dans ce chapitre

- Prévenir le vol
- Marquage de votre portable
- Attacher un câble antivol
- Emploi de mots de passe
- Utiliser un lecteur d'empreintes
- Configurer une sauvegarde de Windows
- Restaurer une sauvegarde

Les PC portables sont prisés ! Par les utilisateurs. Par les voleurs aussi.

Du fait de sa nature mobile, sans parler du prix (la plupart des portables dignes de ce nom coûtent au moins 500 euros), le portable est en bonne place sur la liste des produits volés. Un portable est léger, facile à dissimuler, facile à revendre. Pour le cambrioleur, ce n'est que du bonheur ; pour vous, c'est l'inverse. Ce chapitre étudie les mesures à prendre pour éviter que votre portable ne vienne gonfler les statistiques.

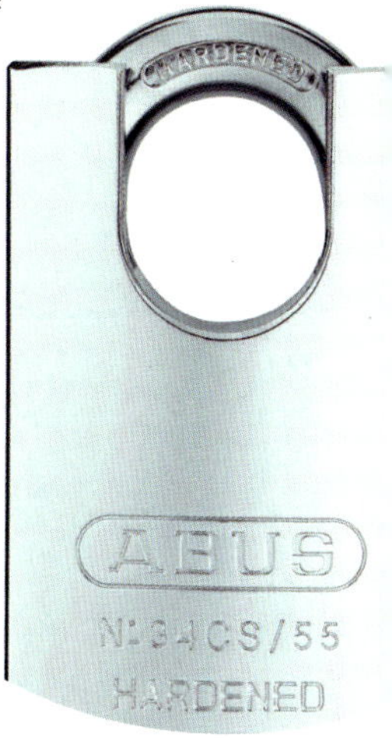

Les portables se volent facilement

À moins que vous ayez volé ce livre, vous n'avez probablement pas l'âme d'un voleur. Bonne nouvelle pour l'humanité ! En fait, la plupart d'entre nous ne sont pas des voleurs et tendent à être plutôt confiants. Malheureusement, c'est de cette nature confiante dont les individus malintentionnés tirent profit.

Cela dit, la majorité des portables sont égarés, pas dérobés. Aussi idiot que cela puisse paraître, les gens oublient leur portable plus souvent qu'on ne le leur vole. Malgré cela, considérez qu'aucun portable n'est en sécurité. Nombre d'entre eux sont volés sous les yeux de leur propriétaire.

N'OUBLIEZ PAS Pensez au portable comme à un sac de billets attendant sagement qu'on s'en empare. Pour un voleur, c'est exactement cela. Si vous pensez à votre portable de la sorte, il est peu probable que vous l'oubliiez ou qu'il vous soit volé.

Le meilleur moyen de protéger votre portable est de le marquer (voir les instructions plus loin dans ce chapitre). Gardez cette statistique à l'esprit : 97 % des ordinateurs non marqués ne sont jamais retrouvés.

Autres statistiques intéressantes :

- Vous avez 1 chance (si on peut dire) sur 10 que l'on vous vole votre portable.
- La plupart des vols de portables se produisent au bureau. Cela inclut donc tant les collègues que le visiteur bien habillé qui pénètre dans l'établissement.
- Les vols de portables sur les campus (dans les chambres universitaires) se montent à 37 %.
- Un portable à 800 euros se revend environ 50 euros dans la rue.
- Selon la police, 90 % des vols de portables seraient facilement évitables avec un peu de bon sens.

Prévention

La prévention est mère de la tranquillité. Les voleurs aiment la facilité, comme n'importe qui lorsqu'il fait ses courses ; si votre portable est plus difficile à dérober que celui de votre voisin, ce dernier sera la victime.

Marquer votre portable

C'est le plus important : la gravure ou le collage d'une étiquette résistant aux dégradations aident à retrouver un portable volé. En effet, la meilleure preuve que quelque chose vous appartient est l'inscription de votre nom sur l'objet en question.

- Il est possible de graver vous-même votre nom et les informations de contact sur votre portable à l'aide d'un petit outil.

- Certaines personnes écrivent simplement leur nom à un endroit où il est peu probable que le voleur regarde : au dos d'un volet amovible, dans le compartiment de la batterie, *etc.* Servez-vous d'un marqueur indélébile.
- Des étiquettes spéciales sont disponibles dans la plupart des boutiques de reprographie. Ces étiquettes se collent comme toute autre étiquette, mais ne sont vraiment pas faciles à enlever ou à effacer. Pour quelque 100 euros, vous vous ferez imprimer plusieurs centaines d'étiquettes personnalisées, non seulement pour vos ordinateurs, mais aussi pour vos autres objets de valeur (appareil photo, vélo, télévision, *etc.*).

Enregistrer le portable et ses logiciels

N'oubliez pas de renvoyer la carte d'enregistrement de votre portable et celle de tout logiciel utilisé. Si l'on vous vole votre portable, alertez le fabricant et les éditeurs des logiciels. Avec un peu de chance, cela permettra de mettre la main sur le portable volé, pour peu qu'une personne l'utilisant le fasse réparer ou régler.

Conservez sur vous une copie du numéro de série du portable et autres informations vitales, surtout pas dans la sacoche du portable. De la sorte, vous saurez quels numéros à fournir à la police et au fabricant.

Attention à l'entourage !

L'on dit que les casinos sont le paradis des voleurs de sacs à main, car la plupart des femmes y sont trop absorbées par le jeu pour remarquer que leur sac est en train d'être dérobé. Le sac peut être sur le sol, à leurs pieds ou même sur leurs genoux. Les voleurs connaissent le pouvoir de la distraction.

En déplacement, vous devez toujours savoir où il se trouve et qui y a accès. Surveillez votre portable !

Par exemple, au restaurant, placez le portable dans sa sacoche au-dessous de la table. Si vous devez quitter la table, prenez le portable avec vous ou demandez à vos amis de garder un œil dessus.

Prenez-le avec vous lorsque vous allez téléphoner.

Emportez-le aux toilettes.

Placez le portable dans le coffre de votre chambre d'hôtel. S'il n'y a pas de coffre, mettez-le en sécurité dans celui de l'hôtel.

Attention à la distraction ! Une agitation devant vous signale peut-être un voleur derrière vous, sur le point de s'emparer de votre portable. Une agitation derrière signalera que le voleur est devant. Les voleurs travaillent en binôme ou en groupes, créant une bousculade pour vous distraire pendant que vos affaires disparaissent.

Attention notamment aux portiques de détection dans les aéroports ! Un éclat de voix ou une femme en robe rouge peuvent détourner votre attention le temps de s'emparer de votre portable. Méfiez-vous aussi des escalators encombrés, où un mouvement de foule peut facilement vous faire tomber, ce dont profitera un voleur pour saisir votre portable et disparaître.

Le bon vieux câble antivol

Un portable dispose d'une fente de verrouillage de sécurité pour y attacher un câble antivol. Le nom officiel est *Universal Security Slot* (USS) ou fente de sécurité universelle.

L'USS est intégrée au boîtier du portable. Le câble ou autre dispositif de sécurité enclenché dans l'USS ne peut être retiré du portable ; la seule solution pour voler le portable est alors de couper le câble lui-même.

Il est évident que ce système n'est réellement efficace que lorsque le portable est attaché à quelque chose. Comme pour un vélo, il faut enchaîner le portable à quelque chose de gros et solide.

- Vous trouverez un câble antivol pour portable dans une boutique d'informatique ou de fournitures de bureau.
- Certains câbles sont dotés d'une alarme qui retentit lorsqu'on le coupe ou que le portable est déplacé.

Protection de vos données

Les mots de passe ne protègent que les données du portable, pas le portable lui-même. La majorité des voleurs recherchent un gain rapide. Ce n'est pas vraiment le contenu du portable qui les intéresse ; il s'agit juste de monnayer rapidement un objet. En revanche, c'est le contenu qui intéresse un voleur de données.

Les voleurs de données recherchent des mots de passe ou des numéros de cartes bancaires qu'ils peuvent revendre. Sans compter qu'il est alors possible d'utiliser votre propre ordinateur pour réaliser des achats sur Internet ou opérer des transferts de votre compte bancaire vers un autre.

Le problème est que la protection par mot de passe n'est pas de nature à arrêter les voleurs de données, intelligents pour la plupart. Ils connaissent tous les trucs. Ils ont tous les outils. Au mieux, vous les freinerez un peu.

Les sections suivantes présentent divers moyens pour protéger les données de votre portable. Cela n'empêche pas le vol du portable, mais renforce la protection des informations contre les pirates.

Éviter le mot de passe du BIOS

Le setup, c'est-à-dire le tout premier petit programme qui s'exécute au démarrage de votre portable, permet d'appliquer un mot de passe au système lui-même, c'est-à-dire un mot de passe réclamé avant chargement du système d'exploitation. C'est la première ligne de défense des données, mais je n'en recommande pas l'usage pour deux raisons :

Tout d'abord, si vous oubliez votre mot de passe, vous êtes coincé. C'est arrivé à de nombreuses personnes.

Ensuite, il est possible de contourner le mot de passe BIOS. Tant de personnes l'ont oublié que presque chaque fabricant dispose d'une méthode pour l'écraser, ce qui, dans les faits, annule quasiment la raison d'en employer un.

N'OUBLIEZ PAS

- Si le fabricant de votre portable garantit que le mot de passe BIOS ne peut être contourné, effacé, écrasé, alors ne vous gênez pas pour en employer un. Mais ne l'oubliez pas!
- Vous devrez saisir le mot de passe à chaque démarrage du portable.
- •Certains voleurs de données se contentent d'extraire le disque dur du portable, pour récupérer les informations sur leur propre équipement. Dans ce cas, le mot de passe BIOS ne vous protégera pas.

Associer un mot de passe à votre compte d'utilisateur

Une autre méthode de protection consiste à associer un mot de passe à votre compte d'utilisateur Windows. Je sais pertinemment avoir déclaré précédemment dans ce livre qu'un mot de passe n'est pas nécessaire dans le cas d'un utilisateur unique. Néanmoins, s'il est important de garantir la sécurité de vos données, il faut associer un mot de passe à votre compte Windows.

Sous Windows 8.1, il y a fort à parier que votre compte d'utilisateur dispose d'un mot de passe, car il vous a été demandé lors de l'installation du système d'exploitation. Il s'agira du mot de passe du compte de messagerie électronique ou de votre compte local que vous avez indiqué au moment d'ouvrir votre première session Windows 8.1.

Choisir un mot de passe complexe

De nombreux mots de passe sont faciles à trouver. Aux États-Unis, le mot de passe le plus courant est « password », qui veut dire « mot de passe » (croyez-le ou non). Les gens emploient leur prénom, des mots simples, parfois juste quelques lettres, toutes sortes de choses peu fiables.

Pour protéger correctement vos données, choisissez un mot de passe robuste. Un mot de passe robuste comporte habituellement deux mots qui n'ont aucun rapport et quelques chiffres. Par exemple, quelque chose comme `jeRé&$4bZ`.

Deux mots sont nécessaires, car les programmes pour casser les mots de passe les comparent notamment avec les mots du dictionnaire. Les chiffres ajoutent un élément imprévisible dans le mot de passe. Les symboles autres que les chiffres ne sont pas toujours acceptés. Lorsqu'ils le sont, insérez-en dans le mot de passe.

Si vous avez des difficultés à mémoriser votre mot de passe, notez-le ! Mais ne le laissez pas juste à côté de votre ordinateur. Je connais des gens qui écrivent leurs mots de passe sur le calendrier de la cuisine. L'endroit n'est pas si mauvais.

Demander à Windows de ne pas mémoriser les mots de passe Internet

Malgré l'existence d'un mot de passe pour accéder à votre compte d'utilisateur, c'est-à-dire ouvrir une session Windows 8.1, vous pouvez prendre des précautions supplémentaires. Ainsi, il est conseillé de préserver la confidentialité de votre navigation Internet. Pour cela, ne cochez jamais la case mémorisant votre mot de passe proposée par certaines pages Web.

Quand Internet Explorer 11 demande si vous souhaitez mémoriser un mot de passe, répondez toujours « non ». Si possible, et si vous en avez le courage, indiquez à votre programme de messagerie que vous ne souhaitez pas mémoriser le mot de passe de connexion à votre compte. Certes, il vous sera demandé à chaque fois que vous relèverez vos e-mails, mais le jeu de la sécurité en vaut vraiment la chandelle.

Les pires mots de passe

Les voleurs dérobent les mots de passe. Les hackers parviennent à rentrer dans des bases de données de sites Web pour y voler tous les mots de passe stockés. Lorsque ces listes sont connues, nous constatons avec effarement le ridicule des mots de passe de la plupart des utilisateurs. Voyez plutôt :

111111
abc123
123azer
1234
12345
123456
1234567
12345678
2000
654321
696969
baseball
dragon
football
Jetaime
aimemoi
master
singe
mustang
m0tdepasse
motdepasse
azerty
rockyou
ombre
soleil
superman

Désactiver le compte invité

Le compte invité de Windows permet à n'importe quel utilisateur d'accéder au contenu de votre ordinateur. Bien entendu, il n'accédera pas à vos données confidentielles puisqu'il ne se connecte pas directement à votre compte. Comme il n'est pas administrateur, ses actions sont assez limitées.

Voici comment désactiver un compte invité sous Windows 8 :

1. **Depuis le Bureau ou l'écran d'accueil de Windows 8.1, faites un clic droit sur le bouton Démarrer.**
2. **Dans le menu contextuel qui apparaît, choisissez Panneau de configuration.**
3. **Cliquez sur la catégorie Comptes et protection des utilisateurs.**
4. **Ensuite, cliquez sur Comptes d'utilisateurs.**
5. **Dans la fenêtre qui apparaît, choisissez Gérer un autre compte.**

   Vous accédez aux comptes créés sur votre ordinateur, dont le compte Invité qui existe automatiquement par défaut.

6. **Cliquez sur la vignette Invité.**
7. **Dans la fenêtre Que voulez-vous modifier dans le compte invité, cliquez sur le lien Désactiver le compte invité, comme à la Figure 19.1.**

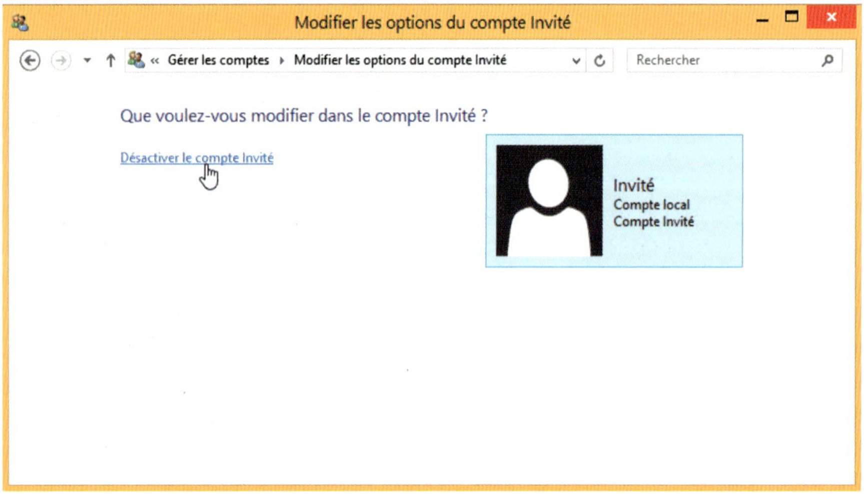

Figure 19.1 : Désactiver le compte Invité.

La sélection du compte Invité ne sera plus proposée sur l'écran d'ouverture de session de Windows 8.1.

Verrouiller Windows

Windows dispose d'une commande de verrouillage. En appuyant sur la touche Windows (Win) et la touche L, vous verrouillez rapidement l'ordinateur et fermez temporairement votre session Windows. Pour accéder de nouveau à l'ordinateur, il faut rouvrir une session, ce qui nécessite de saisir votre mot de passe.

Lorsque vous laissez votre portable pendant quelques instants, verrouillez-le : appuyez sur Windows + L. De la sorte, même si vous faites confiance aux autres personnes présentes, vous protégez l'accès à l'ordinateur.

Votre empreinte de pouce, s'il vous plaît

Le dernier cri en matière de dispositif de sécurité est le lecteur d'empreinte digitale. Vous devez appuyer votre pouce pour vous identifier. Sous réserve que ce soit le bon pouce, le logiciel déverrouille le portable et vous accorde l'accès. C'est certainement une méthode d'identification plus efficace qu'un mot de passe. Personne n'oublie son pouce.

Les lecteurs d'empreintes de pouces existent en périphériques externes (USB) ou intégrés à la souris. Certains portables récents en disposent d'un en interne.

N'OUBLIEZ PAS

- Objectivement, une lecture d'empreinte digitale est bien plus sécurisante qu'un mot de passe. Il y a peu de chance que vous oubliez votre main quelque part.
- Un lecteur de ce type se configure grâce à un programme spécial. Vous accédez à ce programme *via* le Centre de mobilité Windows.
- Vous n'êtes pas obligé de passer par cette identification d'empreinte digitale pour vous connecter à Windows. Il suffit de cliquer sur le bouton donnant accès à d'autres méthodes d'identification. Là, tapez un mot de passe.

NOTE TECHNIQUE

- Le lecteur d'empreintes digitales fait partie des systèmes de sécurité non basés sur un mot de passe, connus sous le nom de *biométriques*. Parfois la webcam de l'ordinateur portable permet d'identifier votre visage et d'accéder ainsi à Windows.

Sauvegarder les données !

Lorsque vous perdez un portable, vous perdez le matériel lui-même et, plus important, les données qu'il contient. Si ces données ont une quelconque valeur, je vous recommande vivement d'en conserver une copie de sauvegarde.

Il existe de nombreux moyens pour sauvegarder des données. Le plus simple est de les sauvegarder *via* le réseau sur un disque dur de grande capacité. Personnellement, je sauvegarde mes données *via* OneDrive, un système présenté au Chapitre 17. Parfois, j'utilise une carte mémoire ou une clé USB. Dans ce cas, il me suffit de faire glisser les dossiers de mon ordinateur portable que je souhaite sauvegarder directement sur l'icône de ce support affiché dans l'Explorateur de fichiers.

Le meilleur moyen pour sauvegarder des données est cependant l'emploi d'un véritable logiciel de sauvegarde, qui permet de stocker vos données sur lecteur réseau, CD-R ou DVD-R.

TRUC

- Windows 8.1 dispose d'un programme de sauvegarde appelé Historique de vos fichiers.
- Il existe aussi des utilitaires de sauvegarde sur Internet qui copient automatiquement vos fichiers les plus importants en les stockant sur le Net.
- Les programmes de sauvegarde installés sur votre ordinateur fonctionnent mieux avec des disques externes. Si les données de votre portable sont fondamentales, achetez un petit disque dur externe pour y réaliser vos sauvegardes.

Je recommande Retrospect que vous trouverez sur le site http://www.retrospect.com/fr/.

Se préparer pour la sauvegarde

Pour réaliser une opération de sauvegarde, vous avez besoin de quelques petites choses :

- un logiciel comme Historique des fichiers de Windows 8.1 ;
- un planificateur ;
- un support de stockage externe.

Votre ordinateur portable est livré avec l'utilitaire Historique des fichiers, mais vous pouvez investir dans un programme tiers. Comme ils sont nombreux, je ne les étudie pas dans ce livre.

Un planificateur vous aidera à définir une périodicité de sauvegarde automatique. Dès lors que le support de stockage externe est connecté au portable et sous tension, la sauvegarde s'effectue automatiquement.

Comme la sauvegarde gère une énorme quantité de données sans cesse mises à jour, il est préférable d'effectuer vos sauvegardes sur des disques durs externes USB 2.0 ou 3.0.

- Western Digital fabrique des disques durs USB bon marché appelés ***My Book***. Vous pouvez aussi investir dans des disques alimentés par la prise USB de votre portable comme les unités Western Digital Passport.
- L'unité de stockage principal de votre ordinateur portable est un disque dur. Windows l'identifie par la lettre C:.

Trouver un programme de sauvegarde

Le programme de sauvegarde Windows 8.1 se situe dans le Panneau de configuration sous la catégorie Système et sécurité. Commencez par cliquer sur le bouton Activer, comme à la Figure 19.2. Il n'est accessible que si un lecteur externe est connecté à votre portable. La fenêtre affiche toutes les unités de stockage externes connectées à votre PC portable.

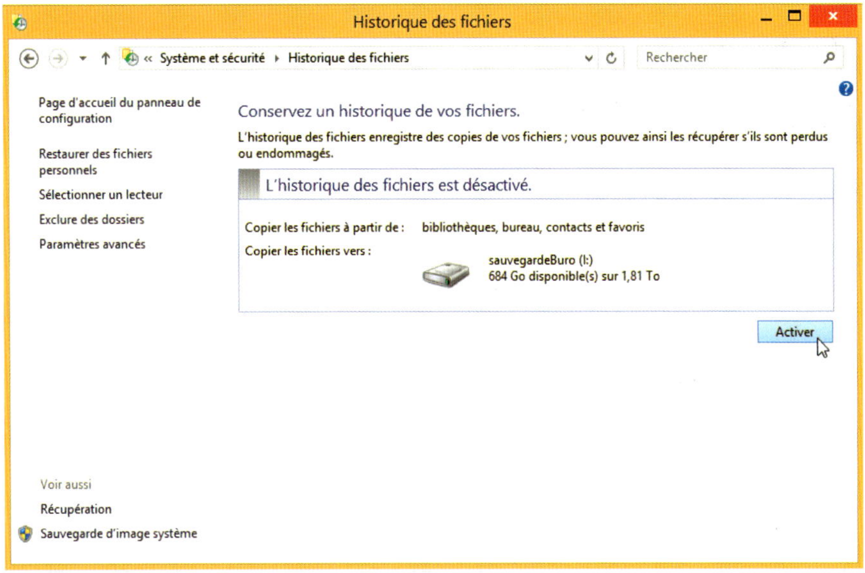

Figure 19.2 : Activer la fonction de sauvegarde Historique des fichiers de Windows 8.1.

Configurer une sauvegarde

Voici quelques considérations sur les sauvegardes. Ensuite, vous apprendrez à les configurer sous Windows 8.1.

- N'emportez pas le disque de sauvegarde avec vous, car il peut être dérobé. Si possible, verrouillez toujours le disque dur contenant une sauvegarde de vos données.
- En informatique, les techniciens emploient davantage le terme *backup* que sauvegarde.
- Windows affiche un message d'avertissement lorsque vous n'avez pas sauvegardé vos données depuis un certain temps.

Sous Windows 8.1, suivez ces étapes pour configurer une sauvegarde dans l'utilitaire Historique des fichiers :

1. **Ouvrez le Panneau de configuration.**
2. **Dans la catégorie Système et sécurité, cliquez sur le lien Enregistrer des copies de sauvegarde de vos fichiers à l'aide de l'Historique des fichiers.**
3. **Vérifiez que votre disque dur externe est bien connecté à votre portable et que son icône est affichée dans la section L'historique des fichiers est activé.**
4. **Cliquez sur le bouton Activer.**

Si le bouton affiche la mention Désactiver, cela signifie que Historique des fichiers est déjà opérationnel.

Si la sauvegarde a été réalisée, fermez la fenêtre Historique des fichiers.

- La première sauvegarde demande du temps, car elle est complète. Celles qui suivront seront plus rapides, car seuls les fichiers ayant subi des modifications seront pris en compte.
- Vous pouvez modifier les paramètres d'une sauvegarde en cliquant sur le lien Paramètres avancés.

Sauvegarder vos données

Un programme de sauvegarde effectue un backup des données à intervalles réguliers. Ainsi, vous n'êtes pas obligé de lancer la procédure de sauvegarde manuellement, car Windows 8.1 peut la gérer automatiquement en fonction de la périodicité que vous aurez définie.

Lorsqu'une date de sauvegarde a été manquée, notamment à cause d'un ordinateur portable éteint ou d'un disque dur externe déconnecté, Windows vous avertira du problème et lancera la sauvegarde à votre place.

Restaurer une sauvegarde

La sauvegarde ne prendra véritablement sens à vos yeux qu'au moment où vous devrez la restaurer. Vous pouvez ainsi restaurer un de vos fichiers ou bien la totalité de vos données. Voici la procédure à suivre sous Windows 8.1 :

1. **Ouvrez le programme Historique des fichiers.**

   Vous y accéderez ***via*** le lien Enregistrer des copies de sauvegarde de vos fichiers à l'aide de l'Historique des fichiers de la catégorie Système et sécurité du Panneau de configuration.

2. **Dans le volet gauche du panneau qui apparaît, choisissez Restaurer des fichiers personnels.**

   Comme le montre la Figure 19.3, vous accédez à la Page d'accueil – Historique des fichiers.

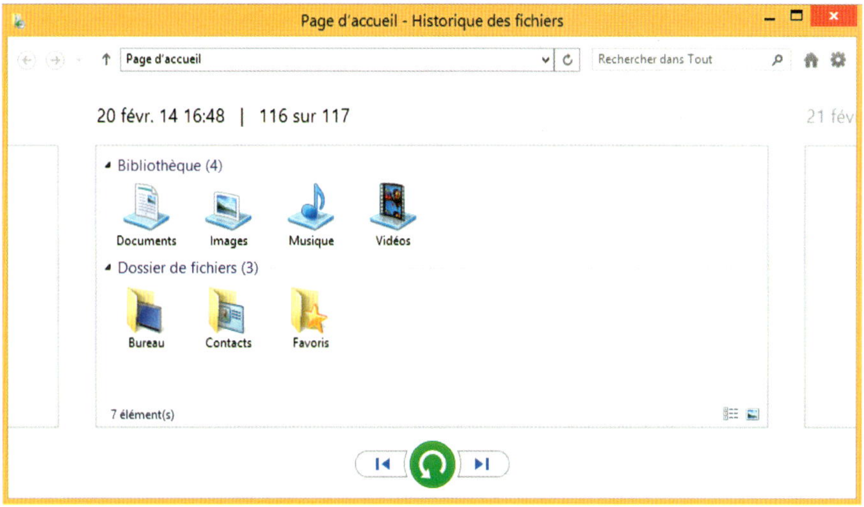

Figure 19.3 : La Page d'accueil – Historique des fichiers.

3. **Faites défiler la liste des versions de vos fichiers par date ou heure pour localiser celui à restaurer.**

4. **Choisissez le fichier ou le dossier à restaurer.**

Vous avez le choix entre plusieurs fichiers et dossiers que vous pouvez restaurer en une seule opération.

5. **Cliquez sur le bouton Restaurer à son emplacement initial.**

6. **Choisissez alors parmi l'une des trois méthodes de remplacement suivantes :**

   - Remplacer les fichiers dans la destination : Supprime l'ancienne version du fichier et la remplace par la nouvelle.
   - Ignorer ce(s) fichier(s) : Les anciennes versions sont conservées.
   - Me laisser décider pour chaque fichier : Pour ne pas appliquer la même option à tous les fichiers que vous souhaitez restaurer, vous sélectionnerez les fichiers à conserver aux côtés de leur nouvelle version.

7. **Une fois la restauration terminée, fermez la fenêtre Page d'accueil – Historique des fichiers.**

N'OUBLIEZ PAS

La procédure de restauration de l'Historique des fichiers n'est possible que si un lecteur externe est connecté à votre ordinateur.

20

Travailler et se divertir

Dans ce chapitre

- Préparer vos présentations
- Écouter de la musique avec votre portable
- Paramétrer un vidéoprojecteur
- Regarder des vidéos
- Utiliser une webcam
- Utiliser votre portable comme un téléphone
- Effectuer un appel téléphonique vidéo
- Lire un e-book

Imaginez que vous partiez dans un lieu éloigné de toute civilisation. Ne seriez-vous pas content de trouver dans votre portable un objet de divertissement ? Certainement que si. Un seul portable peut remplacer un lecteur MP3, un lecteur vidéo mobile, un téléphone cellulaire, et même un lecteur de livre électronique (e-book). Où que vous alliez, et si vous êtes équipé des logiciels et de quelques matériels adaptés, vous pourrez asservir votre portable au travail et/ou au divertissement. Ce chapitre explique comment utiliser toutes ces fonctionnalités.

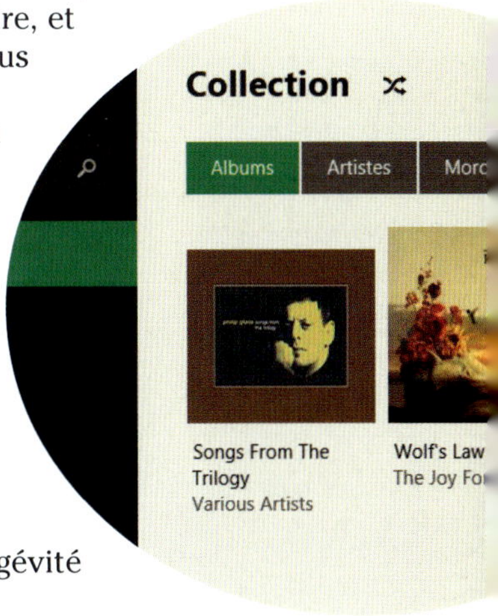

Diffuser vos présentations

Eh oui ! Je diffuse mes présentations PowerPoint depuis mon ordinateur portable. D'ailleurs, j'affirme sans honte dans cette époque du mariage pour tous, que le couple portable/vidéoprojecteur est d'une perfection et d'une longévité à toute épreuve.

La grand-messe de PowerPoint

Vous pourrez informer facilement les masses si PowerPoint est installé sur votre ordinateur. Il s'agit d'une application spécialisée dans les présentations qui appartient à la suite Microsoft Office 2013.

PowerPoint crée des documents plus ou moins interactifs qui diffusent des informations sous la forme d'un diaporama, dans une interface représentée à la Figure 20.1. Les diapositives qui le composent contiennent du texte, des images, des graphiques, du son, et des vidéos. Des transitions permettent de passer progressivement d'une diapo à une autre.

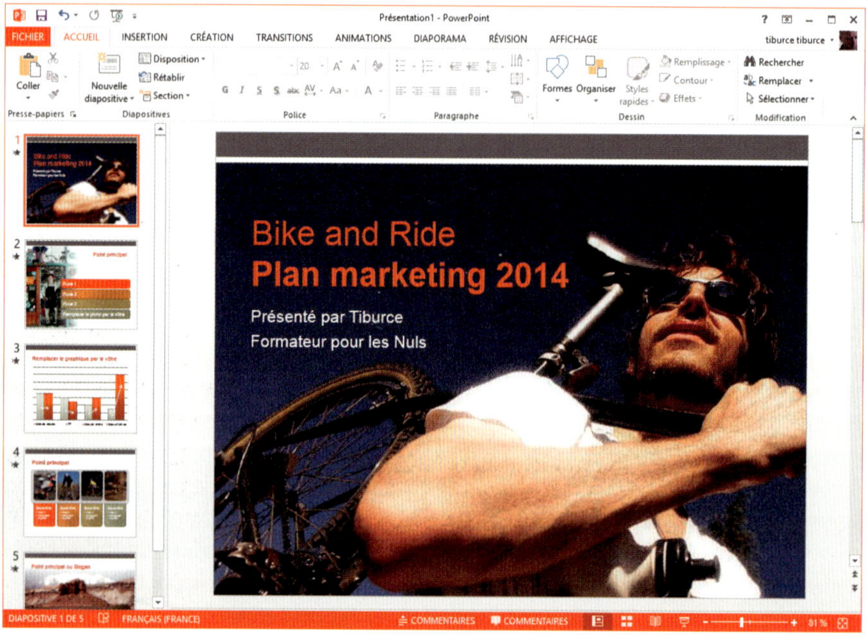

Figure 20.1 : Le logiciel de présentation par excellence : PowerPoint 2013.

Bien entendu, PowerPoint ne fait pas tout, tout seul. Pour créer une présentation encore faut-il que vous ayez quelque chose à dire. Votre talent permettra de créer des diaporamas dynamiques qui époustoufleront votre auditoire béat.

PowerPoint est suffisamment puissant pour réaliser des diaporamas simples et efficaces. Cependant, voici quelques conseils à ne pas négliger :

- PowerPoint utilise les sons, les polices de caractères, et les animations stockés sur votre ordinateur. Ainsi, lorsque vous créez une présentation sur votre ordinateur de bureau, utilisez ces mêmes éléments présents sur l'ordinateur portable où vous souhaitez diffuser le diaporama.

TRUC

- Mon conseil est de créer vos présentations sur le portable qui va les diffuser. Si ce n'est pas possible, n'utilisez pas de polices et de sons exotiques.
- Pour éviter qu'une présentation ne devienne ennuyeuse, faites participer votre public. Posez-lui des questions ! Cette technique permet de donner plus de vie à vos présentations.
- Évitez les diapositives qui ne contiennent que du texte. Elles ennuient l'auditoire. Il est préférable que vous commentiez le contenu des diapositives.
- Vous pouvez imprimer le diaporama pour donner un support à votre public. Dans ce cas, essayez d'imprimer quatre diapos par page afin d'économiser le papier.
- La première diapositive ne doit jamais faire partie de la présentation elle-même. Elle permettra de régler le vidéo projecteur sans dévoiler le contenu de votre travail au public. Ménagez le suspens !
- Créez une copie de sauvegarde de votre présentation sur disque optique, clé USB, ou carte mémoire. Si pour une raison ou une autre, il devient impossible de lire la présentation sur votre ordinateur portable, vous pourrez emprunter celui d'une autre personne.
- La présentation pourra être exportée sous différentes formes pour permettre à des personnes ne possédant pas PowerPoint 2013 de la consulter. Ainsi, vous pourrez créer un document PDF, une vidéo, ou bien encore un package de présentation sur CD. Il est même possible de publier la présentation en ligne.

Paramétrer votre présentation

La partie la plus sensible d'une présentation est d'en régler la diffusion. Il est impératif que tout fonctionne parfaitement bien pour ne pas paraître ridiculement amateur aux yeux de votre public exigeant. Donc, le portable, le projecteur, et le logiciel doivent parfaitement fonctionner.

Mais ce n'est pas tout. Vous devez également être au point dans vos commentaires afin d'animer la séance sans lire vos notes. Adressez-vous toujours directement au public. L'absence de notes est la preuve que vous maîtrisez votre sujet.

Vous devez arriver sur les lieux de la diffusion de la présentation bien avant le public afin de régler votre ordinateur portable et d'exécuter quelques tests pour vérifier que tout fonctionne bien. Parfois, le technicien de la salle vous assiste dans le paramétrage de votre projection.

Heureusement, il suffit bien souvent de brancher le câble VGA ou HDMI du vidéoprojecteur à la prise idoine de l'ordinateur portable pour que la diffusion du diaporama soit immédiatement possible. En effet, Windows 8.1 est capable d'identifier la présence d'un périphérique de diffusion externe, considérant alors le vidéoprojecteur comme un écran supplémentaire.

Sous Windows 8.1, il suffit d'exécuter le raccourci clavier Windows + P pour afficher le panneau Projeter. Il ne vous reste plus qu'à cliquer sur Deuxième écran uniquement. Une autre technique consiste à faire un clic droit sur un espace vide du Bureau et à exécuter la commande Personnaliser du menu contextuel qui s'affiche. Cliquez sur le lien Affichage situé dans la partie inférieure gauche de la fenêtre Personnalisation qui apparaît. Ensuite, cliquez sur le lien Projeter sur un deuxième écran. Vous affichez le panneau illustré à la Figure 20.2.

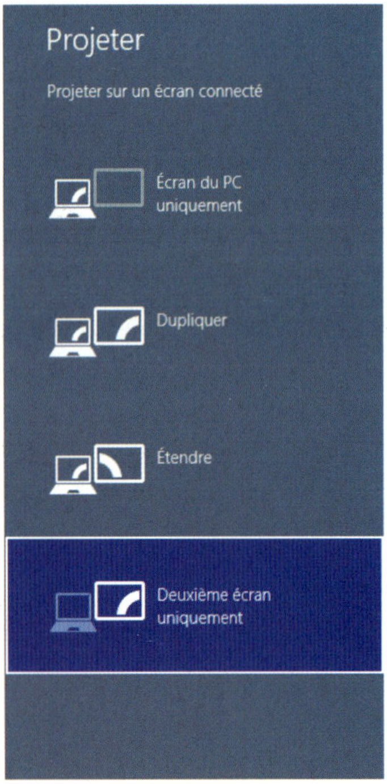

Figure 20.2 : Pour diffuser un diaporama sur un second écran.

Voici la procédure à suivre pour être certain que votre ordinateur portable identifiera le vidéoprojecteur :

1. **Branchez le vidéoprojecteur à la prise VGA ou HDMI de votre portable.**
2. **Allumez le vidéoprojecteur.**
3. **Allumez le portable.**
4. **Branchez les sorties audio de votre PC portable à un ampli.**

   Dès cet instant, Windows 8.1 devrait identifier la présence d'un périphérique de diffusion externe, et ainsi l'utiliser comme s'il s'agissait d'un second écran. Le Bureau du portable apparaît alors sur ledit écran. C'est bon!

5. **Faites un clic droit sur le Bureau. Dans le menu contextuel qui s'affiche, optez pour Résolution d'écran.**

   Utilisez la fenêtre qui apparaît pour définir la résolution d'écran du second moniteur.

6. **Validez par un clic sur OK, et vérifiez l'image projetée.**

   Il s'agira probablement du Bureau de Windows.

7. **Démarrez PowerPoint et lancez la diffusion de la présentation.**

   Réservez toujours la première diapo aux réglages du vidéoprojecteur.

8. **Fermez le capot du portable, et attendez l'arrivée du public.**

   Dès l'ouverture du capot, la présentation peut démarrer!

TRUC

Certains portables disposent d'une combinaison de touches Fn qui active le port vidéo externe. Vous serez peut-être obligé d'exécuter ce raccourci pour projeter sur l'écran externe ou le vidéoprojecteur.

Voici une autre astuce : utilisez un périphérique de pointage laser qui permet de commander le diaporama à distance afin de passer à la diapo suivante ou de revenir à la précédente.

Quel vidéoprojecteur choisir ?

La plupart des salles où vous diffuserez votre présentation sont équipées d'un vidéoprojecteur. Lorsque ce n'est pas le cas, vous devez apporter le vôtre. Or, le choix d'un vidéoprojecteur est difficile à faire, car les modèles sont nombreux et les prix variables.

Voici quelques suggestions :

- Vous aurez besoin d'un vidéoprojecteur puissant pour diffuser des présentations dans de grands auditoriums. En général, les appareils d'entrée de gamme sont destinés aux petites salles. Dans ce domaine, portez votre attention à la caractéristique technique *lumens*. Plus la valeur des lumens est élevée, et plus vous pouvez diffuser dans de grandes salles.
- La résolution est également un problème. Si vous pensez diffuser sur un grand écran, optez pour une résolution d'au moins 1024 x 768. Inutile de choisir des résolutions gigantesques si le contenu de votre présentation ne l'exige pas.
- Achetez une ampoule supplémentaire. Les ampoules lâchent toujours au mauvais moment ! Elles coûtent presque la moitié du prix du vidéoprojecteur.

De la musique sur votre portable

Lors d'un récent voyage en avion, j'ai vu un pauvre gars sortir son lecteur MP3, prendre beaucoup de temps à le configurer, fermer le capot de son portable, mettre ses écouteurs sur ses oreilles, et commencer enfin à écouter de la musique. De mon côté, j'ouvrais le capot de mon portable et écoutais immédiatement de la musique avec Xbox Music, après avoir branché mes écouteurs à mon ordinateur.

Votre portable peut lire de la musique ! Inutile de casser votre tirelire pour vous offrir un iPod. Vous avez simplement besoin d'une paire d'écouteurs ou d'un casque, et le tour est joué.

Lire un CD

La lecture d'un CD audio sous Windows 8.1 est un peu spéciale, car elle ne peut pas se faire depuis l'application Musique de l'écran d'accueil. Insérez votre disque dans le lecteur de CD. Windows 8.1 identifie le CD comme étant de type audio, et lance sa lecture en ouvrant le Lecteur Windows Media, comme à la Figure 20.3.

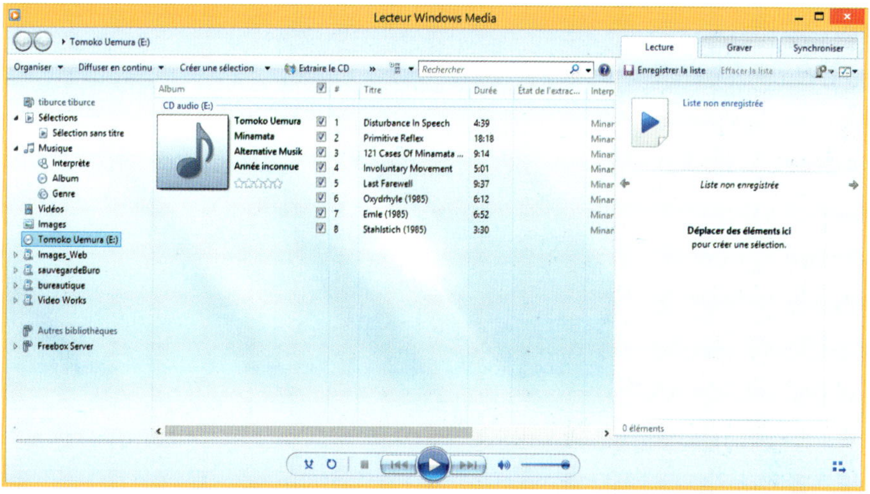

Figure 20.3 : Un CD en cours de lecture.

Une fois la lecture du disque terminée, éjectez le CD en appuyant sur le bouton d'éjection de votre ordinateur.

Parfois, le Lecteur Windows Media cède la place à l'application multimédia du constructeur de votre ordinateur portable.

Si l'interface du Lecteur Windows Media et sa philosophie de catalogage de vos fichiers ne vous conviennent pas, utilisez l'un des lecteurs les plus populaires, je veux bien entendu parler d'iTunes.

Extraire le contenu d'un CD

Le programme de lecture des fichiers audio fourni avec Windows 8.1 est le Lecteur Windows Media. Toutefois, nous verrons qu'il est plus facile et plus convivial d'utiliser l'application Musique de l'écran d'accueil.

Pour l'exécuter manuellement, affichez la barre des charmes et choisissez Rechercher. Une méthode plus rapide consiste à exécuter le raccourci clavier Windows + Q. Tapez Lecteur et cliquez sur la vignette Lecteur Windows Media qui apparaît, comme à la Figure 20.4.

Comme vous utilisez un portable pour être le plus mobile possible, il serait idiot de vous embarrasser de vos CD audio. Utilisez le Lecteur Windows Media pour copier, c'est-à-dire *ripper* ou *extraire*, le contenu de vos CD audio préférés vers le disque dur de votre portable. Ainsi, la musique sera directement lue depuis votre ordinateur. Voici comment procéder :

Figure 20.4 : Localiser rapidement le Lecteur Windows Media.

1. **Lancez le programme Lecteur Windows Media.**
2. **Insérez un CD audio dans votre lecteur de CD/DVD.**

   La lecture du disque devrait démarrer immédiatement. Ce n'est pas important. Vous pouvez le mettre en pause ou bien en poursuivre l'écoute pendant toute la durée de l'extraction.

3. **Dans la barre d'outils du Lecteur Windows Media, cliquez sur le bouton Extraire le CD.**

   La colonne État de l'extraction permet de suivre la progression de l'opération.

   TRUC

   Pour arrêter ou ne pas extraire une piste du CD, il suffit de décocher sa case.

   L'extraction du CD est terminée lorsque vous pouvez lire la mention *Extrait dans la bibliothèque* à droite de chaque piste du CD.

4. **Une fois l'extraction terminée, vous pouvez éjecter le CD.**

La musique que vous rippez est stockée sur votre portable. Elle est alors toujours disponible pour le Lecteur Windows Media.

TRUC

Comme vous venez de créer des fichiers audio, vous pouvez les lire depuis l'application Musique de l'écran d'accueil sans être obligé d'ouvrir le Lecteur Windows Media.

- Achetez des écouteurs de bonne qualité. Les haut-parleurs de votre portable ne peuvent pas assurer une écoute de qualité. De plus, en déplacement, vous risquez d'ennuyer tous les passagers du train, de l'avion, ou de l'autobus.
- Le Lecteur Windows Media est prioritairement un programme de gestion et de diffusion de la musique. Mais vous pouvez aussi l'utiliser pour lire des vidéos, des images, ou des programmes TV enregistrés sur votre ordinateur.
- Le Lecteur Windows Media n'a pas grand-chose à voir avec le Windows Media Center. Ce programme est une interface à lui seul qui se substitue temporairement à celle de Windows 8. Cette interface permet de gérer les fichiers et les fonctionnalités multimédias des PC, dont la télévision numérique.
- Si vous utilisez un iPod, vous souhaiterez probablement utiliser le programme iTunes. Il permet de lire les fichiers audio stockés sur votre disque dur et de synchroniser ce contenu avec votre iPod.

Configurer le Lecteur Windows Media pour l'extraction automatique des CD

Il est possible de configurer le Lecteur Windows Media pour qu'il effectue automatiquement l'extraction de vos CD audio. Dans ce cas, le rippage débute dès l'insertion du CD dans votre lecteur sans que vous n'ayez rien à faire de plus. Voici comment procéder :

1. **Dans la barre d'outils du Lecteur Windows Media, cliquez sur Organiser.**
2. **Dans le menu local qui apparaît, cliquez sur Options.**
3. **Dans la boîte de dialogue Options, cliquez sur l'onglet Extraire de la musique.**
4. **Cochez la case Extraire automatiquement le contenu du CD, comme le montre la Figure 20.5.**
5. **Cliquez sur OK.**

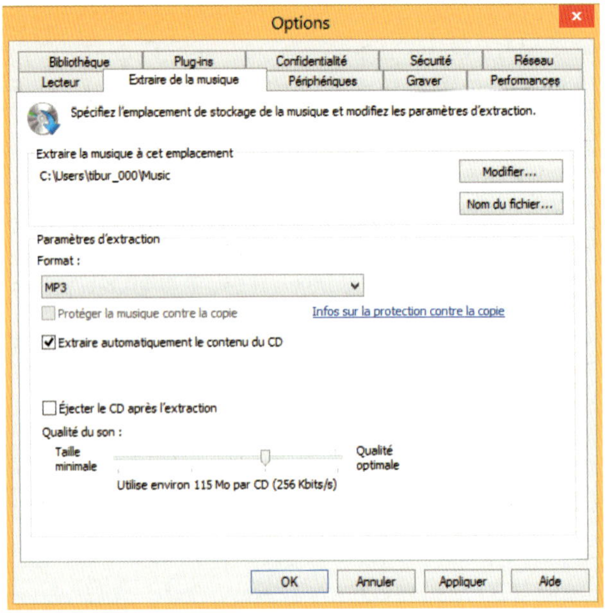

Figure 20.5 : Pour que le contenu d'un CD audio soit automatiquement rippé dès son insertion dans votre lecteur.

Répertorier et lire vos fichiers audio avec Musique

Le Lecteur Windows Media n'est pas très agréable à utiliser. Y répertorier vos fichiers MP3 extraits depuis un CD audio ou téléchargés depuis Internet peut s'avérer être un véritable pensum.

Pour cette raison, je vous encourage à utiliser l'application Musique de l'écran d'accueil qui repose sur un service en ligne de Microsoft appelé Xbox Music. Si vous l'utilisez uniquement pour cataloguer et lire vos fichiers audio, son utilisation restera totalement gratuite.

Mais avant d'utiliser Xbox Music (ou l'application Musique si vous préférez), prenez l'habitude de stocker tous vos fichiers musicaux sur le même disque dur (ou dossier). Par exemple, si le disque dur de votre portable est partitionné, c'est-à-dire qu'il apparaît sous la forme de disques alors que vous n'en possédez qu'un, stockez-les sur le lecteur D :, et non pas obligatoirement dans le dossier Musique de Windows 8.1. Bien entendu, si déplacer vos fichiers d'un lecteur à un autre vous pose problème, laissez-les dans la bibliothèque Musique du lecteur C :.

Ensuite, voici comment répertorier, dans Musique, le contenu du dossier où vous stockez vos chansons préférées :

1. **Cliquez sur la vignette Musique de l'écran d'accueil.**

   Pour profiter de toutes les possibilités de Xbox Music, vous devez créer un compte. C'est gratuit.

   A priori, l'interface devrait être vide, sauf si vous avez stocké des fichiers audio dans le dossier Musique de la bibliothèque de Windows 8.1. Si vous utilisez un autre dossier, passez à l'Étape 2.

2. **Pour indiquer le dossier dans lequel Musique doit rechercher systématiquement vos fichiers audio, affichez la barre des charmes, et cliquez sur Paramètres.**

3. **Dans le panneau Paramètres, cliquez sur Préférences.**

4. **Cliquez sur le lien Choisissez où nous devons chercher la musique sur ce PC, comme à la Figure 20.6.**

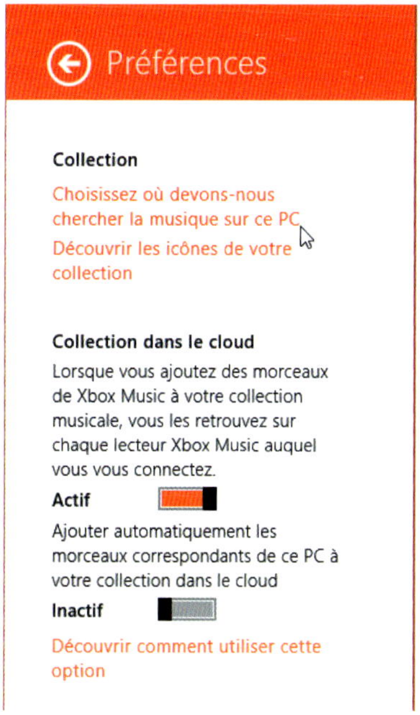

Figure 20.6 : Indiquez à Xbox Music le chemin d'accès à vos musiques.

5. **Cliquez sur le bouton + pour ajouter le lecteur et le dossier où vous stockez vos fichiers musicaux, comme à la Figure 20.7.**

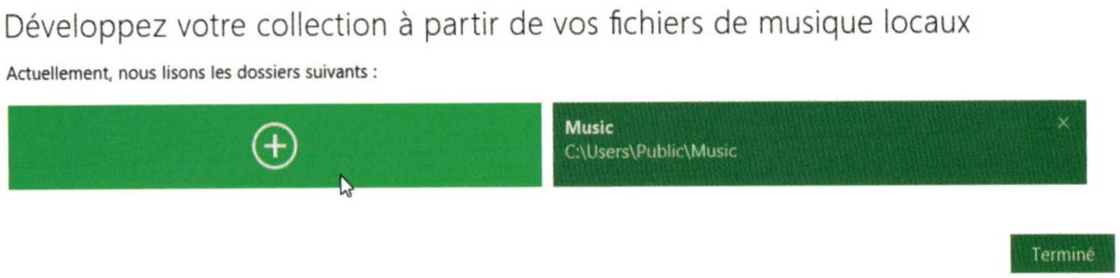

Figure 20.7 : Pour ajouter un emplacement de stockage de vos fichiers musicaux.

Pour supprimer la référence au dossier Musique de la bibliothèque de Windows 8.1, cliquez sur le bouton X situé dans l'angle supérieur droit de sa vignette.

6. **Cliquez sur le chevron situé à droite de la mention Ce PC.**

7. **Dans le menu local qui apparaît, choisissez Ce PC.**

   Cette action affiche tous les lecteurs de votre ordinateur.

8. **Cliquez sur la vignette du disque dur ou du dossier contenant vos fichiers audio, puis sur le bouton Ajouter ce dossier à Musique.**

9. **Confirmez par un clic sur OK.**

Dès cet instant, tous les fichiers audio que vous ajouterez dans ce dossier ainsi répertorié dans Musique seront accessibles par cette application. Si vous ajoutez la photo des pochettes d'albums dans le dossier de chaque album, elle permettra d'identifier vos musiques d'un seul coup d'œil, comme le montre la Figure 20.8.

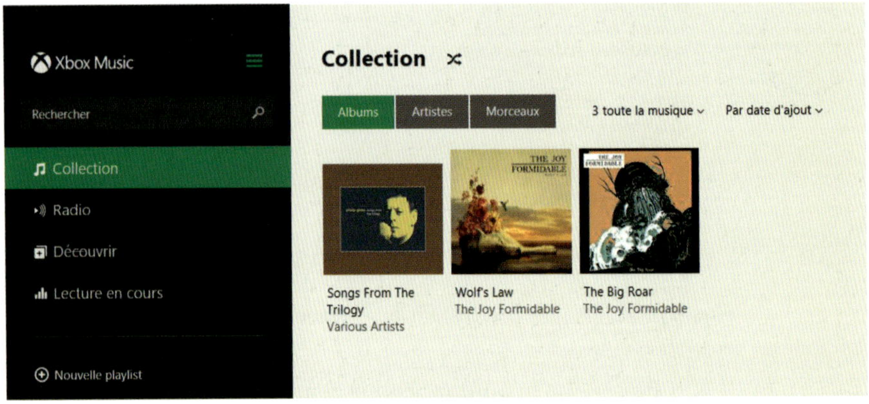

Figure 20.8 : Des albums répertoriés par Musique.

TRUC

Pour utiliser toutes les fonctionnalités de l'application Musique, consultez l'ouvrage *Windows 8.1 pour les Nuls*.

Lire des vidéos sur un portable

Les vacances en famille peuvent être stressantes, surtout lorsque vous voyagez en voiture. Aujourd'hui, les parents ont pris l'habitude d'installer un lecteur de DVD au niveau du repose-tête des sièges avant de la voiture. Ces lecteurs portables sont très populaires. Ils ressemblent étrangement à des ordinateurs portables. Toutefois, pourquoi investir dans un lecteur de ce type lorsque l'on possède un ordinateur portable ? De plus, savez-vous qu'un ordinateur portable est capable de lire autre chose que des DVD ? Nous allons détailler les fonctionnalités vidéo de votre ordinateur.

Regarder un DVD vidéo

Aussi paradoxal que cela puisse paraître, Windows 8.1 ne permet plus de lire de DVD vidéo avec le Lecteur Windows Media. De son côté, l'application Vidéo, qui ouvre en réalité le site Xbox Vidéo, ne permet de lire que des fichiers vidéo stockés sur votre ordinateur, mais pas de DVD.

Il y a de grandes chances pour que le fabricant de votre PC portable ait inclus un logiciel de lecture. En règle générale, il démarre automatiquement à l'insertion du DVD vidéo dans votre lecteur.

Si vous ne disposez pas de ce type de programme, lancez une recherche *via* Google sur **logiciel lecture de dvd gratuit Windows 8.1.**

TRUC

La gratuité permet d'en tester plusieurs afin de choisir celui qui répond le mieux à vos besoins. Malgré une interface peu agréable et une relative complexité d'utilisation, j'aime beaucoup le Lecteur Multimédia VLC capable de lire absolument tous les formats de fichiers multimédias, dont les DVD vidéo.

Utiliser une webcam

Vous pouvez utiliser la webcam de votre ordinateur portable pour créer des vidéos ou pour capturer des images fixes. Normalement, la webcam d'un ordinateur est utilisée pour discuter en temps réel avec d'autres interlocuteurs. Le programme qui pilote cette webcam, ou bien le logiciel fourni avec la webcam USB que vous connectez à votre ordinateur, permet de capturer des vidéos et des photos.

- La webcam est activée par logiciel : vous devez exécuter un programme qui utilise votre webcam. Dès lors, il suffit de cliquer sur un simple bouton pour que la webcam enregistre une image ou une vidéo.
- Certaines webcams intégrées à un ordinateur portable disposent d'une petite lampe. Elle s'allume lorsque la luminosité est insuffisante pour capturer correctement les images. D'autre part, un voyant permet de savoir si la webcam est ou non active.

Adieu téléphone mobile

Historiquement, l'existence du portable est liée au développement des technologies de la communication. Or, ces technologies ne sont pas uniquement utilisées par des modems, des réseaux, et des ordinateurs. Derrière tous ces matériels, il y a des êtres humains. Il est donc tout à fait possible d'utiliser votre ordinateur portable comme un téléphone mobile.

Téléphoner avec votre portable

Pour téléphoner avec un ordinateur portable, vous avez besoin de trois choses :

- une connexion Internet ;
- un micro-casque, ou tout au moins un bon microphone et de bons haut-parleurs ;
- un programme VoIP.

En général, vous possédez la connexion Internet. Un ordinateur portable, équipé de Windows 8.1, est très facile à connecter au Web. Ensuite, il est assez simple d'investir dans un bon micro-casque. Ne reste plus qu'à vous procurer un logiciel VoIP.

VoIP signifie *Voice Over Internet Protocol*. En d'autres termes, utiliser l'Internet pour téléphoner. Pour y parvenir, vous avez besoin d'un logiciel particulier. Ce programme permet de discuter avec d'autres personnes sur Internet, mais également de vous connecter à des services téléphoniques traditionnels.

Pour établir ce genre de communication depuis votre portable, vous utiliserez probablement le programme Skype installé par défaut sur l'écran d'accueil de Windows 8.1.

En effet, Skype remplace Windows Live Messenger depuis que Microsoft a racheté cette société. Si vous souhaitez utiliser Skype sur le Bureau de Windows, vous devez le télécharger à l'adresse suivante : http://www.skype.com/fr/download-skype/skype-for-windows/

Tenir une conversation vidéo

Il a fallu attendre très longtemps pour que la conversation téléphonique transfère non seulement la voix, mais aussi les images. Le rêve du fameux *visiophone* est enfin devenu réalité avec les développements technologiques liés à l'Internet.

Donc, dans le domaine de l'Internet, les conversations sont désormais devenues vidéographiques. On parle de conversation ou de discussion vidéo. En utilisant un ordinateur portable et une connexion Internet haut débit, vous pouvez simultanément être vu et entendu.

La plupart des programmes de messagerie instantanée permettent des conversations vidéo. C'est le cas de Skype notamment.

- Google Talk est un autre service de vidéoconférence très populaire. Rendez-vous sur www.google.com/talk.
- Le problème des conversations vidéo est que les interlocuteurs sont rarement concentrés sur leur sujet. En d'autres termes, ils font autre chose pendant qu'ils vous parlent. Pour éviter cela, je vous conseille de regarder en direction de votre webcam lorsque vous vous adressez à la personne avec qui vous communiquez. Ainsi, elle aura l'impression que vous la regardez dans les yeux. Vous vous retrouvez alors dans une configuration de conversation presque réelle.

Lire des livres électroniques sur votre portable

Si vous lisez ce livre sous la forme d'un e-book, levez les mains en hurlant « Yes » ! Mais faites tout de même attention de ne pas laisser tomber votre ordinateur portable ou votre lecteur de livres électroniques.

La question qui se pose aujourd'hui est de savoir s'il est intéressant et utile d'investir dans un lecteur d'e-book lorsque l'on possède un ordinateur portable. Si vous possédez beaucoup d'argent, la question ne se posera probablement pas. Vous disposerez de ces deux appareils. En revanche, si votre budget est un peu serré, économisez de l'argent en utilisant votre ordinateur portable comme lecteur de livres électroniques.

Comprendre l'e-book

L'e-book est un nouvel enjeu des technologies informatiques et numériques. Mais, savez-vous exactement ce qu'est un livre électronique ? Il s'agit d'une sorte de petit ordinateur personnalisé dont la fonction est d'afficher sur un écran paramétrable des textes et des images.

Un lecteur d'e-book affiche du texte d'une manière très pratique. Le lecteur est juste un matériel contenant un logiciel capable d'afficher le texte en question, mais aussi de télécharger des milliers de livres, des articles de journaux, et des magazines.

Ces dernières années, les e-books ont connu une importante baisse des prix pour faire face à la concurrence des tablettes.

- Pour le moment, l'e-book le plus populaire et l'Amazon Kindle. Actuellement, de nombreuses sociétés spécialisées en informatique et en électronique développent leur propre e-book.
- La batterie des lecteurs d'e-books bénéficie d'une autonomie bien supérieure à celle d'un ordinateur portable standard. Ces lecteurs ont quasiment la taille et la forme d'un livre traditionnel.
- La plupart des lecteurs d'e-books ont une connexion réseau sans fil. Elle permet de télécharger de nouveaux livres, des articles de journaux, et des magazines.

Lire un e-book sur votre portable

Vous pouvez utiliser votre ordinateur portable pour lire un e-book. La seule chose dont vous ayez besoin est une source de téléchargement de livres qui vous intéressent sous une forme électronique.

Tout d'abord, sachez qu'il existe de nombreux livres gratuits sur Internet. Ensuite, vous pouvez acheter une version électronique de n'importe quel ouvrage, l'enregistrer sur votre portable, et la lire en voyage.

- Je vous conseille le site Google Livres pour trouver une grande quantité de livres électroniques disponibles en ligne. Pour vous rendre sur ce site, tapez l'adresse suivante dans la barre d'adresses de votre navigateur Web : http///books.google.fr.
- Le Project Gutenberg est une des grandes ressources internationales de l'e-book dans le monde. Rendez-vous sur son site à l'adresse http://www.gutenberg.org/wiki/FR_Principal. Dès que vous voyez un livre qui vous intéresse, cliquez sur son lien. Ensuite, cliquez sur un lien de téléchargement proposé.
- Consultez le Chapitre 16 pour apprendre à sauvegarder des pages Web.

Sixième partie

Dépannage et maintenance

Dans cette partie...

Je vous mentirais si je vous disais que vous utiliserez votre portable pendant des décennies sans rencontrer le moindre problème. Certes, les PC portables sont robustes, mais ils nécessitent douceur et attention. Pour prolonger leur longévité, vous devez effectuer une maintenance régulière. En tant que propriétaire et utilisateur d'un objet dynamique, vous devez connaître quelques gestes qui sauvent. Cette partie distille des conseils et des astuces pour maintenir aussi longtemps que possible votre ordinateur portable en bon état de fonctionnement.

21

Dépanner un portable

Dans ce chapitre

- Redémarrer Windows pour que tout rentre dans l'ordre
- L'utilitaire de résolution des problèmes de Windows 8.1
- Restaurer votre système
- Corriger les problèmes courants

Une seule chose cause des problèmes à tout ordinateur. Cette chose porte le nom de *modification*. Les modifications apportées à un ordinateur consistent en une installation de nouveaux matériels, de nouveaux logiciels, ou d'une modification des divers paramètres de configuration. En général, les problèmes surviennent à l'issue d'une modification.

Ce chapitre étudie les problèmes les plus communément rencontrés suite à une modification des divers paramètres de votre ordinateur portable. Nous verrons comment remettre tout en ordre.

TRUC

Changer ou modifier vos fichiers de données, notamment des documents Word, des fichiers MP3, ou des images JPEG, ne peut pas causer de problèmes à votre ordinateur.

La solution universelle

Avant de tenter une intervention technique désespérée, essayez ceci : redémarrez Windows ! En effet, un redémarrage de Windows permet de remettre en place un certain nombre de choses. Dans bien des cas, ce redémarrage permettra de retrouver un système d'exploitation parfaitement fonctionnel.

Non ! Inutile de réinstaller Windows

…ous que la durée moyenne d'un appel auprès de support technique est de 12 minutes ? Très souvent, cette durée est insuffisante pour régler le problème. Le support technique demande alors à l'utilisateur de réinstaller Windows. Il prétend que cela réglera tous les problèmes, mais en réalité, cela réglera surtout le problème de ce support technique.

Je dépanne des ordinateurs depuis de nombreuses années. Je pourrais compter sur les cinq doigts de ma main le nombre de fois où j'ai réinstallé Windows. Les seules fois où cela m'est arrivé, ce fut lorsque l'utilisateur avait, par mégarde, effacé certaines parties de ce système d'exploitation, ou lorsqu'un virus avait attaqué les organes vitaux de la machine. Sachez cependant, qu'avec de la patience et quelques connaissances, vous pouvez parfaitement résoudre un problème sans réinstaller le système d'exploitation.

Réinstaller Windows, c'est comme si vous reconstruisiez les fondations de votre maison parce qu'une de ses portes-fenêtres n'avait plus d'étanchéité. C'est ridicule ! Donc, lorsque quelqu'un vous dit de réinstaller Windows, hurlez et sauvez-vous en courant.

L'utilitaire de résolution des problèmes de Windows 8.1

Windows 8.1 est fourni avec un utilitaire de résolution des problèmes très pratique. Voici comment l'utiliser :

1. **Ouvrez le Panneau de configuration.**
2. **Dans la section Système et sécurité, cliquez sur le lien Rechercher et résoudre des problèmes.**

   Vous affichez la fenêtre Résolution des problèmes, illustrée à la Figure 21.1.

3. **Sélectionnez une catégorie, ou bien cliquez directement sur un lien pour lancer un dépannage.**
4. **Suivez les instructions qui s'affichent à l'écran.**

   Ces instructions varient en fonction du problème rencontré.

Au terme du dépannage, il est possible que Windows redémarre.

Vous pouvez également lancer l'utilitaire de résolution des problèmes *via* le Centre de maintenance de Windows 8.1. Commencez par accéder au Centre de maintenance, puis cliquez sur le lien Dépannage situé en bas de sa fenêtre.

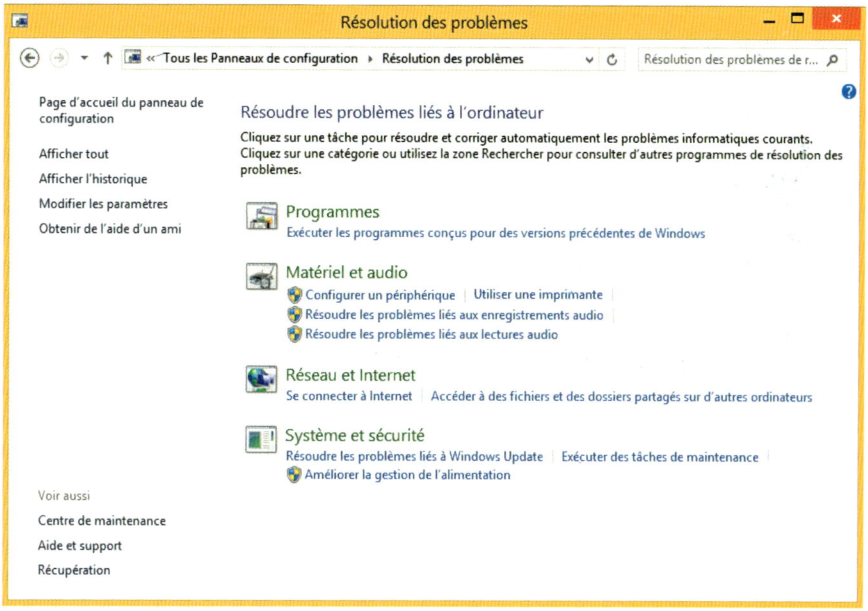

Figure 21.1 : L'utilitaire de résolution des problèmes de Windows 8.1.

Restaurer le système

Pour récupérer un système d'exploitation fonctionnel, vous devez utiliser le programme Restauration du système de Windows. Ce programme va tout simplement restaurer Windows tel qu'il était à une date antérieure. Évidemment, cette date correspond à une époque où votre système d'exploitation fonctionnait parfaitement bien.

La Restauration du système fonctionne automatiquement. En effet, des *points de restauration* sont régulièrement créés par Windows. Chaque fois que vous installez un nouveau programme ou que vous mettez à jour Windows, le système d'exploitation crée un point de restauration. En cas de problème, vous n'avez qu'à mettre en œuvre l'utilitaire Restauration du système de la manière suivante :

1. **Appuyez sur Windows + Pause pour ouvrir la fenêtre Système.**

Sur certains claviers, cette touche se nomme Break.

2. **Dans le volet gauche, cliquez sur le lien Protection du système.**
3. **Cliquez sur le bouton Restauration du système.**

   L'assistant de restauration apparaît.

4. **Cliquez sur le bouton Suivant.**
5. **Si vous ne voyez pas une date de création d'un point de restauration correspondant à une période où votre ordinateur fonctionnait très bien, cochez l'option Afficher d'autres points de restauration, comme à la Figure 21.2.**

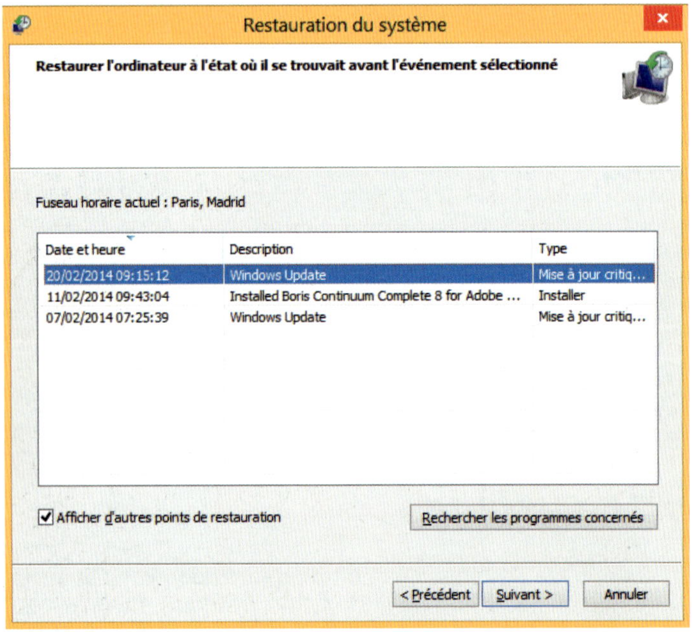

Figure 21.2 : Restaurer un Windows opérationnel.

6. **Respectez les instructions qui s'affichent à l'écran.**

Le programme de restauration « réinstalle » une ancienne version de Windows 8.1, c'est-à-dire d'anciens pilotes de périphériques, d'anciens logiciels, ou de vieux paramètres. En d'autres termes, vous perdrez certaines fonctionnalités récemment ajoutées par des mises à jour ou des installations de logiciels.

Votre portable risque de redémarrer pour valider la restauration de ces anciens éléments.

Une fois le redémarrage terminé, votre système a été restauré ! Toutes les modifications que vous y aviez apportées entre la date d'aujourd'hui et celle du point de restauration ont été annulées.

- Si le problème n'est pas résolu, effectuez une nouvelle restauration du système, mais en sélectionnant un autre point de restauration.
- La restauration du système ne supprime pas des fichiers que vous avez créés. Elle n'affecte que le système d'exploitation et les programmes installés.
- Le système de restauration permet de récupérer un système d'exploitation vieux de quelques jours. Toutefois, il est rare qu'un problème soit résolu lorsque vous restaurez un point qui a été créé moins d'une semaine avant que vous rencontriez votre souci.

Les problèmes courants et leur solution

Il m'est impossible d'énumérer tous les problèmes que vous pouvez rencontrer avec un ordinateur portable. Je vais donc me limiter à l'étude des pannes les plus fréquemment rencontrées, et vous en donner la solution.

Mon clavier devient fou !

Ce problème survient bien plus souvent que vous l'imaginez. La raison est généralement très simple : vous avez accidentellement appuyé sur la touche Verr num, ce qui fait qu'une partie du clavier tape des chiffres et non plus des lettres.

La solution : appuyez sur la touche Verr num afin de réactiver cette fonction.

Le pavé tactile est trop sensible

Certains pavés tactiles sont si sensibles qu'ils fonctionnent rien qu'en les regardant. La solution à ce problème est simple : réglez la sensibilité du pavé tactile.

Il suffit pour cela d'ouvrir le Panneau de configuration, et de cliquer sur la flèche située à droite de ce terme, dans la barre d'adresses de la fenêtre. Là, cliquez sur Tous les Panneaux de configuration. Dans la liste qui apparaît, cliquez sur Souris. Dans la boîte de dialogue des propriétés de la souris, réglez la sensibilité du pavé tactile.

N'OUBLIEZ PAS

Vous n'êtes pas obligé d'utiliser le pavé tactile. Il vous suffit pour cela de le désactiver dans la boîte de dialogue Propriétés de la souris. Vous utiliserez alors une souris externe. Je pense qu'elle vous comblera de bonheur.

Rendre le pointeur de la souris plus visible

Lorsque vous avez des difficultés pour voir le pointeur de la souris, ouvrez la boîte de dialogue Propriétés de la souris. Voici quelques suggestions pour améliorer la visibilité de ce pointeur :

- Dans l'onglet Pointeurs, choisissez le modèle de pointeur Agrandi, ou les modèles dits « grand » voire « très grand ».
- Dans l'onglet Options du pointeur, utilisez une des options de la zone Visibilité. Je vous conseille Afficher les traces de la souris ou Montrer l'emplacement du pointeur lorsque j'appuie sur la touche CTRL.
- Les traces de la souris ajoutent un effet de traînées lorsque vous déplacez le pointeur de la souris. Elles aident à le localiser sur l'écran.
- Lorsque le pointeur de la souris a la fâcheuse habitude de jouer à cache-cache, activez la dernière option de visibilité de la boîte de l'onglet Options du pointeur. Il vous suffira alors d'appuyer sur la touche Ctrl du clavier pour voir des cercles concentriques localiser le pointeur sur votre écran.

Mon portable ne se réveille pas !

Lorsqu'un portable ne sort plus du mode Veille, c'est que sa batterie est probablement vide. Branchez le PC sur le secteur.

Parfois, le problème peut venir du système de gestion de l'alimentation du portable, comme cela est expliqué dans la prochaine section.

Les douleurs du gestionnaire de l'alimentation

Quand votre ordinateur perd soudainement la faculté de sortir du mode Veille ou Veille prolongée, vous êtes face à un problème matériel ou logiciel de la gestion de l'alimentation.

Tout d'abord, visitez le site Web du constructeur de votre ordinateur pour y chercher des mises à jour et des informations supplémentaires.

Ensuite, vérifiez que la gestion de l'alimentation est correctement paramétrée, comme cela est expliqué au Chapitre 9.

Enfin, contrôlez que d'autres matériels et logiciels n'interfèrent pas avec la gestion de l'alimentation opérée par Windows. Si c'est le cas, supprimez le programme ou le matériel fautif.

Ma batterie ne charge plus

Les batteries naissent, vivent, et meurent. C'est logique ! Lorsqu'une batterie ne charge plus ou ne tient plus la charge, c'est-à-dire qu'elle se décharge très rapidement, changez-la !

N'OUBLIEZ PAS

Ne jetez pas vos batteries usagées n'importe où ! Respectez l'environnement. Laissez votre batterie au magasin où vous en achetez une nouvelle, ou bien portez-la dans une déchetterie.

22

Mise à jour et entretien de votre portable

Dans ce chapitre

- Ajouter un matériel
- Mettre à jour vos programmes
- Nettoyer votre portable
- Nettoyer l'écran

Les PC de bureau sont très faciles à mettre à jour. En effet, vous pouvez ajouter des matériels à l'intérieur du boîtier sans trop de difficultés. Malheureusement, du fait de sa compacité, un portable ne peut pas évoluer aussi aisément que son homologue de bureau.

Ce chapitre explique comment faire évoluer un portable. L'évolution matérielle se fait généralement par l'augmentation de la mémoire vive (RAM). Nous verrons aussi qu'il est possible d'opérer une mise à jour des logiciels. Enfin, nous verrons comment nettoyer un ordinateur portable. N'oubliez pas que vous le transportez partout et que par conséquent il est plus sensible qu'un PC de bureau.

Un nouveau matériel pour votre portable

Les extensions internes sont très limitées sur un portable. Il est simplement possible de changer le disque dur, et d'ajouter ou de remplacer la mémoire RAM. Si vous sentez que votre ordinateur manque de rapidité et peine à exécuter certaines tâches, changez sa mémoire ou ajoutez des barrettes supplémentaires.

Sur certains portables, il est possible de changer le disque dur. Il faut généralement ouvrir le portable, car les modèles disposant d'une baie à disque dur sont devenus relativement rares. Il est aussi possible de retirer le lecteur de CD/DVD pour y installer un second disque dur. Idem pour l'emplacement PCI Express où vous pourrez ajouter un port e-sata qui permettra d'ajouter un disque dur externe à cette norme.

En dehors de ces possibilités, on peut dire que votre portable est bel et bien bloqué dans ses starting-blocks.

Reportez-vous à la documentation livrée avec votre portable pour savoir où se trouvent la mémoire et le disque dur. N'oubliez pas que certains programmes ont besoin d'être mis à jour pour profiter pleinement de leurs fonctionnalités ajoutées par les nouveaux matériels. Par exemple, un disque dur de plus grosse capacité peut nécessiter une mise à jour du BIOS de votre portable pour être totalement exploitable.

Quoi de neuf du côté des logiciels ?

En général, je déconseille de mettre à jour les logiciels. Vous ne devez y procéder que si ces mises à jour ajoutent de nouvelles fonctionnalités ou viennent corriger un problème.

Mettre à jour vos logiciels

Je conseille de mettre à jour un programme uniquement lorsqu'une nouvelle version apporte des fonctionnalités innovantes, ou bien corrige des bogues.

Vous éviterez bien des problèmes en ne mettant pas à jour vos logiciels ! J'ai vu de nombreux ordinateurs devenir instables après de telles modifications. Bien entendu, la mise à jour de logiciels peut parfaitement bien se dérouler et ainsi vous permettre de gagner en productivité. Comme les conséquences néfastes d'une mise à jour ne peuvent pas être éludées, préparez-vous avant d'effectuer une mise à jour en sauvegardant complètement votre système.

- La mise à jour est aussi simple que d'insérer le disque du programme dans le lecteur de votre ordinateur. L'opération démarre automatiquement. Dans le pire des cas, vous devrez suivre quelques instructions sommaires.

- Inutile de désinstaller la précédente version d'un programme lorsque vous le mettez à jour. La seule exception à cette règle s'applique lorsque l'éditeur du programme demande d'y procéder. Cependant, c'est généralement l'installation de la mise à jour qui supprime l'ancienne version de votre logiciel.

N'OUBLIEZ PAS

- Il y a une différence entre changer de versions de Windows et mettre à jour Windows. Si la mise à jour est souvent nécessaire pour améliorer la version de Windows que vous utilisez, changer de version n'est pas toujours indispensable.

Il y a mise à jour et mise à jour

Le jargon informatique peut entraîner des confusions dans l'esprit des utilisateurs. En anglais, il existe deux termes qui distinguent deux types de mises à jour. D'un côté, on parle d'*upgrade* et de l'autre d'*update*. En français, on parlerait davantage de *mise à jour* et de *correctif*. Quelle est la différence ?

L'*upgrade* donc la *mise à jour* signifie installer une version plus récente de votre programme d'origine. On parle de *mise à jour mineure*. Par exemple, vous passez de la version 2.0 à la version 2.1, puis de la 2.1 à la version 2.2. Une mise à jour *majeure* consiste à passer d'une version 4.0 à une version 5.0 par exemple.

L'*update*, donc la mise à jour à proprement parler, améliore un programme existant, mais n'en change pas le numéro de série. Par exemple, Microsoft réalise constamment des correctifs de sécurité pour Windows 8.1. Ces mises à jour spécifiques vont aussi corriger des bogues et améliorer sensiblement certaines fonctionnalités.

Mettre à jour Windows

NOTE TECHNIQUE

Je conseille vivement de ne pas mettre à jour le système d'exploitation de votre portable. Fondamentalement, l'idée n'est pas mauvaise, mais pratiquement, la stabilité de votre ordinateur est en jeu.

Donc, plutôt que de mettre à jour Windows, attendez d'acheter un nouvel ordinateur qui sera livré avec la toute dernière version de ce système d'exploitation. Pourquoi ? Tout simplement parce que les logiciels et les matériels de ce nouvel ordinateur auront été conçus pour fonctionner avec la dernière version de Windows.

- Les éléments que vous devez systématiquement mettre à jour sont les *pilotes* de votre ordinateur. En effet, leur nouvelle version facilite l'utilisation de votre portable. Il s'agira principalement des pilotes du pavé tactile, des adaptateurs réseau sans fil et Ethernet, de l'affichage, et de la gestion de l'alimentation.
- Si vous désirez vraiment évoluer vers la nouvelle version de Windows, je ne peux pas vous en empêcher ! Je vous aurai prévenus !
- Il y a une différence entre mettre à jour Windows et installer des *correctifs*. Je vous conseille d'installer ces correctifs, car ils vont améliorer la sécurité du système et en améliorer les performances.

L'entretien de votre portable

Comme pour tous les autres matériels informatiques, un portable connaît un double entretien : logiciel et matériel.

La maintenance par logiciel

Windows 8.1 effectue automatiquement la majorité des opérations de maintenance. Il s'agit principalement de la défragmentation des disques. Tant que les routines de maintenance ne sont pas désactivées, considérez que votre système de stockage est parfaitement entretenu par Windows.

- Reportez-vous au Chapitre 19 qui traite de la sauvegarde pour effectuer périodiquement une sauvegarde de vos données sur un périphérique externe comme un disque dur.
- Contrairement à une automobile, vous n'avez aucune raison d'apporter votre PC en révision. Méfiez-vous, car un revendeur peu scrupuleux pourrait vous faire croire à cette nécessité et ainsi vous soutirer de l'argent.

Nettoyez votre portable !

Les portables sont des animaux robustes. Ils peuvent parcourir de grandes distances pendant de nombreux jours sans nécessiter un brin de toilette.

Toutefois, de retour de voyage, je vous conseille de nettoyer votre ordinateur portable. Regardez toutes vos traces de doigts ! Si votre mère voyez ça !

- Lavez-vous les mains de temps en temps.

- Éteignez votre portable avant de le nettoyer.
- Utilisez une éponge ou un tissu doux.
- L'alcool isopropylique est un bon agent nettoyant, sauf pour votre écran.
- Reportez-vous aux consignes d'entretien données par le constructeur de votre ordinateur portable.

Nettoyer l'extérieur du portable

Lavez votre portable avec une éponge humide. Vous pouvez utiliser un peu de liquide vaisselle. Dans ce cas, mélangez une mesure de liquide avec cinq mesures d'eau. Une fois le lavage effectué, essuyez avec un chiffon doux, propre, et sec.

Faites bien attention d'enlever toute trace d'humidité !

- L'éponge doit être juste humide. Il serait désastreux que de l'eau pénètre dans le portable.
- Utilisez un Coton-Tige pour enlever les saletés agglutinées dans les fentes du portable.
- Ne nettoyez jamais l'intérieur des lecteurs de disques, ou des réceptacles de cartes PC ou PCI Express. Ne vaporisez jamais du liquide à l'intérieur !
- Évitez les détergents contenant trop de produits chimiques (acide ou alcalin). N'utilisez jamais de poudre abrasive.

La toilette du clavier

Très souvent, je passe l'aspirateur sur mon clavier. Évidemment, il s'agit d'un petit aspirateur de table ou de voiture. Il est muni d'une petite brosse qui permet de déloger les saletés tombées entre les touches.

Certaines personnes préfèrent nettoyer le clavier avec une bombe d'air comprimé. Je déconseille cette méthode. L'air propulse les impuretés plus profondément dans votre portable. Préférez la technique d'aspiration plutôt que d'expulsion.

Nettoyer l'écran

Les écrans LCD ou LED sont un véritable casse-tête à nettoyer. Leur structure « meuble » et leur fragilité empêchent de prendre n'importe quoi pour les toiletter. Ainsi, il est fortement déconseillé d'utiliser un quelconque liquide.

Pour un nettoyage général, utilisez un chiffon doux qui ne peluche pas. Il permet d'enlever la poussière.

Ensuite, humidifiez une éponge ou un chiffon doux avec de l'eau. Nettoyez alors l'écran, mais surtout passez immédiatement un chiffon doux et sec pour retirer toute trace d'humidité. Faites bien attention de ne pas faire couler l'eau sur l'écran. Sinon, elle risque de s'infiltrer à l'intérieur et de détruire le moniteur de votre ordinateur portable.

L'écran doit être totalement sec avant de le fermer !

TRUC

- Il arrive parfois que les touches du clavier créent des tâches quand elles sont en contact avec l'écran. Vous ne pourrez pas les enlever. Pour les prévenir, placez un tissu doux, sec, et fin entre l'écran et le clavier.
- Les magasins d'informatique vendent des produits pour nettoyer les portables ainsi que des lingettes spéciales pour les écrans.

ATTENTION

- Évitez tous les produits à base d'alcool ou d'ammoniaque. Ils détérioreront votre écran.
- Ne vaporisez jamais un liquide sur l'écran d'un portable !

Septième partie

Les dix commandements

Dans cette partie...

Si vous aimez les questionnaires, les records du monde, les listes en général, alors voici la partie du livre que vous attendiez. Ce ne sont pas des listes du genre « Dix personnes qui ont plongé dans les chutes du Niagara (et que l'on n'a jamais revues) », « Dix vilains qui ont réussi à passer de la politique au cinéma » ou « Dix aliments facilement camouflables en poulet pané ». Il s'agit de listes de choses à faire et à ne pas faire, de suggestions, conseils et autres informations utiles.

Notez qu'on ne compte pas toujours exactement dix éléments dans ces chapitres : dans certains cas, il peut y en avoir plus. En effet, si un fou de plus a plongé dans les chutes, pourquoi ne pas le mettre sur la liste ?

23

Une dizaine de conseils et d'astuces pour la batterie

Dans ce chapitre

- Éviter d'endommager la batterie
- Vider la batterie
- Consommer moins d'énergie
- Prévenir l'utilisation de la mémoire virtuelle
- Nettoyer les cosses de la batterie
- Stocker la batterie
- Avec le temps, la batterie se vide toute seule

La batterie est l'élément caractéristique d'un portable. Tout le reste correspond d'une manière ou d'une autre à ce qui existe sur un ordinateur de bureau. Ce chapitre présente dix conseils et astuces pour vous aider à tirer le meilleur profit de votre portable et de sa batterie.

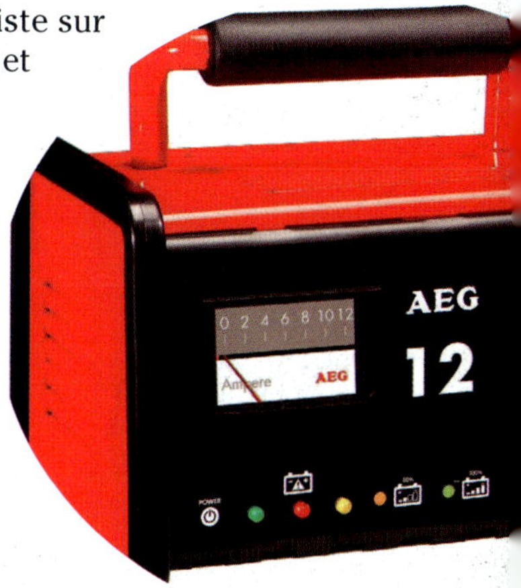

Ne la faites pas tomber, ne la mouillez pas, ne la court-circuitez pas, ne l'ouvrez pas, ne la brûlez pas, ne la jetez pas dans la nature

Assez parlé.

NOTE TECHNIQUE

Quelques faits terribles sur la batterie Lithium-Ion

Les batteries Lithium-Ion sont ce à quoi aspirent de nombreux êtres humains : intelligentes et populaires. Elles ont cependant leur côté terrifiant. Voici quelques vilains faits concernant les batteries Lithium-Ion, dans l'intention de vous choquer une bonne fois pour toutes, pour que s'éloigne de vous l'idée de manipuler outre mesure cet engin :

- L'une des fonctions de l'intelligence des batteries Lithium-Ion est d'empêcher la surcharge.
- Lorsqu'une batterie Lithium-Ion est surchargée, elle commence par chauffer. Puis elle explose.
- Le métal (Lithium) dans la batterie brûle dans l'eau.
- L'acide à l'intérieur de la batterie n'est pas seulement très caustique, il est inflammable.
- Le risque d'explosion de la batterie augmente lorsqu'elle monte trop en température.
- Les batteries Lithium-Ion ne se recyclent pas, abandonnez l'idée de vous procurer des batteries recyclées de ce type.

Baissez la luminosité de l'écran

Pour économiser un peu d'autonomie, baissez légèrement la luminosité de votre écran. Cela économise de l'énergie.

- La luminosité de l'écran se règle à l'aide de boutons près de l'écran du portable.
- La luminosité se règle parfois à l'aide de touches de fonction.
- Le gestionnaire d'alimentation de votre portable est susceptible de baisser automatiquement la luminosité de l'écran lorsque le portable est sur batterie.
- Sous Windows 8.1, vous pouvez régler la luminosité dans le Centre de mobilité Windows. Attention, elle ne règle que la luminosité de l'écran du portable, pas celle d'un moniteur externe connecté au port VGA, DVI, ou HDMI.
- Voyez aussi la boîte de dialogue Options d'alimentation (à partir du Panneau de configuration), pour vérifier s'il existe des paramètres avancés ou spécifiques à votre portable pour consommer moins avec l'écran. Consultez le Chapitre 9.

Éteignez le disque dur

Ce sont principalement les moteurs qui consomment dans votre portable, notamment celui qui permet la rotation constante du disque dur. C'est parfois nécessaire. Lorsque vous utilisez un programme qui accède constamment au disque dur, comme une base de données, il est plus efficace de laisser le disque tourner constamment. En revanche, lorsque vous travaillez sur quelque chose qui ne réclame pas un accès constant au disque, vous économiserez de l'énergie en mettant le disque dur en veille.

- Envisagez également de désactiver le lecteur de disques optiques.
- Consultez le Chapitre 9 pour plus d'informations sur la mise en veille des disques durs.

Ajoutez de la mémoire RAM pour éviter l'utilisation de la mémoire virtuelle

La mémoire virtuelle consomme beaucoup d'énergie puisqu'elle s'écrit et se lit depuis le disque dur. Windows l'utilise lorsque la mémoire RAM (physique) est insuffisante pour utiliser correctement tous les programmes en cours.

Windows gère au mieux cette mémoire pour optimiser les performances de votre ordinateur. De ce fait, je vous déconseille d'essayer de la gérer manuellement. En revanche, testez la mémoire virtuelle en vous conformant aux étapes suivantes :

1. **Lancez trois ou quatre programmes que vous utilisez régulièrement.**

   Faites comme si vous deviez travailler dans chacun de ces programmes. Je vous conseille même d'y ouvrir des documents.

2. **Regardez le témoin d'activité de votre disque dur jusqu'à ce qu'il s'arrête de clignoter.**

   Cet arrêt indique que Windows cesse d'accéder au disque.

3. **Appuyez sur Alt + Echap pour basculer d'un programme à un autre.**

4. **Observez de nouveau le témoin d'activité du disque dur.**

5. **Répétez les Étapes 3 et 4 jusqu'à ce que vous ayez activé successivement la fenêtre de chaque programme.**

Ce que vous recherchez ici est l'accès au disque dur. Dès que vous constatez qu'il clignote beaucoup, cela signifie que Windows sollicite la mémoire virtuelle pour vous permettre de travailler dans les meilleures conditions. Si l'accès est trop important, envisagez d'installer des barrettes de mémoire supplémentaires.

L'idée n'est pas de régler la mémoire virtuelle, mais bel et bien d'ajouter de la mémoire RAM.

- Pour travailler en toute sérénité, installez au moins 4 Go de mémoire.
- Le raccourci clavier Alt + Echap permet de passer d'une application ouverte à une autre sans choisir directement le programme à afficher. Pour sélectionner l'application, exécutez le raccourci Alt + Tab.
- Alt + Echap ne bascule qu'entre les programmes ouverts sur le Bureau.
- Alt + Echap exécuté depuis une application ouverte sur l'écran d'accueil vous fait basculer vers les programmes ouverts sur le Bureau.
- Pour connaître la quantité de mémoire RAM installée sur votre ordinateur, appuyez sur Windows + Pause. Dans la fenêtre Système qui apparaît, consultez les informations de la rubrique Mémoire Installée (RAM) dans la section Système.

Laissez ouverts le moins de programmes possible

Le bon point de la nature multitâche de Windows 8.1 est de pouvoir travailler sur plusieurs programmes en même temps. Le mauvais côté est que cela consomme plus d'énergie. Pour optimiser les performances, je vous recommande de ne travailler qu'avec un seul programme à la fois lorsque vous êtes sur batterie.

Sauf bien sûr si vous avez besoin de travailler simultanément sur deux programmes en passant sans cesse de l'un à l'autre. Par exemple, sur ordinateur de bureau, il est courant d'ouvrir le programme de messagerie électronique pour consulter son e-mail, tout en ayant ouvert un navigateur Web, ainsi qu'un traitement de texte pour modifier un document et, pourquoi pas, un jeu de Solitaire dans un coin, *etc*. Fermez tout programme non indispensable, vous gagnerez en autonomie.

Bien que cela ne soit pas très agréable, il est préférable d'utiliser un arrière-plan de bureau blanc qu'affichant une photo. En effet, avec une image d'arrière-plan, Windows consomme plus d'énergie lorsque vous revenez au Bureau. Je conseille donc d'utiliser un arrière-plan uni. Pour cela, faites un clic droit sur un espace vide du Bureau. Dans le menu contextuel qui apparaît, choisissez Personnaliser. Cliquez sur le lien Arrière-plan du Bureau. Ouvrez le menu local Emplacement de l'image et choisissez Couleurs unies. Cliquez sur la couleur que vous souhaitez appliquer.

Protégez les cosses de la batterie

Les cosses sont des éléments métalliques, plats, qui sont soit complètement apparents, soit en retrait du boîtier de la batterie.

- Laissez la batterie dans le portable.
- Lorsque vous sortez la batterie du portable, veillez à ne pas l'approcher avec quelque chose de métallique.
- Les cosses doivent rester propres ; servez-vous d'un Coton-Tige et d'alcool à brûler. Faites-le systématiquement après avoir touché les cosses (tentation à laquelle vous devriez résister).
- Ne branchez rien sur la batterie.
- N'essayez pas de la vider en la court-circuitant.
- L'emplacement des cosses diffère d'une batterie à l'autre, selon le fabricant et le mode de connexion au portable.

Évitez les températures extrêmes

Les batteries apprécient les mêmes températures que vous. Elles n'aiment pas quand il fait très froid ou très chaud.

Stockez la batterie lorsque vous ne comptez pas vous en servir

Lorsque votre portable est constamment branché sur le secteur, débranchez-le occasionnellement et laissez la batterie se vider, puis rebranchez. Cela conservera cette dernière en bon état.

Si vous désirez utiliser votre portable sans sa batterie, ou encore pour stocker une batterie supplémentaire, descendez la charge de la batterie à environ 40 %, puis rangez la batterie dans un conteneur non métallique. Stockez le conteneur dans un endroit frais, propre et sec.

- Comme les hommes, les batteries ont besoin d'exercice ! Cyclez votre batterie environ tous les mois.
- La température de stockage recommandée pour les batteries Lithium-Ion est de 15 degrés Celsius.
- La durée de vie d'une batterie Lithium-Ion est limitée ! Elle est de deux à trois ans. Cela est vrai que vous utilisiez la batterie ou que vous la rangiez dans un coin.

Les batteries se vident toutes seules avec le temps

Aucune batterie ne conserve sa charge éternellement. À force, avec le temps, la charge de la batterie disparaît. Pour quelque raison, cela surprend certaines personnes. « Cette batterie était complètement chargée lorsque je l'ai rangée là il y a six ans ! ».

Pourtant, ce n'est pas parce qu'une batterie est vide qu'elle est usée. Si vous avez stocké la batterie correctement, elle ne devrait avoir besoin que d'une bonne charge. Partez du principe que toute batterie stockée un temps nécessitera une recharge avant de pouvoir être remise en service. C'est un peu comme le premier jour où vous avez acheté votre portable ; suivez les mêmes instructions concernant la mise en œuvre de la batterie.

Gérez le message Batterie faible

La technologie de gestion de l'alimentation alliée à des batteries « intelligentes » permet de savoir précisément quand la batterie de votre ordinateur portable sera vide. Comme l'explique le Chapitre 9, vous pouvez configurer deux avertissements. L'idée est de pouvoir réagir rapidement à l'un ou l'autre de ces messages afin de préserver l'intégrité de vos données.

Pour retarder autant que faire se peut l'affichage des messages, vous devez préserver l'autonomie de la batterie en appliquant les consignes suivantes :

- **Bien gérer les périodes d'inactivités.** Fixer une période d'inactivité de 15 minutes avant de passer en Veille n'a aucun sens au bureau, car vous risquez de sortir sans cesse le PC de cette veille. Dans cet environnement, économiser la batterie est moins important dans la mesure où vous pourrez très rapidement brancher le PC portable à une prise secteur murale. En revanche, lorsque vous voyagez, il est recommandé d'opter pour une période d'inactivité encore plus courte.

- **Modifier l'affichage en réduisant la résolution et/ou le nombre de couleurs lorsque vous voyagez.** Une résolution de 1024 x 768 utilise beaucoup moins de mémoire vidéo, ce qui réduit la consommation et abaisse la température de l'ordinateur. En revanche, la qualité de l'affichage s'en trouvera dégradée.
- **Couper les haut-parleurs !** Cette technique économise la batterie et évite d'entendre certains sons agressifs émis par Windows en fonction des actions que vous exécutez ou des évènements qui surviennent.
- **Désactiver les périphériques non utilisés.** Si vous n'avez pas besoin de lecteur optique, retirez le disque qui y est inséré. Cela évitera de le faire inutilement tourner lorsque vous accéderez à l'Explorateur de fichiers ou que vous ouvrirez une boîte de dialogue d'enregistrement.
- **Si le lecteur de disque optique de votre portable est amovible, retirez-le lorsque vous partez en voyage.** Vous voyagerez un peu plus léger, et vous consommerez moins d'énergie.
- **Ne faites pas en voyage ce que vous pouvez faire à la maison ou dès que vous pourrez vous brancher à une prise secteur murale.** Certaines choses peuvent attendre. Par exemple, le téléchargement d'un fichier de 20 Mo que vous n'envisagez pas d'utiliser immédiatement pourra être sauvegardé momentanément. Vous poursuivrez ou lancerez son téléchargement de retour au bureau, à la maison ou à l'hôtel.
- **Mettre en veille prolongée !** Lorsque vous manquez de temps, basculez votre ordinateur portable en veille prolongée.

24

Dix accessoires pratiques pour portable

Dans ce chapitre

- Sacoche pour portable
- Batterie supplémentaire
- Ajouter une webcam
- Surface de refroidissement
- Nettoyage au mini-aspirateur
- S'éclairer avec une lampe USB
- Clavier et souris de taille normale
- Plaque d'identification
- Prévention des vols

Un facteur qui nourrit l'industrie informatique depuis des années est que l'acheteur d'ordinateur ne s'arrête jamais à l'achat de l'ordinateur lui-même. Vient ensuite le logiciel. Puis viennent d'autres matériels, et d'autres matériels encore. Périphériques ! Accessoires ! Gadgets ! Sans compter les éléments tels que tapis de souris et autres bidules à poser sur l'écran. L'extension de l'ordinateur est une histoire sans fin.

Ce chapitre présente dix ajouts possibles.

Sacoche de transport

Procurez-vous une bonne sacoche pour votre portable comme l'explique le Chapitre 18.

Batterie supplémentaire

Rien n'a plus l'allure de la liberté pour un nomade informatique qu'une batterie supplémentaire. Une batterie supplémentaire double le temps pendant lequel vous pouvez utiliser l'ordinateur sans vous brancher sur une prise de courant. Certains portables permettent même de permuter la batterie à chaud, c'est-à-dire sans avoir à éteindre l'ordinateur.

Vérifiez que la batterie supplémentaire est conforme : procurez-vous le modèle d'origine chez le fabricant ou un modèle dont la compatibilité est garantie. L'emploi d'une batterie non conforme peut vous mener au désastre.

Webcam

Si votre ordinateur portable n'est pas équipé d'une webcam intégrée (ce qui serait très étonnant), courez acheter un modèle USB au magasin informatique le plus proche de chez vous. Une webcam vous ouvre de nouveaux horizons dans l'exploitation de votre ordinateur portable et des applications qui y sont installées.

Surface de refroidissement

La surface de refroidissement est un accessoire très utile au portable moderne (Figure 24.1). Équipée d'un ou de plusieurs ventilateurs, elle est alimentée par le port USB du portable ou par des piles AA. Le portable est posé sur la surface dont les ventilateurs diminuent la chaleur générée par la batterie et le microprocesseur. Le résultat est un portable qui ne monte pas en température, ce qui est bon pour sa santé.

- La surface de refroidissement est alimentée par le port USB ou par des piles. Elle est donc portative.
- On ne peut malheureusement utiliser à la fois une surface de refroidissement et un réplicateur de port ou une station d'accueil.

- Si vous choisissez une surface alimentée par l'USB, optez pour un modèle doté d'un port USB pass-through, de façon à toujours bénéficier d'autant de ports USB lorsque vous branchez la tablette de refroidissement.
- Certaines surfaces font aussi office de concentrateur USB.

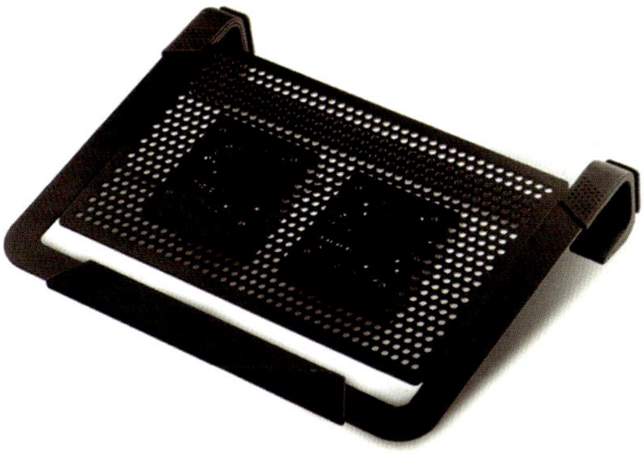

Figure 24.1 : Une surface de refroidissement.

Mini-aspirateur

Le mini-aspirateur est un accessoire pratique pour le nettoyage du portable, particulièrement du clavier. Vous en trouverez dans la plupart des boutiques de fournitures de bureau. Beaucoup de modèles sont portatifs (fonctionnent sur batterie). Vous serez surpris par la quantité de saletés que le mini-aspirateur arrive à extraire du portable.

Lampe USB

L'image affichée sur l'écran LCD de votre portable est visible même dans le noir. En revanche, le clavier de la plupart des modèles n'est pas éclairé. Pour voir votre clavier et les éléments importants autour du portable, il vous faut une lampe USB autoalimentée.

La lampe se branche sur un port USB standard du portable. Elle est orientable de façon à pouvoir la positionner. Certains portables disposent d'une lampe intégrée. Certains modèles IBM sont dotés d'une lampe montée en haut de l'écran LCD. Une touche de fonction allume ou éteint la lampe.

Clavier de taille normale

Bien qu'il ne vous accompagnera pas en déplacement, le clavier de taille normale vous offrira un agréable confort de frappe. Particulièrement si vous avez besoin du pavé numérique pour la saisie de nombres ou pour déplacer le curseur.

Il n'y a rien de spécial à faire pour installer un clavier de taille normale. Notez cependant que certains portables ne disposent pas d'un port pour clavier. Il faut donc les brancher sur un port USB ou encore sur le réplicateur de port ou la station d'accueil.

Il existe par ailleurs divers types de claviers pour portable : modèles sans fil, claviers ergonomiques et certains dotés de boutons spéciaux pour Internet. Si vous n'avez besoin que d'un pavé numérique, il existe des pavés numériques USB pour portable.

Souris externe

Comme pour le clavier, il existe un vaste choix de souris externes pour portable : souris ordinaires, souris optiques très *space*, modèles avec de nombreux boutons, d'autres assez bizarres que l'on peut bouger comme une télécommande de télévision, modèles sans fil, trackballs, mignonnes souris miniatures, et ainsi de suite.

Il est possible de désactiver le pavé tactile du portable lorsque vous utilisez une souris externe.

ATTENTION

Il est probable que votre portable ne soit pas doté d'un port souris. Procurez-vous une souris USB.

Carte d'identification ou étiquette de service de retour

Si votre portable portait des sous-vêtements, c'est là que vous écririez son nom. Heureusement, les portables n'en ont pas besoin. Le mieux est donc de créer une carte d'identification du portable.

De nombreux utilisateurs scotchent tout simplement leur carte de visite sur le portable, par exemple sur un côté du pavé tactile.

L'idée est qu'en cas de perte ou de vol le portable sera identifiable. Une personne honnête vous téléphonera pour vous avertir qu'elle a retrouvé votre ordinateur.

Une meilleure solution est d'employer un service de retour et d'utiliser leurs étiquettes inviolables.

Système antivol

Le cadeau parfait pour votre portable adoré : un câble qui empêche qu'on l'emporte ou une alarme sonore qui se déclenche dès que l'ordinateur est déplacé. La sécurité du portable est largement traitée au Chapitre 19.

25

Dix choses à glisser dans la sacoche du portable

Dans ce chapitre

- Le câble d'alimentation du portable
- Une batterie supplémentaire
- Une souris externe
- Quelque chose pour nettoyer le portable
- Accessoires pour la sécurité
- Supports de stockage amovibles
- Une paire d'écouteurs (ou deux)
- Des fournitures en tout genre
- Des câbles, des câbles et encore des câbles

Certaines personnes ne savent tout simplement pas préparer leurs expéditions. Certes, il faudra cuisiner, là-bas, dans la nature, mais cela ne veut pas dire emporter tout ce que l'on possède dans sa cuisine : plats, casseroles et autres poêles. Il existe en effet des accessoires de cuisson pour le camping, légers et pratiques.

C'est une question d'expérience. De même, il ne faut glisser dans votre sacoche de portable que ce dont vous avez besoin, et rien de plus – surtout pas de périphériques en fonte. L'on peut supposer par ailleurs qu'il existe des accessoires pratiques que vous ne connaissez pas. Ce chapitre présente à cet effet neuf éléments pratiques, utiles et nécessaires à emporter avec votre portable.

Câble et brique d'alimentation

Cela m'est arrivé de l'oublier. Ou encore je me fais cette réflexion : « Oh ! il y en a pour une heure, la batterie dure trois heures, donc pas besoin de câble d'alimentation ! ». Mais, pour quelque raison, je dois rester plus longtemps à l'extérieur, et je me mords les doigts de ne pas avoir pris le câble d'alimentation.

Emmenez toujours votre câble d'alimentation et l'adaptateur (ou brique) avec votre portable.

Batterie supplémentaire

Si vous avez la chance d'avoir une batterie supplémentaire, emmenez-la !

N'OUBLIEZ PAS

- N'oubliez pas de la charger avant de partir.
- Pour en savoir plus sur la batterie, voyez le Chapitre 9.

Souris ou trackball

Quiconque est habitué à une vraie souris n'oubliera probablement pas de la glisser dans la sacoche du portable. Cela dit, on ne sait jamais. Je vous recommande d'employer une souris avec votre portable, particulièrement lorsque ce dernier est installé sur une table ou un bureau avec de la place pour la souris.

Chiffons pour écran et produit nettoyant

Rendez-vous dans votre boutique de fournitures de bureau et procurez-vous quelques chiffons pour écran et une petite bouteille de produit nettoyant. Rangez-les dans la sacoche de votre portable. Si vous trouvez les chiffons pour écran en taille plus petite, tant mieux. Laissez-les en permanence dans la sacoche du portable.

Antivol pour portable

N'oubliez pas votre antivol. Que ce soit un câble que vous accrocherez à quelque chose de stable ou une forte alarme sonore, cet accessoire doit faire partie de votre sacoche.

Supports de stockage amovibles

Pour transférer des documents, il est parfois nécessaire d'utiliser diverses possibilités, particulièrement si vous ne pouvez brancher le portable sur un réseau pour transférer facilement les fichiers. Par exemple, vous graverez un CD-R ou un DVD-ROM ou copierez les fichiers sur un disque flash USB (la fameuse clé du même nom).

- Lorsque je m'absente longtemps, j'emporte quelques DVD-R. Pour les voyages de courte durée, j'utilise une carte Secure Digital (SD), car mon portable est équipé de ce type de lecteur.
- Les disques et les cartes mémoire peuvent également être utilisés pour sauvegarder vos données les plus importantes.
- Lorsque votre portable n'est pas équipé d'un lecteur de cartes, investissez dans un modèle USB.

Écouteurs

L'ordinateur est équipé audio. Pourquoi emmener un lecteur de CD portable alors que vous n'avez besoin que de CD de musique en plus de votre portable, sans oublier les écouteurs ? Je préfère utiliser des écouteurs, car les petits haut-parleurs ne sont pas assez puissants. Sans compter qu'avec les écouteurs, vous pouvez monter le volume sans déranger votre entourage.

TRUC

Je prends toujours deux paires d'écouteurs. J'emporte également un séparateur, de façon à pouvoir brancher les deux paires d'écouteurs en même temps. Ainsi, il est possible d'apprécier un DVD à deux pendant un long vol.

Fournitures diverses

Malgré l'ère numérique et informatique, vous aurez toujours besoin d'un carnet et d'un stylo ! Emporter de quoi écrire, un surligneur, des mémos, et un bloc-notes, et aussi des trombones et du papier adhésif.

Pensez à emporter une petite trousse à outils. Glissez au moins dans la sacoche de votre portable un petit tournevis ordinaire et un cruciforme, une pince et une petite pince coupante. Je vous recommanderais bien aussi un couteau suisse, mais ce genre d'accessoire risque de vous être confisqué par la sécurité de l'aéroport.

Câbles, câbles et câbles

Lorsque vous le pouvez, emportez des câbles de rechange (Ethernet, téléphone, USB, IEEE 1394 ou FireWire, S-vidéo, alimentation, *etc.*). Il est possible que vous n'en ayez jamais besoin. Seulement, on ne sait jamais.

- Peut-être y aura-t-il un accès à Internet par réseau. Il est donc judicieux d'emporter un câble Ethernet. Cela vous donne la possibilité de vous connecter directement à tout réseau Ethernet disponible sans devoir trouver un câble.
- Deux mètres est une bonne longueur.
- La majorité des hôtels avec accès haut débit à Internet mettent à disposition des clients un câble Ethernet (dans le placard de la chambre). Néanmoins, emportez votre propre câble, cela vous évitera de chercher.
- Un câble n'est pas forcément tout emmêlé. Si vous n'appréciez pas d'enrouler sans cesse vos câbles, procurez-vous des modèles rétractables.

- Un autre câble utile est l'adaptateur pour allume-cigare.

Et tant d'autres choses…

Il y aurait tant à mettre dans la sacoche du portable qu'elle finirait par peser plus que vous. Il n'y a que l'embarras du choix : imprimantes portables, concentrateurs USB, cartes PC, disques externes, *etc.*

Les éléments que nous avons mentionnés dans ce chapitre sont ceux qu'il faut *toujours* emporter. Ajoutez à loisir les autres choses dont vous avez besoin.

Index

D

E

F

G

H

I

L

M